KB132069

텍스트 기반의 온라인 상담에 관한 실무 지침서

온라인 상담의 기술

Jane Evans 저 | 이슬아 · 김지원 공역

ONLINE COUNSELLING AND GUIDANCE SKILLS

A PRACTICAL RESOURCE FOR TRAINEES AND PRACTITIONERS

학지사

2019년에 시작된 코로나19(COVID-19)는 전 세계적인 대유행 기간을 거치면서 우리의 일상을 크게 바꾸었습니다. 사람과 사람 간의 대면 의사소통이 줄어들었고, 그 자리를 대신해 온라인을 활용한 비대면 의사소통이 보편화되었습니다. 이러한 변화에 따라 심리치료 및 상담 분야에서도 비대면 상담이 급격히 성장하였습니다. 오늘날 다수의 심리치료 및 상담 기관은 기존의 전통적인 대면 상담 서비스 외에 비대면 상담 서비스를 함께 제공하고 있습니다. 따라서 이러한 변화의 흐름에 발맞추어 상담자는 대면 상담뿐만 아니라 비대면 상담에 대한 지식을 습득하고, 실제 실무 장면에 적용할 수 있는 방안을 치열하게 고민해야 할 것입니다. 비대면 상담은 대면 상담과 많은 부분에서 유사한 특성을 공유하고 있지만, 대면 상담과는 분명하게 다른 특성도 존재하기 때문입니다.

　대면 상담과 비대면 상담 간에 과연 어떤 차이가 있을지 잘 와닿지 않을 수 있습니다. 그렇다면 잠시 전통적인 대면 상담이 이루어지는 상황을 떠올려 봅시다. 먼저 내담자는 상담을 받기 위해 직접 상담 기관에 방문합니다. 만약 상담 기관이 집에서 먼 곳에 있다면, 내담자는 오랜 시간과 에너지를 사용해 상담 기관에 오게 될 것입니다. 상담 기관에 내방하면 내담자는 미리 마련된 조용하고 안전한 상담실 안에서 상담을 받게 됩니다. 내담자는 자기 앞에 앉은 상담자를 물리적으로 생생하게 경험하고, 상담자 역시 마찬가지의 방식으로 내담자를 대면합니다. 상담이 이루어지는 동안 상담자는 내담자가 표현하는 언어적 내용뿐만 아니라, 내담자의 표정, 눈 맞춤, 제스처, 음조, 목소리의 떨림, 침묵과 같은 비언어적 단서를 충분히 이해하면서 상담을 진행합니다.

그런데 만약 이 상담이 비대면 환경에서 진행된다면 어떠한 점이 달라질까요? 그리고 이러한 차이가 상담의 성과나 질에 어떤 영향을 미칠까요? 먼저 비대면 상담은 대면 상담에는 존재하지 않는 장점을 지니고 있습니다. 비대면 상담은 시간과 공간의 제약을 초월하는 특성을 지니고 있기 때문에, 거주지에서 먼 상담 기관이라 할지라도 내담자가 자신이 원하는 기관과 상담자에게 상담을 받을 가능성이 높아지게 됩니다. 또한 대면 의사소통에 불편감이나 두려움이 높아 상담을 시작하지 못했던 이들에게 비대면 상담은 좀 더 안전하고 편하게 느껴질 수 있습니다. 대면 상황에서는 하기 어려웠던 민감한 주제에 대한 내용도 좀 더 편안하게 개방할 수 있기도 합니다.

하지만 비대면 상담의 한계 역시 존재합니다. 비대면 상담에서는 물리적인 상담 환경이 사전에 통제되지 않으므로, 내담자는 비밀 보장이나 안전감을 방해하는 환경(예: 다른 사람과 함께 있음, 시

 4 역자 서문

끄러운 소음, 이동 중인 상황 등) 속에서 상담을 받으려고 할 우려가 있습니다. 또한 (비대면 상담 시 사용하는 매체의 특성에 따라 차이가 있으나) 대면 상담에 비해 비대면 상담에서 얻을 수 있는 내담자에 관한 정보량이 적어지기 때문에, 상담자는 내담자를 이해하기 위하여 보다 많은 노력을 기울일 필요가 있습니다. 특히 이 책에서 중점적으로 다루고 있는 텍스트 기반의 온라인 상담(예: 이메일 상담, 채팅 상담, 카카오톡 상담 등)에서는 내담자가 표현하는 언어적 내용 외에 비언어적 단서를 파악하는 데 제한이 있습니다. 이는 내담자 입장에서도 마찬가지여서, 내담자도 상담자를 생생하게 체험하기 어려워집니다. 내담자 자신이 어렵사리 꺼낸 말에 대해 상담자가 어떤 눈빛과 표정으로 반응할지 알기 어려울 수 있습니다. 또한 상담 진행 중에 갑작스럽게 인터넷 연결이 끊어져 상담이 중단될 수 있으며, 위기 상황에 처해 있는 내담자에게 신속한 조치를 취하기 어려울 수 있다는 한계가 있습니다.

그러나 구더기가 무서워 장을 못 담그는 불상사는 없어야 할 것입니다. 비대면 상담이 지닌 한계에도 불구하고 비대면 상담은 계속하여 성장해 왔으며, 앞으로도 지속적으로 성장할 잠재력을 지니고 있습니다. IT의 급속한 발전이 이루어지고 있는 지금, 비대면 상담의 성장세는 계속될 것으로 전망됩니다. 따라서 심리치료 및 상담 실무자는 비대면 상담의 강점을 최대화하고 한계를 최소화하여, 비대면 환경에서도 양질의 심리 서비스를 제공할 필요가 있습니다. 자, 그렇다면 비대면 상담을 효과적으로 운용하기 위해서는 무엇이 필요할까요? 비대면 상담을 진행할 때는 대면 상담과 다른 준비와 노력이 필요합니다. 우선 상담을 시작하기 전 단계에서부터 많은 것을 준비하고 점검해야 합니다. 상담에 사용할 매체의 보안이 안전한지, 안정적으로 상담 운영이 가능한지 확인해야 합니다. 또한 상담자와 내담자 모두 조용하고 안전한 물리적 상담 환경을 준비하도록 사전에 안내해야 하며, 비대면 상담의 장점과 한계를 명시하여 상담을 구조화하고 사전 동의를 실시해야 합니다. 상담을 진행하는 과정에서도 비대면 상담의 강점을 활용하고 한계를 보완하려는 준비와 노력이 요구됩니다. 때로는 (대면 상담에 비해) 흐릿하고 희미한 내담자의 감정이나 생각을 이해하기 위해서, 상담자는 내담자에게 비대면 상담의 특성에 대해 사전에 안내하고, 회기 내 작업을 통해 깊고 섬세하게 주의를 기울이고 경청하며 조율할 필요가 있습니다.

이 책은 특히 온라인 환경에서 이루어지는 텍스트 기반 상담을 중점적으로 다루고 있습니다. 오래전 서신 상담에서 시작된 텍스트 기반 상담은 이메일 상담, 채팅 상담을 거쳐, 오늘날 SNS 메신저 상담으로 발전해 오고 있습니다. 이 책의 저자는 온라인 상담이 보편화되지 않았던 시기부터 오랜 기간 온라인 상담 장면에서 활동해 온 상담자입니다. 이 책에는 저자가 실제 텍스트 기반 온라인 상담을 진행하면서 체득한 실무적인 노력이 고스란히 담겨 있으며, 이를 뒷받침하는 이론적 근거도 풍부하게 담고 있습니다.

이 책은 총 2부로 구성됩니다. 제1부는 온라인 상담의 실제적 기술을 다루고 있는데, 온라인 상담의 기본 구조를 소개하고, 온라인 현존감을 활용하여 라포를 형성하는 방법, 온라인 상담에서 상담 기법을 적용하는 방법(공감, 경청, 질문, 명료화, 재진술, 요약, 즉시성, 자기공개, 저항 다루기 등)을 제시합니다. 제2부에서는 온라인 상담의 전문적 고려사항을 다룹니다. 온라인 상담을 체계적으로 준비하고 진행하기 위해 필요한 중요한 의제를 제시하고 있습니다. 여기에는 평가, 계약, 위기 평가, 경계 유지, 상담 예약, 윤리적 지침, 슈퍼비전과 같은 내용이 포함됩니다. 각 장에는 상담자가 실제 상담 장면에서 숙고해야 할 중요한 질문이 제시되어 있으며, 상담을 연습할 수 있도록 모의 사례를 제공하고 있습니다.

번역 과정에서 국내의 여건에 맞게 이해할 필요가 있는 사항은 역주를 사용해 설명하였습니다. 이 책은 텍스트 기반 온라인 상담을 진행하고 있거나 앞으로 진행하고 싶은 상담자 및 수련생에게 도움이 될 것입니다. 이 책을 찬찬히 읽어 나가며 실습한다면, 온라인 상담에 도전할 수 있을 만큼의 자신감을 얻을 수 있으리라 생각합니다. 이 책이 많은 분에게 도움이 되기를 바랍니다.

2023년 5월
역자 일동

컴퓨터를 매개로 온라인을 통해 내담자를 상담하고, 정신 건강 관리에 대해 안내하고 지원하려는 움직임은 빠르게 증가하고 있다. 전문가와 기관은 내담자가 원하는 것을 수용하기 위해 보유하고 있는 자원을 확장하고 다양화하고 있으며, 동시에 최소한의 비용으로 가장 유익하고 경쟁력 있는 방식으로 내담자를 지원하기 위해 모든 인적 자원과 최신 기술을 활용하고 있다. 이는 서비스 이용자가 최적의 방식으로 도움을 받을 수 있도록 하는 것인 동시에, 지원을 위한 기술적 자원을 유연하게 활용하기 위한 것이다. 나이와 관계없이 누구나 능숙하게 컴퓨터를 활용하게 됨에 따라, 온라인을 통해 서비스나 자원을 제공하는 것은 편리하고 쉬운 일이 되었다. 이처럼 내담자가 필요할 때 유연하고 즉각적으로 대응할 수 있다는 점은 중독치료 분야에서 특히 중요할 수 있다(Zelvin, 2003).

상담, 정신 건강, 학계 및 지원 서비스 분야는 그들의 내담자 집단을 위해 다양한 온라인 서비스를 도입하는 데에 특히 적극적이다. Pergament(1998)는 Freud의 연구가 기여한 부분을 특히 강조하면서 온라인 치료를 정신 분석과 심리 치료의 역사에서 네 가지 중요한 요소로부터 나온 결과물이라고 정의하고 있다. 이처럼 온라인을 통한 상담이 새롭게 부각되면서, 정신 건강 실무자가 내담자와 관계를 맺는 방식에 관한 일반적인 사항들과 기술적인 변화 및 요구사항들을 설명하는 책이 다수 출간되었다. 하지만 정신 건강 수련생과 실무자가 내담자를 위한 온라인 상담 기술을 개발하고 적용하는 데에 필요한 사항들을 광범위하게 다루고 있는 책은 매우 부족한 실정이다.

기존의 서적들은 대부분 전문적인 온라인 상담을 위해 추가적으로 필요한 사항들에 대해 고려하지 않은 채로, 기존의 상담과 치료 관행 안에서 컴퓨터를 매개로 활용하는 방법에 집중하고 있다.

이 책은 상담 실제의 특정 영역에 제한되지 않는 윤리적인 사항들과 혁신적이고 전문적인 방식으로 서비스 제공을 개선하는 데 필요한 기술들을 설명하여 정신 건강 수련생과 실무자를 돕고자 한다.

●

서비스 사용자와 온라인으로 작업하는 이유는 무엇인가

상담 기술은 직업적인 측면뿐 아니라 개인적으로 일상적인 대화를 하기 위해서도 필수적이다. 또한 정신 건강 실무자에게도 대면 환경뿐 아니라 온라인 환경에서 역시 필수적인 기술이기도 하다.

상담 기술은 인간관계를 발전시키는 데에 도움이 될 뿐 아니라 동료를 이해하고 공감하는 능력을 향상시켜 주기도 한다. 치료적인 면에서도 상담 기술은 개인적인 성장과 인식, 그리고 정신 건강 문제의 영향을 완화하기 위해 전문가에게 필수적인 도구이다. 이 책은 이러한 영역에 대한 방향을 제공함과 동시에 온라인 상담 기술의 일반적인 사용법에 대해 설명하고 있다. 이를 바탕으로 관련 전문가가 내담자에게 온라인 서비스를 제공하는 것을 고려해 볼 수 있는 기회가 될 것이다. 글쓰기 기법은 상담 및 심리 치료가 발전한 이래 대면 치료에서 성공적으로 활용되어 왔으며, 온라인 치료에서도 활용할 수 있다(Murphy & Mitchell, 1998).

대면 상담에 충분한 경험과 역량이 있다고 해도 그것을 온라인 환경에 적용하고 발전시키지 않는다면 온라인에서 그 경험과 역량을 그대로 활용할 수 있는 것은 아니다.

경우에 따라 대면 상담과 온라인 상담이 함께 진행되어야 할 수도 있다. 예를 들어, 내담자가 멀리 이사를 가면서 대면 관계가 아니더라도 지속적인 상담을 원하는 경우가 있을 수 있다. 물리적 한계, 경제적 문제, 혹은 다른 개인적이거나 사회적인 이유로 내담자가 상담을 받기 어려운 상황도 생길 수 있을 것이다. 이러한 일은 다양한 상황에서 벌어질 수 있다. 이때, 상담자가 대면 상담 기술을 온라인 환경에도 적용할 수 있다면 큰 도움이 될 것이다.

온라인 상담은 프라이버시가 지켜지는 집에서 내담자와 상담자가 모두 쉽게 접근하기 편한 시간에 전자 기기를 활용하여 상담을 받고자 하는 내담자들로 인해 더욱 성장할 수 있을 것이다. 특히 온라인 서비스를 통해 개인의 일정을 보다 유연하게 조정할 수 있을 때에 더욱 효과적이다. 대면 상담을 위해 이동하기 힘들거나 장애가 있는 사람에게도 온라인을 통한 상담 기회는 매우 소중할 것이다. 온라인 상담은 전통적인 방식으로 상담받기를 꺼려하는 사람들에게도 상담을 접해 볼 수 있는 좋은 기회가 될 수 있다.

현재 일어나고 있는 이러한 변화는 전통적인 방식의 상담이나 심리 지원을 내담자와 상담자가 온라인을 통해 보다 유연하게 접근할 수 있도록 하는 기술적인 발달에 의해 이루어지고 있다. 실제로 상담, 건강 관리, 사회 복지, 교육 등의 다양한 영역에서 24시간, 온라인을 통한 서비스의 제공이 가능해지고 있다.

향후 5년 내에 온라인 상담이나 이와 관련된 다양한 지원 활동은 지금보다 더 널리 퍼질 것이며, 온라인을 통한 심리 지원에 대한 관심도 계속해서 증가할 것이다. 이 책은 온라인을 통한 상담에 익숙해지길 원하고 상담 활동 영역을 온라인으로 확장하고 싶은 상담자에게 많은 도움이 될 것이다. 뿐만 아니라, 온라인 상담에 대한 검증된 교육이 부족한 상황에서 상담 관련 공부를 하고 있는 학생 및 지도자가 좋은 교재와 학습 자료로 활용할 수 있을 것이다 (Trepal et al., 2007). 온라인 상담이 관계를 도울 수 있는 치료 분야로 받아들여지게 되면서 실무자는 온라인 상담을 이해하고 관련된 기술을 훈련받아야 한다.

또한 이 책의 내용은 상담 분야의 최신 발전 경향을 따라가고자 하는 상담자에게도 흥미로울 것이다. 온라인 서비스를 제공하는 기관과 협력하여 직원을 위한 복지와 지원을 제공하고자 하는 기업도 유의미하게 증가하고 있는 지금, 이 책은 전통적인 대면 상담 외에 온라인 환경에서 해당 서비스가 어떻게 전문적으로 제공될 수 있을지에 대해서도 설명할 것이다.

이 책은 온라인 상담과 심리 지원 발전의 실용성에 대해 설명하고 있으며, 온라인 상담 기술이 상담자로 하여금 내담자에게 더 쉽게 접근하는 데에 도움이 되는 내용을 포함하고 있다. 온라인 상담 뿐만 아니라 학생 및 동료 간의 멘토링 분야 역시 컴퓨터를 매개로 한 의사소통을 통해 향상될 수 있다(Sampson et al., 1997).

●

이 책에서 사용하고 있는 용어

이 책은 다양한 방식으로 내담자를 돕고 있는 전문가 및 그와 관련된 수련을 받고 있는 수련생을 위한 것으로, 이 책에서 '내담자'라는 용어는 상담 서비스를 받는 사람들을 의미하며 '상담자'라는 용어는 온라인 환경에서 전문적인 상담 기술을 활용하는 사람을 의미하며, 내담자를 온라인으로 상담하는 수련생과 정신 건강 실무자들을 통칭하는 의미로 사용할 것이다. 온라인 상담의 모의 사례가 장별로 포함되어 있으며, 이러한 사례들이 특정한 성별이나 개인적인 차이에 편향되어 있지 않도록 노력하였다. 해당 사례들은 내담자의 실제 예시는 아니며, 실제와 비슷한 점은 모두 우연한 것이다.

이 책은 내담자와 온라인을 통해 상호작용을 하고자 하거나 대면 상담 외에 부가적으로 온라인 상담을 고려하고 있는 상담자에게 실질적인 가이드라인을 제공하기 위한 것이다. 그렇기 때문에 저자의 온라인 상담 경험 외에도 이 분야의 연구 논문들을 참고문헌으로 제시하고 있다.

이 책은 크게 두 부분으로 나눌 수 있다. 제1부는 다섯 개의 장으로 구성되어 있으며, 온라인 관계를 발전하고 유지하기 위해 필요한 실질적인 기술들에 대한 내용이다. 이는 단순한 상호작용과 장기적인 유대관계 형성을 모두 포함하고 있다. 효과적인 온라인 의사소통을 위해 필요한 기술들은 모의 사례를 활용하여 더욱 강조해서 설명한다. 실제로 활용 가능한 상담 기술들과 각 장의 주제와 관련된 전문적인 활동들에 대해 깊이 이해하기 위해서는 독자 여러분이 이 책에서 제시하는 모의 사례에 대해 직접 고민해 볼 것을 권장한다. 여기에서는 상담자들이 내담자와 온라인 상담을 할 수 있는 적합성을 확보하는 과정에 대해 논의하고 있으며, 온라인 상담 훈련, 온라인 상담 기술 경험, 기술적인 노하우의 중요성에 대해 강조하여 설명한다.

제2부는 세 개의 장으로 구성되어 있으며, 온라인 상담에 필요한 전문적 · 윤리적 사항들에 관한 내용이다. 독자는 책에 있는 다양한 질문과 모의 사례를 통해 첫 번째 부분에서 다루고 있는 실질적인 기술들을 활용하는 동시에 윤리적인 사항들을 어떻게 고려해야 하는지 고민해 볼 수 있을 것이다.

참고문헌

Murphy, L., & Mitchell, D. (1998). When writing helps to heal: e-mail as therapy. *British Journal of Guidance & Counselling, 26*(1), 12-21.

Pergament, D. (1998). Internet psychotherapy: current status and future regulation. *Health Matrix: Journal of Law Medicine, 8*(2), 233.

Sampson, J. P. Jr., Kolodinsky, R. W., & Greeno, B. P. (1997). Counseling on the information highway: future possibilities and the potential problems. *Journal of Counseling & Development, 75*(3), 10.

Trepal, H., Haberstroh, S., Duffey, T., & Evans, M. (2007). Considerations and strategies for teaching online counseling skills: establishing a relationship in cyber-space. *Counselor Education & Supervision, 46*, 266.

Zelvin, E. (2003). Treating addictions in cyberspace. *Journal of Social Work Practice in the Addictions, 3*(3), 105-112.

이 책의 내용이 온라인 상담 기술을 이해하고 그것을 당신의 전문 분야에 적용하는 데에 도움이 되길 바란다. 이 책은 단순히 내담자와 온라인을 통해 관계를 형성할 때 활용하는 컴퓨터를 매개로 하는 의사소통(Computer-Mediated Communication: CMC) 도구의 다양한 실제 사용 방법을 상담자에게 알려 주기 위한 것이 아니다. 이 책의 목적은 그런 기술을 활용하기 위해 토대가 되는 가이드라인을 제공하기 위한 것이다. 이 가이드라인은 온라인을 통해 이루어지는 모든 상황에 적용할 수 있으며, 컴퓨터를 매개로 하는 온라인 의사소통과 관련된 모든 새로운 상황에 이 책을 참고 자료로 활용할 수 있을 것이다.

●
이 책이 필요한 사람들

이 책이 도움이 될 수 있는 사람들을 정의하기 위해서는, 먼저 상담 기술이 활용되는 다양한 전문 분야를 크게 두 가지 유형으로 구분하는 것이 필요하다.

- 유형 1: 제한된 범위에서 윤리적으로 상담 기술을 활용하고 있으며, 심리 치료를 제공하는 상담자와 치료자
- 유형 2: 건강 및 사회 복지, 정신 건강 지도 분야에서 내담자와의 관계 형성과 의사소통에 상담 기술을 활용하는 사람들 이 유형에는 온라인을 통해 학생을 교육하는 사람도 포함된다. 예를 들어, 온라인 교육, 온라인 토론 지도, 혹은 온라인으로 사용자와 상호작용을 해야 하는 모든 사람을 말한다.

일상 대화 수단으로서의 상담 기술

우리가 일상생활의 대화에서 매번 상담 기술을 어떻게 활용할지 고민하며 시간을 보낼 수는 없지만, 그럼에도 불구하고 우리가 일상에서 대화를 하고 다른 사람을 돕는 데에 상담 기술이 유용함을 인지하는 것은 중요한 일이다. 예를 들어, 조언을 구하는 직장 동료의 이야기를 들어 주거나, 정서적으로 영향을 주는 일에 대해 이야기하고 싶어 하는 친구와의 대화에서 상담 기술은 중요할 것이다. 전문적으로 다른 사람을 돕는 상황에서도 상담 기술은 내담자와의 상호작용 전반에 걸쳐 사용할 수 있다. 그러한 상황에서 우리는 기본적인 상담 기술을 통해 내담자를 이해하고 도움을 준다. 그러므

로 우리의 상담 기술을 어떻게 온라인 환경에 효과적으로 적용할 것인가를 고민하는 것이 필요하다. 이 책은 다음과 같은 모든 상황에서 유용하다. 온라인을 통한 상담이나 지원을 제공하고, 온라인 의사소통 기술을 개발하고 향상시킬 수 있는 정보를 찾고 있는 사람에게 적절한 도움이 될 것이며, 다른 사람과 정기적으로 온라인 환경에서 상호작용을 하는 사람에게도 효과적일 것이다. 어떤 맥락에서도 이 책은 귀중한 자료가 될 것이다.

정신 건강 수련생과 실무자가 이 책을 활용하는 방법

상담 및 지원 분야에서 온라인으로 작업하고 상호작용하기 위해서는 직접 대면해서 진행하는 것과는 다른 접근이 필요하다. 따라서 전통적인 방식으로 상담 기술을 공부하는 것과 동시에 온라인 환경에 적용되는 전문적이고 윤리적인 사항을 훈련하는 것도 필수적이다. 이 책은 온라인 의사소통에 관심을 지닌 사람을 대상으로 하고 있다. 이 책의 독자는 상담 기술 활용을 위한 수련을 받고자 하거나, 온라인 상담에 필요한 기술을 수련생, 동료에게 알려 주고 본인이 스스로도 알고 싶어하는 사람들일 것이다. 이 책은 다음의 두 가지 방식으로 활용할 수 있다.

• 처음으로 온라인 상담 기술을 이해하고 배우기 위한 목적

- 내담자에 관한 업무에서 온라인 상담 기술을 활용할 때 참고 자료로 사용하기 위한 목적

이 책은 치료 개입에 대한 선행 연구들과 최근 발전하고 있는 온라인 상담 실제를 참조하여 직관적으로 저술하였다.

이 책의 본문은 온라인 환경에서 내담자를 상담하기 위해 필요한 실용적인 기술들을 집중적으로 다루고 있다. 이러한 기술들을 설명하기 위한 예시로는 모의 상담 사례를 활용할 것이다. 이를 통해 독자들이 각 장에서 다룬 내용을 정확하게 이해했는지 확인할 수 있으며, 자신들이 실제로 경험하게 될 온라인 환경에 어떻게 적용할 것인지 생각해 볼 수 있을 것이다. 일반적으로 텍스트 기반의 온라인 상담에서는 양 당사자가 청각적 단서나 시각적 단서 없이 의사소통을 해야 한다는 점에서 대면 상담과 구별된다. 상담자와 내담자는 일반적인 대면 환경에서는 활용할 수 있는 자극의 도움 없이, 온라인을 통해 관계를 형성하고 유지하며 효과적으로 자신이 의도하는 것을 표현하기 위해 노력한다. 따라서 이러한 차이가 상담자와 내담자의 관계에 어떤 영향을 미치는지를 이해하고, 상호 간에 도움이 되는 관계를 맺고 성공적인 결과를 얻어 내는 방법을 고민하는 것이 중요하다.

온라인 상호작용을 위해 활용할 수 있는 전자 기기는 매우 다양하다. 온라인 의사소통은 크게 실시간으로 이루어지는 상호작용과 시차를 두고 이루어지는 상호작용으로 구분할 수 있다. 각각의 상황에서 의사소통을 할 때, 최적의 결과를 얻어 내기 위해 상담 기술

을 상황에 맞도록 적용하는 과정이 필요하다.

이 책에서 '온라인 상호작용'이란 특별히 구분할 수 있는 차이점을 언급하지 않는 한, 컴퓨터 매개 기술을 활용하는 모든 상담 기술을 포괄하는 용어로 사용할 것이다.

●

이 책의 목적

컴퓨터와 인터넷의 적절한 활용으로 다양한 혜택을 얻을 수 있다는 것은 의심할 여지없이 모두가 알고 있는 사실이다. 이는 개인적 목적, 교육적 목적, 전문적 목적에서 모두 가능하다. The online Microsoft Press Centre(Microsoft, 2006)는 1996년에는 영국 인구의 24%만이 PC를 갖고 있었으나, 2006년에는 그 비율이 62%로 증가할 정도로 의사소통 방법이 크게 변화했다고 설명한다. 또한 인터넷 역시 1996년에는 전체 가구의 6% 정도만이 사용했으나, 2006년에는 58%까지 증가하였다.

의사소통을 하거나 공부를 하거나 혹은 비즈니스를 위해서 편지나 전화와 같은 '전통' 매체를 선호하는 사람들도 여전히 있다. 그럼에도 불구하고, 전자 매체를 통해 다른 사람과 상호작용을 하는 사람들이 증가하고 있으며, 앞으로도 계속 증가할 것임은 의심의 여지가 없는 일이다. Internet Statistics Compendium(2008)에서 인용한 『eTForecasts 2007』에 따르면, 2007년 10월 기준으로 전 세계에서 1,173,109,925명이 인터넷을 사용하고 있으며, 유럽에서 가장 많은 사람이 인터넷을 사용하는 나라는 영국이었다. Microsoft(2006)는 2006년 전 세계 핫메일(Hotmail) 계정 회원을 2억 7천만 명으로 확인하였다. 이메일은 이제 보편적인 의사소통 도구가 된 것이다. Lago(1996)는 이메일 상담은 가장 보편적으로 사용되는 상담 매체 중 하나인 전화 상담의 연장이라는 점을 강조하였다.

　기술이 발전하고 컴퓨터 사용이 증가하면서, 전통 방식의 상담은 자연스럽게 컴퓨터를 활용하는 방식으로 변화하고 있다. 이러한 변화는 전자 기기를 통한 의사소통에 친숙한 젊은 세대가 상담 및 지원의 주요한 대상이 되어 감에 따라 가속화될 것이다. 여성은 남성에 비해 온라인 상호작용과 의사소통을 더 활발하게 사용하는 것으로 알려져 있다(Mindlin, 2007). 상담, 정신 건강, 치료 서비스 등에서 이러한 현상이 분명하게 나타나면서, 온라인을 통해 서비스를 공급하는 사람은 남성이 컴퓨터를 매개로 한 상담에 적극적으로 참여할 수 있도록 독려할 수 있는 방법을 고민해야 한다.

　교육, 진로 지도, 정신 건강 서비스 등의 다양한 분야에서 온라인 상담 서비스가 빠르게 발전하면서, 해당 분야에 관련 자원을 추가적으로 지원해야 한다는 주장이 나오고 있다. 이러한 맥락에서 진행된 연구 결과들은 아직 대외적으로 널리 전파되지 않고 있지만, 온라인 상담의 성과를 향상시키기 위해 더 많은 사람에게 알릴 필요가 있다.

　온라인 치료 및 지원 서비스의 잠재력은 SAMHSA(US Health and Human Services의 한 부서)가 2007년 미국의 전자 기기를 통한 치료 프로젝트에 4개에 600만 달러의 보조금을 지원한 것을 통해 확인해 볼 수 있다.

이 책은 이미 온라인 상담을 시행하고 있거나 온라인 상담 기술을 적용하기 위해 유용한 정보를 확인하고자 하는 전문가를 위해 출판되었다. 이미 설명한 것과 같이, 온라인 상담을 수행할 때에는 대면 상담과는 다른 점이 자연스럽게 발생할 수 있으며, 이 책은 독자가 온라인 상담이 얼마나 효과적일 것인지 스스로 생각해 볼 수 있도록 도와주려고 한다. 동시에 개별 상담자가 자신의 온라인 상담 활동을 발전시킬 수 있는 방법을 고민할 때 반영할 수 있는 이론적인 시사점도 제공하고자 한다.

●
인터넷을 통한 상담과 지원 서비스의 최근 경향

인터넷은 모든 세대의 사람에게 소셜 네트워크를 활용해서 상호작용할 수 있는 플랫폼을 제공하며, 전 세계의 사람들과 의사소통할 수 있는 편리한 도구임이 확인되었다. 인터넷의 출현은 우리 일상에서 필수적인 언어적 의사소통과 전통적 서신 교환의 특성을 변화시킬 수 있으며, 이를 통해 많은 사람의 일상, 업무, 상업적인 활동을 혁신적으로 바꾸고 있다. 그러나 이러한 방식의 의사소통에 대해 회의적인 시각도 있다. 전자 기기를 통한 의사소통은 개인의 고유한 스타일과 물리적인 특성을 전달할 수 없기 때문에 전통 방식의 의사소통과 동일한 효과를 가질 수 없다는 시각이다. 온라인을 통한 활동의 가장 대표적인 분야 중 하나는 사용자에게 치료적인 지원을 제공하는 것이며, 이는 주로 과거에는 직접 대면하여 진행하는 것이 일반적이었다.

이 책의 목표는 성공적인 치료 결과를 얻기 위해 서비스 사용자와 내담자가 온라인 작업을 통해 개인의 성격과 표현 방식을 어떻게 결합할 수 있는지를 설명하는 것이다.

이메일은 정보를 전달하고 필요한 요청을 하기 위해 광범위하게 활용되고 있으며, 업무 상황에서뿐 아니라 친구나 가족과의 개인적인 상호작용을 할 때에도 활용된다. 인터넷 기술의 활용은 정보를 더 신속하게 주고받을 수 있도록 하였다. 사무실이나 집에서 인터넷에 접속하여 전 세계적으로 연락을 주고받을 수 있다는 것도 추가적인 장점이다.

이 책의 목적은 상담자가 온라인 상담으로 전환하는 것이 적절한지를 고려하고, 상담 기술을 효과적으로 사용할 수 있는 지침을 확인할 때 도움을 주는 것이다. 저자는 이 책이 온라인 상담 효과에 대해 회의적인 시각을 갖고 있는 전문가에게 도움이 되기를 원한다. 내담자가 전통 방식을 통해 도움을 받을 수 있는 것 이상으로 온라인 상담이 성공적이라는 것을 증명하는 충분한 연구 결과와 논의들이 있다. 연구 결과들은 불안과 우울장애에 대한 인지행동치료(CBT)와 같은 이론적인 양식을 컴퓨터 매개 상호작용으로 전이할 수 있다는 것을 보여 준다. cCBT Ltd(2007)는 자신들의 온라인 제품을 통해 대면 치료와 동등한 유의미한 결과를 얻을 수 있으며, 낙인과 같은 이유로 다른 방식으로는 도움받기 어려웠을 내담자의 정신 건강에도 도움을 준다고 발표하였다. cCBT는 대면으로 동일한 서비스를 제공하는 비용보다 저렴하고, 대면 인지행동치료를 받기 위한 대기 시간을 성공적으로 줄일 수 있다.

● 기대와 걱정

온라인 상담을 개발하고 적용하려는 시도는 특정한 내담자 집단과의 관련성, 편익, 적합성에 따라 결정될 것이다. 해당 기관이 실시간 서비스를 제공하지 않을 경우, 정보에 접근하거나 다운로드할 수 있는 웹사이트가 존재한다. 일반 대중은 이러한 기관을 방문할 수 있으며, 인터넷 검색을 통해 필요한 도움과 지원을 쉽게 찾아볼 수 있다. 이러한 잠재적인 고객층이 존재하기 때문에, 서비스를 제공하는 입장에서는 내담자를 위한 온라인 서비스를 개발하는 것이 도움이 될 것이며, 실제로 온라인 서비스를 어떻게 개발할지에 대해 고민할 필요가 있다. 상담 전문가가 이러한 변화에 대해 보수적인 태도를 갖는다면, 온라인 서비스를 확대하여 내담자와 상담자 자신 모두에게 도움이 될 수 있는 기회를 잃을 수도 있다. 전통적으로 상담이나 정신 건강 시설은 사회경제적으로 여유가 있는 사람이 더 쉽게 이용할 수 있었기 때문에, 온라인 서비스는 정서적인 지원이 필요한 사람을 위한 잠재적인 기회를 확대해 줄 것이다. 온라인 상담은 대면 상담에 비해 열등한 것이 아니며, 대면 상담을 받을 경제적인 여력이 없는 사람에게 잠재적인 대안이 될 수 있다.

내담자에 대한 지원이 늘어남에 따라, 서비스를 제공하는 사람은 내담자에게 온라인 상담을 제공하는 것이 잠재적인 관계 형성의 기회를 제공한다는 것을 알게 될 것이며, 내담자가 온라인 상담을 대면 상담보다 열등하거나 대면 상담 전에 잠깐 거쳐 가는 단계 정도로 생각하지 않도록 서비스를 구성하는 방법에 대해 고민할 필요가 있다.

저자는 온라인 상담을 제공하는 전문가가 내담자로 하여금 온라인 상담 및 온라인 상담 전문가의 신뢰성에 대해 스스로 검증해 볼 수 있도록 하는 게 중요하다는 점을 강조하고 싶다. 이를 통해, 내담자는 자신이 받고 있는 서비스가 실제로 효과가 있다는 것을 확인할 수 있으며, 자신이 전문적인 과정을 통해서 진짜 전문가에게 도움을 받고 있다고 확신할 수 있을 것이다. 온라인 상담 전문가와 해당 서비스에 대한 다양한 인증 근거를 준비하고 이러한 정보를 잠재적인 내담자가 열람할 수 있도록 하면 도움이 될 것이다.

온라인 관점에서 다른 사람과 의사소통하고 상호작용하는 것에 대한 비판적인 시각이 있음에도 불구하고 이러한 기회는 분명히 증가하고 있으며, 이러한 기회들이 상담 기술을 온라인 환경에 적용하는 방식에 어떤 영향을 줄 것인가에 대해 고민해 볼 필요가 있다. 실제로 내담자를 돕고 더욱 유연한 서비스를 제공하기 위해 인터넷과 컴퓨터를 활용하여 상담 기술을 활용하는 것을 고민하는 많은 전문가가 있다. 이 책은 그들에게 큰 도움이 될 것이다.

인터넷과 내러티브 치료에 대한 연구 결과

상담 및 심리치료에 대한 선행 연구를 검토하다 보면, 우리가 현재 알고 있는 상담 활동을 완성하기 위해 내러티브가 얼마나 중요한 역할을 하였는가를 알 수 있다. 상담의 대면적인 측면은 주로 내담자의 구술적 내러티브(verbal narrative)에 달려 있으며, 서술된 내러티브(written narrative)는 상담의 부가적인 정보로 활용된다. 서술된 내러티브를 일차적 초점으로 활용하는 치료가 내담자에게 긍정적인 결과를 가져온다는 데에는 충분한 이론적인 근거가 있다(Pennebaker & Beall, 1986: Baum, 1997에서 재인용).

Pergament(1998)는 Freud, Kleine 및 Winnicott이 전통적인 치료의 변인과 환경을 다르게 하고, 그 변화를 통해 결과적으로 인터넷 정신 치료 분야의 선구자로 평가받게 된 것에 대해 자세하게 논의하였다.

따라서 이와 같은 시각에서 볼 때, 서술된 내러티브의 전통적인 측면을 온라인 환경으로 전환하고 온라인 상담 기술을 개발하는 것은 충분히 적절한 것이라고 할 수 있다. Suler(2003)는 이메일과 같은 전자 매체를 통한 자기 표현이 직접 말하는 것보다 더 가시적·영구적·구체적·객관적 자아를 대표한다고 설명하였다.

전 세계적으로 인터넷을 기반으로 한 상담의 치료 효과를 연구한 많은 연구가 있다. 인터넷 기반 상담은 우울장애(Christensen et al., 2004; Robertson et al., 2006), 불안장애(Kenardy et al., 2003), 특정 신체형 장애(Strom et al., 2000)에 대해서 특히 효과적인 것으로 확인되었다.

Christensen 등(2004)의 연구에서는 온라인 심리치료를 받은 우울증 환자의 경과를 관찰하였다. 환자는 53%에서 84%의 프로그램을 이수하였으며, 8번째 진료에 이르렀을 때 장애에 대한 심각도 등급이 중간 수준에서 경도 수준으로 낮아졌다.

●
온라인 상호작용을 위해 활용할 수 있는 컴퓨터 기술

상담자가 활용할 수 있는 컴퓨터 매개 의사소통 도구는 매우 다양하다. 웹캠이나 화상 회의 기능을 활용하면 상담자와 내담자 모두 대면 상담과 매우 유사하다고 느낄 것이다. 암호화된 채팅이나 온라인 회의 기능을 활용한다면, 멀리 떨어져 있는 사람들이 한 공간에 모이기 위해 겪게 되는 어려움을 극복할 수 있다. 이메일이나 전화, 스카이프(Skype)는 이러한 의사소통을 위해 효과적일 수 있다. 내담자와 온라인을 통해 관계를 맺을 수 있게 해 주는 기술은 계속 개발될 것이지만, 효과적으로 서비스를 제공하고 내담자와 온라인을 통한 관계를 형성하기 위해 필요한 핵심적인 온라인 상담 기술은 기술의 개발과 변화와 무관하게 유지될 것이다.

참고문헌

Baum, A. (1997). *Cambridge Handbook of Psychology: Health and Medicine*. Cambridge University Press, p. 105.

cCBT Ltd. (2007). Available at http://www.ccbt.co.uk

Christensen, H., Griffiths, K. M., & Jorm, A. F. (2004) Delivering interventions for depression by using the internet: Randomized controlled trial. *British Medical Journal, 328*, 265-269.

Lago, C. (1996). Computer therapeutics. *Counselling Journal of British Association for Counselling, 7*(4), 287-289.

Internet Statistics Compendium (2008). *eTForecasts 2007*. http://www.e-consultancy.com

Kenardy, J., McCafferty, K., & Rosa, V. (2003). Internet-delivered indicated prevention for anxiety disorders: a randomized controlled trial. *Behavioural and Cognitive Psychotherapy, 31*, 279-289.

Microsoft (2006). Microsoft Press Centre. http://www.microsoft.com/uk/press/content/presscentre/releases/2006/12/PR03764.mspx

Mindlin, A. (2007). Girl power is in full force online. *New York Times*, 24 December. http://www.nytimes.com/2007/12/24/technology/24drill.html?_r=3&ex=1356238800&en=7de90ae5b2083391&ei=5088&partner=rssnyt&emcrss&oref=slogin&oref=slogin&oref=slogin

Pergament, D. (1998). Internet psychology: current status and future regulation. *Health Matrix (Journal of Law Medicine), 98*(18), 233-279.

Robertson, L., Smith, M., Castle, D., & Tannenbaum, D. (2006). *Using the Internet to enhance the treatment of depression*.

Strom, L., Pettersson, R., & Andersson, G. (2000). A controlled trial

of self-help treatment of recurrent headache conducted via the
Internet. *Journal of Consulting and Clinical Psychology, 72*, 113-20.
Suler, J. (2003). *E-mail Communication and Relationships.* http://www.
rider.edu/~suler/psycyber/index.html

| 차례 |

◆ 역자서문 / 3

◆ 서문 / 9

◆ 도입 / 17

제1부
온라인 상담의 실제적 기술

제2부
온라인 상담의 전문적 고려사항

제1부
온라인 상담의 실제적 기술

온라인 상담 기술을 적용하는 상담 실제의 뚜렷한 특징 중 하나는 키보드와 컴퓨터 활용 기술에 대한 상담자의 자신감과 능력이 중요하다는 점이다. 컴퓨터 매개 의사소통(Computer-Mediated Communication: CMC)에 적용된 기술과 소프트웨어 활용 능력도 필수적이다. 온라인 상담 실제 영역에서 시스템의 효과와 안정성을 구축해야 하므로, 일상적인 서비스 제공을 관리하는 과정, 그리고 내담자와의 관계를 저해할 수 있는 기술 문제가 발생하는 경우에 대한 지식과 숙련도가 필요하다.

제1장에서는 상담자가 자신의 기존 상담 기술을 돌아보고 새롭게 개발해야 하는 영역을 확인할 수 있도록 한다. 상담 실제에서 내담자의 데이터를 보관하고 윤리강령과 법을 준수하는 시스템을 관리하는 것은 내담자의 비밀보장과 개인 정보를 지키는 것과 관련된 중요한 부분이다. 관련된 모든 영역에는 지침이 제공되는데, 이러한 지침에는 상담자와 기관의 개별적인 요구사항들을 고려하는 내용이 포함된다.

제2장부터 제5장에서는 내담자가 온라인 상담에 효과적으로 참여하도록 하기 위해 실제적으로 필요한 기술을 설명하고, 모의 사례를 통해 상담 기술을 사용하는 예시를 제공한다.

온라인 상담에서, 상담자는 자신과 내담자 모두 물리적인 현존감이 없는 상태에서 관계를 발전시켜야 하므로, 내담자가 온라인 대화를 통해 기꺼이 연결감을 느끼고 긍정적인 경험을 얻을 수 있도록 충분히 현존감을 전달하는 능력을 갖추어야 한다. 온라인에서 상담 기술을 사용하는 것은 대면 환경에서 상담 기술을 적용하는 것과 많은 차이가 있으므로 상담자는 상담 서비스를 제공하기 전에 적절한 전문 지식을 갖추어야 한다. 제2장부터 제5장까지는 이러한 기술을 개발하는 방법을 상세히 다루고 독자가 전문적인 상담 실제 현장에서 연습하도록 독려함으로써, 상담자의 자신감과 역량이 증진되도록 한다. 모의 사례가 제1부 전체에 걸쳐 있으며, 온라인 상담 기술을 사용하는 방법을 상세히 보여 줌으로써 상담자가 자신만의 온라인 상담 스타일을 개발할 수 있도록 한다. 연습문제, 예시, 더 생각해 보기도 각 장의 주요 기능을 담당하고 있다.

제1장
온라인 상담 실제를 위한 기본 구조

이 장에서 설명하는 온라인 상담 기술

- 온라인에서 상담 기술을 적용하기 위한 상담자 적합성 구축하기
- 온라인 상담 기술을 사용할 때 자신감 형성하기
- 온라인 상담 시스템의 안정성 및 적합성: 기술 문제 발생 시 대처 방법
- 온라인 상담 기술 사용 시 효과적인 상담 및 회기의 구조
- 온라인 보안 절차: 암호화, 제3자의 메시지 접근
- 내담자 자료의 관리 및 보관

이 장에는 연습문제와 짧은 예시가 포함되어 있습니다. 온라인 실제에서 상담 기술을 어떻게 활용하는지 이해하고, 논의된 주제에 대해 생각해 보길 바랍니다.

이 장에서는 온라인 상담 실제를 시작할 때 필수적으로 계획하고 구성해야 할 기능에 대해 설명한다. 상담자가 온라인 상담실을 차릴 준비가 되어 있다고 자신하고 있든, 아직 온라인 상담의 윤리와 현실적인 문제와 씨름하고 있든 간에, 지지적이고 의미 있는 온라인 대화를 하기 전에 중요하게 고려해야 할 사항과 실제적으로 필요한 기술이 있다. 상담자와 확장된 방식의 소통을 필요로 하는 내담자의 수요는 분명하다. 여기에는 컴퓨터 매개 기술에 익숙한 사람뿐만 아니라 치료적 영역 및 다른 지원 분야와의 관련성을 무시하는 회의론자도 포함된다. 온라인 상담을 현 상담 서비스에 포함시키는 것을 거부하는 사람이라면 잠재적인 개인적 · 전문적 근거를 숙고할 필요가 있다(Green & Oldham, 2006). 특히 젊은 세대의 내담자나 컴퓨터 매개 기술이 친숙한 사람에게 기존의 전문적 관행을 적용하는 것은 내담자의 수요에 맞지 않는 어려움이 있다(Meyer, 2006).

전문적인 온라인 상담 서비스를 구축하기 위한 기초적인 틀을 구성하는 요소들이 존재한다. 어떤 상담자는 온라인 내담자와의 관계를 빨리 시작하고 싶어 할 수 있지만, 이 장에서는 한발 물러나 시간을 갖고 이 장에서 강조하는 부분에 대해 찬찬히 생각하여, 서비스를 제공하기 전에 자체적인 평가를 수행해 보길 바란다. 이러한 과정은 상담자가 적절한 온라인 의사소통 도구를 사용하여 시스템을 조직하고 관리하며 운영할 수 있는 능력을 갖추게 하고, 충분한 수준의 컴퓨터 사용 능력을 가지고 있는지에 대한 개인의 적성과 잠재력을 확인하게 한다. 온라인 상담 서비스를 구축하기 전에 상담자의 역량을 평가하는 것은 윤리적인 상담을 위한 핵심적인 과정이다(Anthony & Jamieson, 2005).

온라인 상담자는 내담자와의 의사소통이 단절될 가능성이 있거나 실제로 단절된 상황에서 온라인 기술과 기기로 문제를 해결할 수 있는 적정한 수준의 역량을 갖추고 있어야 한다. 특히 상담자가 자택 또는 IT 지원이 제한된 기관에서 근무하거나, 내담자에게 필요한 서비스 수준을 유지하는 데 제약이 있는 경우에는 더욱 그러하다. 상담자가 컴퓨터 매개 의사소통과 기술에 익숙하지 않은 경우, 온라인 상담 서비스를 구축하지 않는 것이 좋다(Kraus et al., 2004).

온라인 환경에서 내담자에게 상담서비스를 지원하려면 다양한 동시적 · 비동시적 매체에 대해 잘 알고 있어야 하고, 대면 상담과는 다른 방식이 필요하다. '타인(other)'을 경험하는 것은 비동시적 대화보다 동시적 대화에서 더 뚜렷할 수 있다(Suler, 2000). 그러한 역동은 상담자가 온라인 내담자와 상호작용하기 위해 매체를 선택할 때 상담자의 선호도에 영향을 줄 것이다.

온라인 상담자는 전문적 · 법적 책임을 모두 준수하며 내담자에게 일관적이고 사용자 친화적인 프레임워크를 갖춘 상담 실제를 구성할 것이다. 이 장에서는 이러한 측면이 어떻게 선택되고 개발되어 온라인 상담 서비스에 적용되는지, 어떻게 상담자의 업무나 전문 분야에 적용될 수 있는지를 생각해 볼 수 있다.

또한 이 장에서는 수련생과 상담자가 자신들의 전문적인 상담을 온라인 현장으로 옮기는 실제적인 측면을 탐색하고, 온라인 상담 기술을 사용하고자 할 때 자신의 현재 업무 패턴과 실제 요구되는 측면을 비교하여 평가할 수 있는 기회를 제공한다.

온라인에서 상담 기술을 적용하기 위한 상담자 적합성 구축하기

전문적인 상담 서비스에서 상담자가 온라인 상담 기술을 사용하기로 선택하는 상황은 다양할 수 있으며, 이러한 다양성으로 인해 상담자가 내담자와 관계를 맺는 데 걸리는 시간도 천차만별이 될 수 있다.

온라인 상담기술의 사용은 전문적인 상담 서비스의 부차적인 기능일 수 있지만, 내담자와 연결되는 데에는 일차적인 원천일 수 있다. 기존의 전문적인 상담 서비스를 온라인으로 옮기는 과정을 중요하게 고려해야 하는데, 상담자는 실제 물리적 접촉 없이 내담자와의 관계를 형성해야 하고, 근방에 가까운 동료가 있는 환경이 아니라면 홀로 일해야 하기 때문이다. 따라서 상담자는 다양한 변수를 고려하며 혼자서 편안하게 작업하는 것이 중요하다.

온라인에서 작업하는 상담자에게는 유연성과 열정이 요구되는데, 온라인에서는 내담자와 상호작용에 소요되는 시간이 일정하지 않고, 이러한 전문적 실제 영역의 독특한 특징이 있기 때문이다. '연습문제 1-1'에 제공된 체크리스트는 상담자가 온라인 상담에 적합한지 초기에 확인하는 데 도움이 될 수 있다.

다음 체크리스트를 사용하여 당신이 온라인 상담 서비스에서 상담 기술을 적용하는 데 적합한지 판단해 보세요.

1. 나는 내담자와 상호작용하는 수단으로 컴퓨터를 사용하며 혼자 일하는 것을 잘 받아들일 수 있는가?
2. 내 업무 중 어느 정도가 온라인 상담 서비스로 전환되는 것이 편안한가?
3. 나는 현재 온라인 매체를 통해 다른 사람들과 상호작용을 할 때 즐거움과 편안함을 느끼고 있는가?
4. 나는 내담자의 물리적 현존감 없이도 기꺼이 일할 수 있는가?
5. 나는 온라인 상담 서비스 관련 책임사항과 시스템 요구사항을 관리하며 행정과 실무를 수행할 수 있는가?

'연습문제1-1'의 질문을 탐구한 후, 온라인 상담 서비스를 하는 경우 전문적인 실제에 미칠 긍정적인 영향과 부정적인 영향 모두에 대한 결정을 내리는 데 더 많은 생각을 해 볼 수 있다.

전문적인 온라인 상담 서비스에서 상담자는 온라인 상담의 운영 및 관리 업무 중간에 정기적으로 컴퓨터 사용을 휴식하는 일정을 계획하는 것이 적절하다. 장시간 연속적으로 컴퓨터 작업을 하는 것은 전문성이나 내담자 작업에서 효과적인 성과를 내는 데 도움이 되지 않는다.

이 외 실제적인 유의사항은 근무시간 동안 상당한 시간을 앉아서 보내는 다른 전문가와 유사하다.

- 온라인 업무를 할 때는 건강, 자세 등에 도움이 되는 적절한 업무환경을 유지해야 한다.
- 하루 중 오랜 시간 동안 온라인 작업을 할 경우, 상담 업무 중에는 타인과 신체적인 접촉을 가질 수 없기 때문에 다른 타인과 양질의 사회적 상호작용을 유지하는 것이 중요하다.
- 컴퓨터 업무 환경 특성상 주로 앉아 있어야 하기 때문에, 이를 보완하기 위해 운동과 함께 주기적인 휴식시간을 갖는 것이 도움이 된다.

온라인 상담 기술을 사용할 때 자신감 형성하기

비동시적 · 동시적 온라인 의사소통에서 상호작용할 때
상담자의 자신감과 역량

컴퓨터 매개 의사소통을 사용한 상호작용에 익숙해진 상담자는 온라인 상담 기술을 사용하는 데 자신감과 역량을 지닌다. 상담자는 자신의 상담 서비스에서 동시적 · 비동시적 의사소통을 활용하여 의미 있고 일관된 대화를 다룬다는 자기 확신도 가질 수 있다. 온라인 상담 기술을 사용할 때 상담 서비스의 다양하고 개별적인 상황은 상담 서비스의 잠재력과 실제에 영향을 미친다. 온라인 서비스 도입에 앞서, 기관과 상담자 모두 윤리적이고 전문적인 구조를 제공하기 위해 상담자가 가진 자신감과 기술 수준을 확인하고 온라인 상담 서비스에 가장 적합한 매체를 고려해야 한다. 효과적인 서비스 제공을 위한 최종 목표는 다음 두 가지 요소를 가지고 있어야 한다.

- 상담자는 선택한 상호작용 도구를 사용하는 데 충분한 자신감을 갖고 유능해야 하며, 비밀보장의 침해로 이어질 수 있는 보안의 잠재적 문제를 알고 있어야 한다. 상담자는 내담자에게 모든 주의를 집중할 수 있는 수준까지 매체에 능숙해야 하는데, 상담자가 매체를 사용할 때 불안감이 있다면 이는 반드시 온라인 대화의 질에 영향을 미칠 것이다.
- 선택된 컴퓨터 매개 응용 프로그램과 소프트웨어는 규정된 보안 요건을 충족하면서 제공하려는 상담 서비스와 조화를 이룰 수 있어야 한다. Speed와 Ellis(2003)는 보안 침해 사고의 대부분은 기관의 구조적 문제로 발생한 내부적 침해 사고로서, 인가된 접속인지, 인증이 되었는지 확인하는 것이 비밀보장을 위한 두 가지 핵심 기능이 된다고 밝혔다. 방화벽을 신중하게 선택하는 것은 외부 보안 위험을 예방하는 데 도움이 될 것이다. Connlly(2001)는 개인이나 소규모 기관에 대한 외부 공격의 가능성은 적다고 강조했는데, 인지도가 낮은 서비스 제공업체의 보안 시스템을 무익하게 뚫은 것은 오히려 해커 개인의 신뢰도와 명예에 문제가 될 수 있기 때문이다.

개인이나 기관은 상담자의 역량과 가장 잘 맞는 온라인 시스템과 자원을 선택하는 과정에서 다음 고려사항을 활용하여 의사결정을 할 수 있다. 이 제안은 절대적인 것은 아니며, 상황의 변화가 있거나 개인적인 상황에 따라 달라질 수 있다.

1. 상담에 사용되는 매체를 개발하고 관리하기 위해 어떤 시스템 지원을 이용할 수 있는가?
2. 어떤 매체가 사용자 친화적이고, 내담자의 필요에 부합하며, 보안 문제, 윤리적 · 전문적 책임과 함께 상담자와 기관의 요구사항을 충족할 수 있는가?
3. 고용될 직원이 선택된 매체에 상담 서비스와 보안 수준을 제공할 수 있을 만큼 충분히 자신감 있고 유능한가?
4. 금전적인 비용이 수반되는 경우, 선택된 상담 서비스 도구를 개발하고 일관적으로 유지하기 위한 자금 융통이 보증될 수 있는가?

연습문제 1-2 의사소통 매체 선택하기

특정 의사소통 및 상호작용 도구를 활용하는 온라인 상담에서, 상담자가 충분한 수준의 자신감과 기술을 갖추었다는 것을 어떻게 알 수 있는가?
온라인에서는 다양한 의사소통 도구가 사용된다. 온라인에 적용될 수 있는 상담자의 현재 기술 수준과 실무 능력을 확인하기 위해 〈표 1-1〉의 평가 시트를 활용할 수 있다. 또는 평가 시트를 온라인 의사소통에 익숙한 다른 사람과 공유하여 그 사람이 상담자의 전문적인 상호작용 수준을 어떻게 경험하는지 확인하면 더 잘 이해할 수 있다.

이 연습문제는 비동시적·동시적 의사소통을 활용한 새로운 도구를 동료와 함께 사용해 봄으로써 기술을 확장하기 위한 체크리스트로도 사용될 수 있다. 각자의 적합성과 효과성에 대해 서로 피드백하고, 각 개인이 온라인 상호작용의 새로운 영역에서 얼마나 효과적으로 자신을 전달하거나 관리했는지 평가할 수 있다.

평가 시트는 온라인 상담 기술의 교육자나 슈퍼바이저가 교육생과 슈퍼바이지의 전문적 발전을 돕는 도구가 될 수 있다. 평가 시트는 점수를 매기고, 기술 향상에 필요한 활동을 기재하고, 교육이나 슈퍼비전과 같은 전문성 개발 활동을 할 때 동료의 피드백 점수를 적을 수 있도록 구성되어 있다. 〈표 1-1〉을 사용하여 상담자의 강점과 개발 영역을 파악한 후, 상담자가 주요 온라인 상호작용 도구로 사용하기에 가장 편안하고 적합한 매체가 무엇인지 고려해 볼 필

〈표 1-1〉 온라인 의사소통 기술 수준과 상담 서비스 능력을 점검하기 위한 평가 시트

질문: 다음에 해당하는 동시적·비동시적 온라인 소프트웨어 도구를 사용하여 명료하고 효과적인 의사소통을 할 수 있는가?

온라인 의사소통 도구	기술 수준과 피드백 (1~10점)	기술 향상에 필요한 활동
이메일		
실시간 채팅 (예: 카카오톡 오픈채팅[1])		
온라인 음성 통화 (예: 카카오톡 보이스톡, 스카이프)		
온라인 커뮤니티 또는 웹 게시판		
동시적 온라인 그룹 작업		

---

1) 역자 주: 국내 실정에 적합한 도구를 예시로 포함하였다.

요가 있다. 어떤 매체든 온라인 전문 상담서비스에서 비밀보장 원칙을 준수하는 것은 중요하다.

연습문제를 완료하면, 온라인 의사소통에 익숙하지 않은 내담자가 어떤 마음으로 온라인 서비스에 마음이 내키지 않는지에 대한 통찰을 얻을 수 있다. 이러한 통찰은 내담자가 매체에 친숙함을 느끼고 자신감 있게 사용할 수 있도록, 자원을 개발하는 과정에 도움이 될 수 있다.

온라인 상담 시스템의 안정성 및 적합성: 기술 문제 발생 시 대처 방법

기술 문제로 인한 어려움을 관리할 수 있는 자신감과 역량

내담자에게 효과적인 상담 서비스를 제공하기 위해, 상담자는 기술 문제나 인터넷 연결의 일시적인 장애로 서비스가 예상치 못하게 중단된 경우, 전자적으로 소통하는 데 자신감을 가져야 하며, 내담자에게 불안을 야기하지 않아야 한다.

상담자가 매체를 잘 다룰 수 있다는 자신감과 기술력이 부족해서 사소한 기술 문제에 대처할 수 없다면, 상담자는 온라인 상호작용에 온전히 집중하지 못하게 될 것이다. 이는 만족스럽지 못한 상담결과로 이어질 수 있고, 상담자는 외부의 방해 없이 전문적으로 온라인 회기를 수행할 수 있다는 자신감을 잃을 가능성이 있다. 상담자에게 온라인 상담 기술 사용이 낯설거나 상담자가 내담자와 상호작용하기 위한 새로운 의사소통 도구를 선택하는 과정에 있는 경우, 어떤 매체를 사용하든 '무의식적으로 유능함을 발휘할 수 있을 때까지' 온전한 역량과 자신감을 개발하는 데 시간이 걸릴 것이다.

이 기간 동안 상담자는 내담자가 없는 환경에서 필요한 기술 수준을 습득하는 것이 중요하다. 상담 분야에서 새로운 기술을 개발할 때 맞닥뜨릴 수 있는 어려움 중 하나는 상담자가 온라인 기술을 개발하기 위해 다른 사람이나 다른 사람과의 상호작용이 필요하다는 것이다. 이때 온라인 학습 환경에서 제공되는 교육 훈련 기능이 매우 중요하다. 새로운 온라인 기술을 시험하고 개발하거나 컴퓨터 매개 기술과 소프트웨어의 새로운 소스를 시도하기 위해 동료들과 함께 연습하는 것도 유용할 수 있다.

온라인 커뮤니티, 자유게시판 또는 온라인 상담 기관은 기술과 지식을 개발하는 데 도움이 될 수 있다. 상담자는 온라인에서 다른 사람이 지원하는 경험에 대해 더 깊게 이해하게 됨으로써, 온라인 서비스를 사용하는 내담자에 대한 공감적인 이해도가 높아질 수 있다.

연습문제 1-3 지원 및 교육 훈련에서의 필수사항

온라인 상담 서비스 제공에 영향을 미칠 수 있는 기술적 이슈에 대한 현재의 대처 수준과 관련 지식을 돌아보고, 서비스의 중단 가능성을 최소화하기 위해 필요한 지원과 교육 훈련을 고려해 보세요.

온라인 상담 기술 사용 시 효과적인 상담 및 회기의 구조

효과적인 상담 실제의 구조

기관마다 온라인 서비스를 제공하는 구조에는 많은 차이가 있다. 이러한 모든 차이에도 불구하고, 온라인 내담자에게 어떻게 자원을 구조화하고 제공할지 결정할 때 고려해야 할 기본 요건들이 있다. 이 절에서는 이러한 요건에 대한 세부 고려사항을 논한다.

온라인 상담 실제에서 효과적인 구조화를 위한 몇 가지 기본 요건은 다음과 같다.

1. 웹사이트나 또는 온라인 포털을 통해 서비스를 제공하는 경우, 접근성, 신뢰성, 일관성이 있고 사용자 친화적이어야 하며, 내담자의 긍정적인 경험을 촉진하고 서비스 효율성에 대한 신뢰감을 형성해야 한다(Briggs et al., 2002). 이러한 사항은 내담자와 상호작용하는 매체와 소프트웨어에도 적용된다.
2. 온라인 매체 및 소프트웨어는 암호화 및 비밀번호 기능을 갖추어야 하며, 특히 온라인 심리치료나 슈퍼비전 서비스가 제공되는 경우 내부 및 외부의 무단 접근을 예방해야 한다(Speed & Ellis, 2003). 또한, 모든 자원이 윤리강령을 준수하는지 검토되고 업데이트되어야 한다(BACP, 2005).

3. 내담자가 서비스에 접근하기 위해 비용을 지불하는 경우, 안전하고 사용하기 쉬운 다양한 방법이 있어야 한다.

4. 상담 서비스가 예약제로 제공되는 경우, 서비스를 제공하는 기관의 구조와 온라인 상담자의 관리 체계를 일관적이고 효과적으로 운영하여 내담자의 필요를 충족시켜야 한다. 예약의 취소 또는 변경이 발생하면 사전에 합의된 다른 채널을 통해 내담자에게 전달되어야 하며, 특히 명백한 기술적 문제가 원인인 경우 대안 방법도 안내되어야 한다.

5. 온라인 네티켓과 동의서의 한계는 서비스 이용자와 사전에 합의되어야 하며, 이는 제공되는 서비스의 특성에 따라 어느 정도 달라질 수 있다.

6. 온라인 지원과 상담 서비스 영역에서, 상담 기관 또는 상담자가 주 7일, 24시간 서비스를 제공하지 않는 경우 내담자를 지원할 수 있는 대안 자원을 안내해야 한다.

7. 상담자나 상담기관이 내담자의 데이터를 보관하는 경우, 자료의 보관 체계는 서비스 이용자에게 명료하게 전달되어야 한다. 보관 체계는 법적·윤리적·전문적 지침을 준수해야 한다.

Box 1.1에서는 치료적 장면에서 이러한 초기 요소를 구조화하는 예시를 보여 준다. 이 책에서 모의 사례 예제는 온라인 상담 기술과 지식의 발달 단계에 따라 독자를 돕기 위한 예시로서 각 장에 연속적으로 제공되며, Box 번호와 함께 *를 사용함으로써 다른 예시와 구별된다.

모의 사례 – 샘

　　줄리는 최근 독립적인 온라인 상담 서비스를 시작했다. 그녀는 웹사이트 이메일 계정을 통해 온라인 상담에 관한 이메일 문의를 받았다. 줄리의 웹사이트는 잠재적인 내담자에게 명료하고 사용자 친화적인 정보와 지침을 제공하였으며, 여기에는 온라인 상담의 특성, 서비스 제공을 포함한 컴퓨터 매개 접근 방법, 예약 절차 등이 포함되어 있다. 잠재적 내담자인 샘은 개인적인 문제에 대해 몇 가지만 간단히 언급했을 뿐 자신의 어떠한 병력도 알려 주지 않았다. 줄리는 샘에게 추가 정보를 요청하며 자신이 제공하는 서비스의 특징에 대해 간단히 설명했다. 그리고 샘에게 회신을 요청하는 검사지·동의서를 첨부하고, 필요한 경우 내용에 대한 어떤 질문이든 할 수 있다고 안내한다.

　　내담자에게 안내된 내용은 다음과 같다.

- 내담자가 온라인 상담자에게 기대할 수 있는 것과 온라인 관계의 한계
- 비동시적 의사소통의 인터넷 개인정보 보호 및 보안 유지와 관련된 정보
- 줄리의 자격사항 및 경력과 관련된 세부 내용. 그리고 이를 검증할 수 있는 방법
- 기술적 오류가 발생한 경우 연락할 전화번호 및 주치의 정보 요청
  (이때, 요청 목적을 충분히 설명함)
- 현재 또는 과거의 의료적·정신적 건강 문제와 관련된 정보 요청
  (안내 양식 제공)
- 예약하는 방법 및 내담자의 연락에 대한 응답시간
  (불참한 회기 일정을 조정하는 방법 포함)
- 상담 진행과 종결 후 치료 기록의 관리, 배포 및 보관에 관한 세부 사항
  (슈퍼비전 시 내담자 정보가 어떻게 활용되는지에 대한 간략한 설명 포함)

내담자와의 계약에 포함될 수 있는 부가적인 사항은 이 책에서 안내된 웹 사이트의 동의서 예시에서 찾을 수 있다.

줄리는 첫 번째 답장에서 내담자에게 자신의 서비스 제공과 관련된 정보가 있는 웹 사이트의 특정 페이지를 안내한다. 그녀는 내담자의 개인적인 필요와 상황을 고려하여 온라인 상담이 적합한지를 평가하는 과정에서 샘에게 간단한 이메일 대화를 나누자고 제안한다. 줄리는 또한 일부 내담자가 온라인 서비스에 처음 접근할 때 회기를 예약하지 않는 것을 알고 있다. 내담자가 이메일에 답장하지 않을 경우를 대비하여, 그녀는 내담자가 지원받을 수 있는 긴급 서비스의 정보를 안내에 포함하고 있다.

연습문제 1-4 효과적인 상담실제의 구조

지금까지 살펴본 내용에서, 온라인 상담에 효과적인 구조를 만들기 위한 기초적이고 필수적인 사항이 논의되었습니다. 당신이 현재 사용하고 있거나 앞으로 사용할 온라인 상담 기술 서비스에 따라 고려해야 할 추가적인 요인을 생각해 보세요.

• 내담자의 초기 접촉에 대한 상담자의 접근 방법은 Box 1.1의 예시와 어떻게 다른가요?
• 상담자가 상담을 구조화할 때 선호하는 개인적·전문가적 스타일은 예시 속에 제시되는 내담자 동의 및 평가와 어떻게 다른가요?

온라인 상담 기술 사용 시 효과적인 회기의 구조

이 절에서는 온라인 내담자와의 1:1 개인 회기를 위한 구조를 제시하여 온라인 상담의 실제를 위한 청사진을 그린다.

만약 당신이 치료 장면에서 대면 상담 기술을 사용하고 있거나 공식적인 자리에서 다른 사람에게 프레젠테이션을 한 적이 있다면, 당신은 필요한 내용을 명확히 전달하기 위해 사용하는 구조—각 회기나 프레젠테이션의 시작, 중간, 끝 단계—에 익숙할 것이다. 내담자와 전문적으로 만나는 세팅에서 온라인 상담 기술을 사용할 때에도 동일한 구조가 적용되며, 몇 가지 부가 요인을 활용하여 온라인 회기를 보다 완결성 있게 진행할 수 있다. 또한 의사소통 방법이 동시에 이루어지는지, 비동시적으로 따라서도 다르게 진행되어야 한다.

상담자가 있는 전문적 환경에 따라 온라인 상담에서 적용할 회기의 구조가 달라진다. 내담자와 상호작용을 시작할 때, 내담자와 연락 가능한 시간을 명확히 하는 것이 중요하다. Rosenfield(1997)는 전화 상담을 언급할 때 이 점을 강조하였는데, 온라인 상호작용에서도 동일하게 적용된다. 인지행동치료(CBT) 회기를 진행할 때는 다음에서 구분한 틀보다 더 구조화된 접근 방식이 필요하며, 종종 과제를 포함한다(Sanders, 1996). 직업 상담에서는 각 회기마다 회기 내 특정 목표를 가지고 진행한다(Seema, 2005).

비동시적 회기의 구조(답변이 시간차를 두고 진행됨)[2]

• 시작 단계

인사말과 함께 회기를 연다. '안녕하세요.' '반갑습니다.'와 같이

---

2) 역자 주: 텍스트 기반 온라인 상담의 비동시적 회기에 대한 대표적 예는 이메일 상담이다.

내담자의 표현과 비슷한 형태로 하는 것이 가장 좋다.

상담자에게는 내담자와의 지난 회기에서 걱정되는 부분이 있었거나 이번 회기에서 상담자가 전달하고자 하는 핵심 내용이 있을 수 있다. 이와 같이 내담자가 특별히 주의를 기울이길 바라는 부분이 있을 경우, 상담자는 회기 첫머리에서 강조할 사항에 대해 명확하게 설명한다. 일부 상담자는 이런 내용을 회기의 끝부분에 적는 것을 선호할 수 있지만, 이 경우 내담자에게 전달하고자 했던 내용이 간과될 수 있다. 일반적인 공감적 진술도 회기의 시작 부분에서 나타낼 수 있는데, 이를 통해 내담자가 이전에 전달한 것을 상담자가 듣고 반응했다는 것을 알린다. 이전에 내담자와 의사소통을 한 적이 없을 때, 상담자가 내담자에게 공감적인 안심을 전달하는 것은 상담 과정에 도움이 될 수 있다.

시작 단계에 너무 많은 세부 내용을 적지 않도록 한다. 내담자가 답변을 간절히 기다리고 있을 수 있고, 주요 내용을 장황하게 말하느라 답장이 지연될 수 있다.

의사소통의 중간 단계로 넘어가기 전에 주어진 단락에서 오프닝 주제를 명확하게 하는 것이 바람직하다.

• 중간 단계

이 단계는 상담자가 내담자에게 전달하고자 하는 대화의 '본문'이다. 상담자는 상담 서비스를 제공하는 맥락에 따라 다음과 같은 개입을 채택할 수 있다. 이러한 개입으로는 질문, 공감적 반응, 재진술, 정보 제공, 피드백, 직접적 안내, 내담자의 이전 반응을 요약하고 반영하는 것, 내담자가 호소하는 문제를 헤쳐 나갈 수 있는 방법을 제안하는 것, 이전 회기 내용을 명료화하는 것, 이전 내용에서 오해나 혼란이 있을 경우 설명을 제공하는 것이 포함된다.

• 마무리 단계

이 단계는 상담자의 전문적인 상담 장면에 따라 달라질 수 있다. 비동시적 의사소통에서 상담자는 주로 내담자에게 전달하고자 하는 본문 내용의 특정 부분을 강화하고, 동시에 내담자를 향한 긍정적인 마음을 표현하며 회기를 마무리한다. 치료적이거나 지지적인 맥락에서 상담자는 내담자가 잘 지내기를 바라며, 내담자로부터 후속 연락을 받기를 기대하는 표현으로 회기를 '종료(sign off)'할 것이다.

동시적 회기의 구조(텍스트 교환 형식으로, 답변이 실시간으로 진행됨)[3]

동시적 의사소통이 비동시적 의사소통과 분명히 다른 점은 상담자와 내담자가 실시간으로 만난다는 사실이다. 따라서 동시적 의사소통에서는 적절한 구조로 상호작용을 하기 위해 효과적인 시간 관리가 필요하다. 내담자와 상담자 모두 타이핑을 하며 컴퓨터 화면을 보고, 생각을 정리하고 상대방에게 답하는 등 여러 과정이 이루어지기 때문에 대면 상담에 비해 대화의 내용은 감소하게 된다. 상담자는 비동시적 의사소통으로 동시적 상담을 보완할 수 있는

---

3) 역자 주: 텍스트 기반 온라인 상담의 동시적 회기에 대한 대표적 예는 채팅 상담이다.

데, 이 경우 두 개의 의사소통에서 나눈 실타래를 연결하기 위해 시작 단계의 내용을 변형해야 한다.

• 시작 단계

상담자는 인사말과 함께 회기를 시작하여 내담자를 맞이한다. 온라인 상담이 지속적으로 이루어진 경우, 상담자는 내담자에게 지난 회기 이후 발생한 문제가 있었는지 물어볼 수 있다. 상담자나 상담을 지원하는 스태프는 회기의 주 호소문제를 이해하기 위해 내담자에게 자세한 설명을 요청하거나, 내담자가 주 호소문제를 확인할 수 있도록 돕는다. 전문적인 상담 장면에서 상담자가 온라인 상담에 대해 안내할 때는, 주로 상담자가 주도적인 역할을 한다.

• 중간 단계

비동시적 의사소통에서 정의되었듯이, 이 단계는 질문, 공감적 반응, 재진술, 정보 제공, 피드백, 직접적인 안내, 요약 및 반영, 제안, 내담자의 이전 의사소통 내용을 명료화하거나 설명을 제공하는 요소들을 포함한다. 또한 치료 장면이나 지도감독적인 장면에서는 이 단계에서 내담자가 제공한 자료에 대한 창의적이거나 '놀이 같은' 탐색을 포함시키기도 한다. 개인교육이나 집단교육과 같이 상담자가 상호작용의 촉진자 역할을 하는 세팅인 경우, 상담자는 이 단계에서 방향을 제시하고 이끌어 간다.

• 마무리 단계

동시적 회기를 마무리할 때, 상담자는 신중하게 시간을 맞추고 관리하여 회기에서 다룬 주요 주제를 적절하게 마무리하는 동시에 치료적 맥락에서 내담자에게 수용감을 주어야 한다. 시간 할당 예약 시스템이 사용된 경우, 다른 내담자와 예약 시간과 겹치지 않게 되기 때문에 동시적 상호작용을 더 전문적이고 효과적으로 마무리할 수 있을 것이다. 온라인 환경의 예약된 회기에서 내담자가 상담자의 연락을 기다려야 하는 것은 내담자에게 괴로움을 줄 수 있고, 전문적인 상담 현장에서 발생해서는 안 된다.

기타 고려사항   내담자와의 동시적 또는 비동시적 첫 회기에서 온라인 상담 기술을 적용할 때 부가적으로 고려해야 할 사항이 있을 수 있다. 상담자는 내담자가 온라인 상호작용과 상담자에게 편안함과 친숙함을 느낄 수 있도록 도와야 하는데, 이는 실제 물리적 현존감이 없는 온라인에서는 특히 중요하다. 상담자와 내담자는 대면 상담의 분명한 이점들과 뉘앙스 없이 긍정적인 상담 관계와 치료적 작업동맹을 형성하기 위해 온라인 매체에 전적으로 의존한다(Ainsworth, 2001).

온라인 보안 절차: 암호화, 제3자의 메시지 접근

모든 의사소통이 기관의 웹 사이트나 온라인 포털을 통해 이루어지는 경우, 특히 내담자가 보안 프로그램을 통해 서비스에 접근하는 환경이라면, 내담자가 상담자와 접속하고 상호작용하는 과정은 관리되고 있을 가능성이 높다. 내담자가 서비스에 접속하는 물리적 위치는 내담자의 선택에 따라 달라진다. 온라인 상담자는 내담자에게 보안 및 개인 정보 보호 문제에 대해 동시적·비동시적 대화 모두에서 개인 정보 보호 방법에 대한 안내를 제공해야 할 책임이 있다. 내담자가 비밀보장을 위해 적절한 절차를 진행했다고 확신하기 어려우며, 내담자가 자신의 컴퓨터를 방치하지 않거나 보호하여 제3자가 상담 내용을 보지 않도록 적절히 조치하고 있다고 가정하기 어렵다. 따라서 웹 사이트에서 관리되지 않는 이메일 교환 과정을 통해 의사소통이 이루어지는 경우, 상담자는 개인 정보나 보안 자료를 첨부 파일 형태로 관리하고, 가능하면 첨부 파일을 암호화할 것을 권장한다. 동시적 상호작용이나 비동시적 대화에서는 개인 정보 보호와 보안 유지에 관련된 지침을 반복해서 확인하고, 암호화 설비를 구축해야 한다.

●

내담자 자료의 관리 및 보관

내담자의 자료 보관에 사용되는 시스템은 상담자의 가용 자원에 따라 달라진다. 또한 상담자가 독립적으로 상담을 하는지, 내담자의 데이터를 보관하기 위해 특정 시스템을 가진 기관에 고용되어 있는지와 같은 상황에도 영향을 받을 것이다. 서비스에 접근한 내담자와 관련된 개인 정보를 취급하거나 저장하는 개인과 기관은 법적 의무사항을 따라야 한다. 이러한 보관 방법은 「1988년 데이터 보호법(Data Protection Act 1988)」을 따른다.[4] 법적 문제와 보안 문제는 의사 결정의 핵심이다(Connolly, 2001).

기본적으로, 「1988년 데이터 보호법」에서는 개인 정보가 다음과 같이 수집·이용되었는지 확인하기 위해 개인 또는 기관이 특정 지침을 따르도록 한다.

- 공정하고 합법적인 과정을 따라야 한다.
- 제한된 목적으로만 처리되어야 한다.
- 목적과 밀접하게 관련이 있고 적절하며 과도하지 않아야 한다.
- 정확하고 최신의 지침이어야 한다.
- 필요 이상으로 오래 보관하지 않아야 한다.
- 모든 처리 과정에서 개인의 권리를 지켜야 한다.
- 안전해야 한다.
- 적절한 보안 조치 없이 다른 나라로 전송되지 않아야 한다.

공적 구성원(public member)은 개인 전문가나 기관이 보유한 개인 자료의 세부 정보를 요청할 권리가 있다. 따라서 상담의 실제적 범위와 상담이 진행된 국가의 법적·윤리적 요구사항에 따라 내

---

4) 역자 주: 국내에서는 국가법령센터(https://www.law.go.kr)의 「개인정보보호법」과 「정보통신망법」을 준수해야 한다.

담자의 데이터를 관리하고 보관하는 방법을 계획하는 것이 중요하다. 상담자가 기관 내에서 온라인 업무를 수행한 경우, 해당 업무와 관련된 법률에서 구체적으로 요구되는 사항의 의미가 명확하지 않은 경우, 법률 서비스 부서의 조언과 지원을 요청할 것을 권장한다.

정신 건강 실무자의 경우 온라인 상담 실무에서 정보 보호 담당자(data controller)가 필요한지를 확인하는 것이 좋다.[5]

●

이 장의 요약

전문적인 상담 실제에서 온라인 상담 기술을 사용하고자 하는 경우, 온라인에서 상담을 하고자 하는 상담자와 상담 관련 기관은 평가 및 계획을 해야 할 필요가 있다. 모든 상황에서, 상담 전문가와 기관은 내담자에게 윤리적이고 합법적이며 일관된 서비스를 제공하기 위한 기술, 자원과 관리 기술을 갖추고 있어야 한다. 기존의 대면 상담 장면에서 사용하던 상담 기술을 온라인 상담 기술로 이전하고 사용할 때 분명히 고려해야 할 사항들이 있다. 또한 온라인 서비스를 전체적으로 구조화하는 광범위한 맥락에서 온라인 상담 기술을 적용할 때 전문적·법적 의무사항을 준수하기 위해 온라인 서비스를 신중히 계획하고 개발해야 한다. 상담 기술의 사용

---

5) 역자 주: 영국에서는 데이터통제권자(data controller)가 온라인 상담 데이터의 관리와 보호를 담당한다. 국내 법에서는 기록관리자나 정보 보호 담당자가 기록물 관리와 정보 보호를 담당하고 있으나, 상담에 한정된 것은 아니며, 보다 포괄적인 업무를 수행한다.

을 온라인 환경으로 전환하는 것에 전문적인 기술과 역량이 필요하지 않다고 가정할 수 있지만, 실제로는 그렇지 않다(Anthony & Jamiesson, 2005).

●
더 생각해 보기

- 상담에서 온라인 상담 기술 사용 계획을 진행하기 위해 필요한 개인이나 기관의 요구사항을 반영하였는가? 온라인 상담 기술을 적용하기 전에 어떤 교육과 추가적 자원이 필요할 것인가?
- 온라인 상담(서비스)에 대한 계획을 세우고 개발하기 위해 근무하는 기관 내에서 어떤 지원이 필요한가?
- 기존 대면 상담 서비스 사용자가 온라인 상담에 참여하거나, 현재 대면 상담 서비스를 온라인으로 전환할 가능성을 확인하기 위해 어떤 연구를 수행할 수 있는가?

●
참고문헌

Ainsworth, M. (2001). *Internet Therapy Guide: Types of Online Counselling Services*. http://www.metanoia.org/imhs/type.htm

BACP/Anthony, K. & Jamieson, A. (2005). *Guidelines for Online Counselling and Psychotherapy* (2nd ed.). British Association for Counselling and Psychotherapy.

Briggs, P., Burford, B., De Angeli, A., & Lynch, P. (2002). The elements of computer credibility. *Social Science Computer Review, 20*(3), 321–332.

Connolly, K. J. (2001). *Law of Internet Security and Privacy*. Aspen Publishers Online. http://www.aspenpublishers.com.

Green, M.T., & Oldham, M. (2006). New technologies: new challenges. *AUCC Journal*(Winter ed.) http://www.aucc.uk.com/journal_pdf/winter 06_3.pdf

Information Commissioner's Office (2008). The Data Protection Act: Your Rights, Responsibilities to Data Protection. http://www.ico.gov.uk/what_we_cover/data_protection.aspx

Kraus, R., Zack, J., & Stricker, G. (2004). *Online Counselling: A Handbook for Mental Health Professionals*. Elsevier/Academic Press, p. 78.

Meyer, D. (2006). Student support-new directions. Internet: for good or ill, *AUCC Journal*. Winter edition. http://www.aucc.uk.com/journal_pdf/winter06_7.pdf

Rosenfield, M. (1997). *Counselling by Telephone*. Sage.

Sanders, D. (1996). *Counselling for Psychosomatic Problems*. Sage, p. 77.

Seema, Y. (2005). *Guidance and Counselling*. Anmol Publications, p. 235.

Speed, T., & Ellis, J. (2003). *Internet Security: A Jump Start for System Administrators and IT Managers*. Digital Press/Elsevier.

Suler, J. (2000). *Psychology of Cyberspace: Hypotheses about Online Text Relationships*. Available at www-usr.rider.edu/~suler/psycyber/textrel.html

Wikipedia (2007). Social Software. Available at en.wikipedia.org/wiki/Social_software

제2장

온라인 현존감[1]과
온라인 상담관계 형성

이 장에서 설명하는 온라인 상담 기술

- 온라인 현존감의 정의
- 시각적·청각적 신호 없이 온라인 현존감과 관계를 구축하는 작업
- 온라인 현존감을 형성하고 온라인 관계를 발전시키기 위한 아바타 사용
- 온라인 관계 형성하기
- 첫 온라인 상호작용
- 온라인 내담자에 대한 물리적 조망 형성하기
- 내담자가 스스로 문제를 해결할 수 있도록 지원하기

이 장에는 연습문제와 짧은 예시가 포함되어 있습니다. 온라인 실제에서 상담 기술을 어떻게 활용하는지 이해하고, 논의된 주제에 대해 생각해 보길 바랍니다.

이 장은 상담자가 온라인 상호작용과 상담 관계를 발전시키기 위해 현존감을 활용하는 방법에 대한 이해를 돕는다. 온라인 상담 관계의 초기 단계에서는 온라인 현존감을 형성하고, 내담자와 관

---

1) 역자 주: 'presence'는 일반적으로 '존재감' '현존감'으로 번역된다. 이 책에서는 상담 장면에서 주로 사용되는 용어인 현존감으로 통일하여 번역하였다.

계를 맺는 데 필요한 기술을 개발한다. 긍정적이고 지지적인 온라인 현존감을 제시하고, 단회적이거나 지속적인 온라인 관계에서 이를 유지하는 것은 성공적인 상호작용의 열쇠이다. 상담자의 대인관계 기술은 대면과 온라인을 막론하고 내담자와의 협력적인 관계를 만들며 효과적인 상담에 필요한 핵심 속성이다.

선행 연구에 따르면, 컴퓨터 매개 기술을 활용한 장면에서 일부 내담자가 '이탈(detachment)'을 경험할 수 있다는 결과가 시사되었다. 일부 개인은 판타지적인 존재에 익숙해지면서 반사회적인 행동패턴을 발달시킬 수 있으며, 대면 관계의 가치보다 컴퓨터로 매개된 관계를 잠재적으로 선호할 수 있다(Cooper, 2002). Hamburger(2005)는 인터넷 서비스를 자주 사용하는 사용자들이 내향적인 성격 유형과 밀접한 관련이 있다고 밝혔다.

이와 같이 온라인 상호작용이 개인으로 하여금 대면 만남과 대면 관계를 철수하게 할 수 있다는 분명한 불안감이 있을 수 있으므로, 상담자는 온라인 현존감을 형성하고 적절성을 확보하는 데 있어 균형을 갖추어 효과적으로 지원해야 할 것이다. 선행 연구에 따르면, 온라인 상담에서도 대면 상담의 상담 관계와 같은 수준의 작업동맹이 형성될 수 있으며, 온라인 상담에서도 긍정적이고 효과적인 온라인 현존감과 치료동맹을 얻을 수 있다(Prado & Meyer, 2004).

온라인 현존감의 정의

'온라인 현존감'이라는 용어의 사용에 대한 예를 들기 위해, 당신이 정서적으로 가깝다고 생각하는 누군가와의 개인적인 관계를 성찰해 보길 바란다. 다음과 같은 질문을 바탕으로 그 사람이 가지고 있는 개인적 자질과 특징 이상의 것에 대해 좀 더 생각해 보자. 당신의 마음에 그 사람의 개인적 자질과 개인적 특징을 넘어서는, 그 사람만의 독특한 '현존감'을 형성하는 어떤 부분이 있는가? 당신은 이것을 간결하게 정의하는 것이 불가능하다는 것을 알게 될 것이다. 한 사람의 현존감은 독특함을 가진, 전체로서의 자신을 나타내는 것이다. 비록 그 현존감의 모든 측면이 다른 사람에게 옮겨진다고 할지라도 그 사람의 실제 본질은 다른 사람에게서 표현될 수 없을 것이며, 개인의 현존감은 복제될 수 없는 개인의 지문과 비슷하다고 가정할 수 있다. 이와 같은 내용을 전제하면, 한 사람의 현존감은 고유하고 그 사람 자신만으로 정의된다고 하겠다.

온라인 상담 관계와 의사소통에서 다른 내담자와 중복될 수 없는 독특한 특성의 '현존감'이 있다는 것은 분명하며, 이는 면대면으로 만나는 것과 비슷한 방식으로 느껴질 수 있다. 이러한 과정은 감각적 자극(sensory stimulation)의 다섯 가지의 주요 특징을 통해 경험된다(Suler, 2003).

• 환경으로부터의 감각적 자극

- 환경의 변화
- 환경과의 상호작용
- 친숙함의 수준
- 균형

내담자와의 온라인 상호작용에서 온라인 현존감을 형성하는 것은 내담자가 호소하는 내용에 공감하는 데 중요한 요소임과 동시에 온라인 상담 관계를 발전시키기 위한 필수 요소이기도 하다. 대면 상담 상호작용에서 현존감은 비언어적으로 나타나며, 외현적인 제스처로 전달되지 않는다(Whitmore, 2004).

> **연습문제 2-1 온라인 현존감**
>
> 여러분에게 친숙한 누군가의 '현존감'을 어떻게 경험하는지 생각해 보세요. 컴퓨터 매개 의사소통에서 개인의 고유한 현존감을 어떻게 전달할 수 있을까요?

온라인 현존감 형성하기

심리 치료의 인간 중심 모델에 기반한 상담자의 핵심 가치는 '행위(doing)'의 방식이 아닌 '존재(being)'의 방식이라고 말할 수 있다. 이때 '존재'의 방식은 상담자로부터 자연스럽게 전달되는 것으로 내담자에게 자유롭고 유익한 경험을 제공한다. Rogers(1980)는 치료 관계에서 존재의 효과에 대하여 강렬한 깊은 성장, 치유, 에너지가 있는 내면 영혼의 만남이라고 정의했다. 나는 성장의 씨앗과 같은 이러한 정신을 이 장에서 정의한 '현존감'으로 명명하고, 나아가 온라인 관계 형성의 핵심인 '온라인 현존감'으로 정의하고자 한다.

온라인 치료와 정신 건강을 조력하는 관계에서 온라인 현존감을 어떻게 적용할지에 대해서는 다음을 고려할 필요가 있다. 현존감을 형성하는 과정에서, 온라인에서 내담자를 지원하는 작업은 대면 작업과 직접적으로 비교된다. 현존감은 상담자와 내담자 모두의 본질로서 공감과 이해를 촉발하며 온라인 관계 및 상담을 위한 긍정적인 경로와 성공적으로 연결된다.

온라인 또는 대면 장면에 있는 상담자는 전문 영역과 관련된 특성과 함께 내담자에게 특화된 개인적·전문적 자질과 특징을 가지고 있을 것이다. 상담자의 성격과 일상 습관은 내담자에게 분명하게 보일 것이며, 이는 대면 또는 온라인에서 상담을 신청한 내담자와 작업동맹을 형성하는 역동에서 핵심 역할을 할 것이다. 상담자와 내담자 모두 현존감을 형성하게 되면, 상담자의 전략적인 개입과 함께 긍정적인 상담 결과를 촉진한다.

온라인 현존감을 개발하기 위한 잠재력과 특성에 영향을 미치는 다양한 서비스

온라인 관계의 형성과 유지는 내담자와 온라인으로 작업하는 시간과 작업 맥락이 얼마나 긴지, 그리고 관계가 얼마나 지속되었는지에 영향을 받을 수 있다. 작업의 맥락은 대개 두 가지 형태의 서비스로 나누어진다.

- 내담자가 서비스에 접근할 때마다 동일한 상담자와 만나지 못할 수 있는 일회성 상호작용 또는 임시적인 지원 서비스이다. 상담자와 내담자는 단 한 번의 비동시적 대화를 나누거나, 동시적 매체를 통해 작업하는 경우 1시간 이내의 회기를 가진다.
- 내담자가 상담 지원을 요청하는 기간 동안 배정된 상담자와 만날 수 있는 지속적인 상담 지원을 제공하는 서비스이다. 상담자와 내담자는 계약된 회기 동안 연속적으로 동시적 또는 비동시적 대화를 나누게 된다.

어떠한 형태든, 상담자는 내담자가 긍정적이고 유익한 경험을 얻도록 돕는 온라인 현존감을 전달하는 동시에, 대면 상담의 상호작용과 같이 서비스 사용자가 자신의 온라인 현존감을 형성하도록 촉진해야 한다.

온라인 현존감 및 상담 관계를 효과적으로 발전시키는 요인

내담자는 동시적 또는 비동시적 전자 매체로 상담 서비스를 받는 것에 친숙할 수도 있고, 온라인 의사소통에 자신감이 없는 상태에서 상담 지원을 요청했을 수도 있다. 또한 내담자들은 온라인 상호작용과 온라인에서 개인 정보가 공유되는 것에 대해 불안감을 느낄 수 있다. 상담자는 내담자와의 접촉을 시작하는 단계에서부터 내담자가 키보드를 적절히 활용하는 데 익숙한지, 내담자가 전자 매체를 통한 의사소통에 적응할 수 있을지 여부를 평가하는 것이 중요하다. 내담자가 상담 서비스에서 짧고 방어적인 방식으로 표현한다면, 이는 내담자가 글로 의사소통하는 것에 취약하거나 적절한 온라인 의사소통 능력의 문제라기보다는 개인 정보를 공개하는 것에 대한 불안감 때문일 수 있다. 내담자와 활용하는 매체가 내담자 개인이나 내담자가 가진 이슈에 적합하지 않다고 판단될 경우, 상담자는 안전하고 적절한 연계 지원을 제안하고 그 근거를 설명해 주어야 한다.

●
시각적 · 청각적 신호 없이 온라인 현존감과 상담관계를 형성하는 작업

내담자가 스스로 자신의 사진을 제공하거나 웹캠이나 음성 기기를 사용하는 상담이 아닌 한, 상담자는 온라인 상담에서 시각적 · 청각적인 정보를 추측할 수 없다. 대신 온라인 상호작용이 진행되면 개인의 서로 다른 독특한 개성들이 점차 분명해지게 된다. 온라인 상담자가 필수적으로 갖추어야 하는 덕목 중 하나는 그러한 개성에 대한 알아차림을 높이고, 이를 통해 내담자에 대한 더 깊은 이해와 감각을 얻어 긍정적인 관계를 형성하고 발전시키는 것이다. 이 기술은 상담자가 내담자에 대한 반응을 구성하는 데 도움이 될 것이며 상담자의 온라인 현존감을 높일 수 있을 것이다.

대면 상담이 수치심이나 다른 감정들과 관련된 문제를 표현하는데 장애물이 될 수 있음을 시사하는 연구 근거가 있다(Suler, 1997). 내담자가 이러한 감정들에 제약을 덜 받을 수 있도록 내담자에게 필요한 정신 건강 지원을 온라인 상담자가 제공할 수 있다면, 내담자는 상담자와 물리적으로 함께 있지 않아도 상담에 참여할 수 있으며, 내담자의 억제나 거부감도 해소할 수 있다. 내담자에게는 시각적·청각적 신호가 없는 텍스트 기반 매체에서 작업하는 것이 편안할 수 있으며 대면 상담보다 더 짧은 시간 내에 관계를 형성하는 것도 가능하기 때문에, 온라인 상담이 내담자에게 선호되고 유익한 것으로 입증될 수 있다. 이는 내담자가 상담자와 생각과 성찰을 주고받으며 단어와 대화의 흐름 속에서 자신을 받아들이는 경험을 할 때 나타날 수 있다.

Suler(2003)에 따르면, 온라인 상담에서는 물리적 조망의 부재로 인해 전이 반응이 대면 상호작용보다 눈에 띄게 나타나고 더욱 커질 수 있다. 전이 역동은 치료적 결과에 잠재적인 영향을 미치는 중요한 요인이 될 수 있으며, 상담자는 전이 역동이 온라인 관계를 형성하고 유지하는 데 어떤 부정적·긍정적 영향을 미칠지 고려하는 것이 필요하다.

대면 상담과 온라인 상담(예: 이메일)에서 당신의 의사소통 방식은 어떻게 다른지 생각해 보세요.

- 두 가지 상호작용 방식 중 어떤 방식이 어려운 감정에 대해 말하는 데 더 불편하거나 더 편안한 플랫폼인가요?
- 당신의 불편한 감정이나 생각을 기꺼이 드러내도록 촉진할 수 있는 온라인 상담의 전달 방식은 무엇인가요?

온라인 현존감을 형성하고 상담관계를 발전시키기 위한 아바타 사용

아바타는 온라인 대인관계 역동과 투사 및 전이에 잠재적으로 중요한 역할을 하는 흥미로운 논의 주제이다. 내담자의 온라인 페르소나 또는 ID는 다양한 형태로 나타날 수 있으며, 이메일 계정 ID에서도 드러날 수 있다. 당신이 잠재적 내담자 중 두 개의 다른 이메일 계정에서 문의를 받았다고 할 때 나타날 수 있는 첫 반응을 생각해 보자. 메일 ID중 하나는 'darknightofdeath@hotmail.com' 이고 다른 하나는 앞선 ID와 대조되는 'tinkerbell@yahoo.co.uk' 이다. 이와 같이 개인적인 '명명(labelling)'은 이메일 계정 소유자의 이미지와 페르소나를 즉시 떠올리게 하지만, 깊은 상징적 의미 없이 선택되었을 수도 있다(Suler, 2003).

Nowak과 Rauh(2005)는 온라인 페르소나와 상담 관계가 아바타와 같이 의인화된 캐릭터를 활용하여 어떻게 향상될 수 있는지 논의한다. 아바타는 보다 매력적이고 호감도가 높고 신뢰할 수 있는 온라인 이미지를 주는데, 이는 자신이 상호작용하거나 관계를 맺고 있는 누군가 또는 어떤 것을 시각적으로 구분하고자 하는 인간의 욕구에 부합한다.

아바타는 다른 사람의 성격을 시각적으로 알 수 없을 때 그 사람에 대한 감각을 가지는 데 유용할 수 있는데, 이는 개인이 선택한 아바타에 개인의 의식적·무의식적 표상이 담겨 있기 때문이다. 아바타는 한 개인이 동일시하거나 소유하길 바라는 측면이나 속성을 묘사할 수 있으며, 인종과 문화적인 측면을 강조하거나 숨기는 데 활용될 수 있다(Nakamura, 2002). 아바타는 온라인 의사소통에서 널리 사용되지만, 어떤 사람은 타인에게 자신의 외모를 알리기 위해 자신의 사진이나 실제 이미지를 온라인에 게시하는 것을 선호하기도 한다. 아바타를 사용하면 내담자와 상담자 모두 상대방의 선호와 해석에 쉽게 영향을 받을 수 있으며, 그들이 온라인 관계에서 어떻게 인식될지에 대해서도 영향을 줄 수 있다. 어떤 내담자는 기분, 관심 또는 다른 요인에 따라 아바타를 자주 바꿀 수 있다. 온라인에서 개인의 이미지를 사용하는 것은 개인에 대한 통찰을 제공하고 전반적인 관계에 영향을 줄 수 있다.

Parsons(2007)는 『Times Online』의 기사에서 아바타를 활용한 온라인 상호작용 경험을 키보드를 통해 타인과 소통하는 알려진 현실(known reality)로 규정했다. 그는 이 경험에서 아바타를 함께 사용하는 것이 시각적 디지털 허수아비(visual digital puppets)를 통해 상호작용하는 것처럼 느꼈으며, 이를 가면놀이(masking game)라고 정의하였다. 이러한 해석은 다층적이거나 위장된 온라인 아바타를 선택할 때 타인에게 보이고 싶지 않은 부분을 공개하지 않고 보호할 수 있음을 시사한다. 이 점은 특히 온라인 상담에서 개인이 자신의 속마음을 털어놓기 어려워하거나, 대면 환경에서 너무 노출된 것처럼 느껴지는 개인적인 문제를 지원받고 싶을 때 장점이 될 수 있다. 아바타를 온라인 정체성의 한 형태로 사용하는 것은 실제 사람과 거리를 두는 '안전 담요(security blanket)'가 될 수 있다. 이는 내담자를 감정적으로 보호하거나 익명성을 유지하기 위한 도구가 되어, 상담자에게 방패 역할을 하는 분신을 내세우거나 내담자 자신과 직접적으로 관련되지 않은 표현을 하는 것으로 해석될 수 있다.

아바타를 개인의 정체성으로 여기거나 사진 이미지를 가지고 있는 것은 상담자와 내담자 모두에게 장점과 단점이 있다. 내담자의 관점에서 아바타를 선택하는 것은 스스로 힘이 있다고 느낄 수 있게 하고, 집단에서 위계를 형성할 수 있게 한다(Jordan, 1999). 아바타의 사용이 온라인 상담 관계의 역동과 상담 성과에 분명한 부정적 영향을 미치게 된다면, 상담자는 내담자와 함께 아바타의 사용이 상담 관계에 영향을 주는 방식이 합리적인지 확인하는 것이 적절하다.

기업은 소비자에게 어떤 이미지를 제공하기 위해 아바타를 사용할 수 있으며, 아바타의 이미지를 통해 고객에게 도움이 될 것을 기대합니다. 당신이 친숙하게 느끼는 기업의 아바타가 있는지, 아바타가 어떤 긍정적·부정적 반응을 불러일으키는지 생각해 보세요. 또 아바타의 어떤 점이 이런 반응을 만드는지 생각해 보세요. 당신은 아바타가 기업의 어떤 점을 말해 주고 있다고 느끼나요? 기업-소비자 관계를 맺을 때 편안함을 느끼게 하는 잠재력이 있다고 느끼나요?

나아가, 당신을 표현하기 위해 어떤 온라인 아바타를 선택할지 생각해 보세요. 당신이 누구인지, 다른 사람에게 보여 주고 싶은 아바타가 무엇인지, 또는 어떻게 표현되고 싶은지 생각해 보세요. 다른 온라인 상담자와 내담자는 당신의 아바타를 어떻게 받아들일까요?

온라인 관계 형성하기

대면 상담과 같이, 온라인 상담 작업에서 유익하고 의미 있는 전자 대화가 오가고 내담자가 상담자에 대한 라포와 신뢰를 경험하는 관계를 형성하기 위해서는 내담자와 상담자 모두의 노력이 필요하다.

이러한 초기 관계 형성의 예로, 대면 장면에서 지속적인 상담을 지원하거나 치료 관계를 형성할 목적으로 내담자와 첫 접수면접을 하는 상황을 생각해 볼 수 있다. 초기에는 어떤 지원이 필요한지, 내담자가 만족하는 결과를 위한 최선의 방법을 파악하고자 정보 수집을 할 것이다. 첫 만남에서는 평가가 완료되는 동안 얕은 수준의 관계가 형성된다. 이 과정에서 상담자와 내담자는 그들이 상호작용할 수 있는지 확인하는 과정을 시작하는데, 두 사람이 협력적 작업의 핵심을 완수하는 데 충분히 참여할 수 있는지를 평가한다. 온라인 상담 서비스에 상담 관계를 지속적으로 발전시킬 수 있는 기능이 있는 경우, 내담자의 내적 참조 체계가 어떻게 구성되는지 더 많이 알 수 있으며, 내담자의 글쓰기 및 개별 의사소통 방식에 적합한 커뮤니티와 온라인 상담자를 제공할 수 있다. Anthony(2000)는 온라인 상담 작업에서 일어나는 이 과정을 플랫폼으로 정의하였는데, 플랫폼에서는 내담자의 세계를 반영하고 모방하여 치료적 움직임을 촉진하게 된다.

Box 2.1* **모의 사례 – 샘**

줄리는 샘에게서 내담자 동의서와 줄리가 요청한 정보, 그리고 상담을 신청하게 된 그녀의 어려움에 대한 이메일을 회신받았다. 이메일을 통해 내담자와 상담자의 관계성이 더 분명해졌지만, 개인적인 관계를 형성하기에는 아직 부족한 측면이 있다.

줄리는 초기 온라인 관계에서 나타나는 일에 동요하지 않고 내담자를 어떻게 안심시킬 수 있을지 고민한다. 그녀는 공감을 표현하고 내담자가 호소한 문제에 대해 충분히 관심을 기울이는 개입이 샘을 더 안심시키고 이후에 만날 상담자와의 긍정적인 경험과 온라인 관계 형성을 촉진할 것이라고 결론 내렸다.

온라인 상담 관계 형성과 발전의 필요 조건

심리치료사로서, 저자는 인간중심치료의 핵심적인 요건과 함께 정신역동적 접근을 활용하며 인간 중심 지향의 통합적 모델을 이론적인 배경으로 가지고 있다. 이 구조에서 내담자와의 관계를 형성하는 핵심 요소는 내담자가 안전감을 느끼고, 안전한 환경에서 개인적인 문제를 탐색할 수 있으며, 상담자의 개인적인 편견으로 평가받거나 영향받지 않는 치료 공간에 있다고 느끼는 것이다. 이는 치료 과정을 촉진할 때 다른 무엇보다 가장 중요하다고 할 수 있다. 대면 또는 온라인 상담에서 다루는 모든 이슈에 대한 온전한 공감적 전념(commitment)과 상담자의 진솔성은 내담자가 자신의 경험을 이해하고, 가치 있고 비판단적으로 느끼도록 통합시킨다. 이러한 요인들은 내담자와 협력적인 치료 관계를 구축하는 데 필수적이다. Natiello(2002)는 진정성 있고 연결감 있는 치료 관계를 형성하는 결정적인 요소로 심리치료의 시작부터 공감과 비판단적인 이해가 존재해야 함을 명시하였으며, 이는 치료자와 내담자의 치료동맹을 확립하고 형성할 수 있도록 한다.

온라인 상담에서 내담자와 상호작용을 시작할 때, 상담자는 내담자의 참여도가 대면 상담과 같은 수준이 될 수 있도록 노력해야 한다. 내담자가 상담 센터에 방문하지 않고 물리적으로 분리된 곳에서 참여하기 때문에 온라인 상담 작업에서 이러한 환경적 차이는 즉시 나타나게 된다. 의심할 여지없이, 온라인 상담 환경은 보다 중립적인 상담 환경을 제공하고, 내담자에게 더 큰 자율성을 부여할 수 있다는 긍정적인 잠재력을 가지고 있다. 내담자가 개인적인 공간이나 사람들이 더 많은 공공장소에서 온라인 상담자와 연락을 취할 가능성이 높으므로, 온라인 상담의 비밀보장과 관련하여 내담자의 개인 정보를 보호하기 위한 조치가 필요함을 반드시 알려야 한다. 내담자가 자신이 선택한 장소에서 호소문제를 자유롭게 말할 수 없는 경우, 상담자는 온라인 상담을 받기에 적절한 장소를 찾기 위한 지원과 가이드라인을 제공해야 한다. 대면 상담에서는 일반적으로 전문가의 사무실에서 상담이 진행되기 때문에 내담자에 대한 지원과 사생활 보호가 이루어진다. 온라인 상담자는 내담자가 정보 공개의 안전성이나 보안에 대한 장해나 위험 없이 자유롭게 상호작용하고 있다고 전제하면 안 된다. 예컨대, 내담자가 가정 폭력에 대한 도움을 구하면서도 상담자와의 상호작용을 위해 집 밖의 자원에 접근할 수 없는 경우가 있을 수 있다. 웹사이트나 웹상의 전자적 자원을 통해 보안과 개인 정보 보호와 관련된 정보와 가이드라인을 내담자에게 제공하는 것은 온라인 서비스를 제공하는 상담자 또는 기관의 책임이다.

온라인 상담 관계 발전의 실제

내담자와 온라인 관계를 발전시키기 위해 실제적으로 필요한 요건은 대면 상담 과정과도 상당히 유사하다. 대면 상담 현장에서 전문적인 치료 관계를 발전시키기 위한 요인, 특히 다음 사항을 고려하여 온라인 작업으로 전환시킬 수 있을 것이다(다음 사항은 우선순위에 따라 나열된 것이 아니다).

- 평가 과정을 도입한다.
- 회기를 시작하기 전에 윤리적인 사항과 상담 서비스와 관련된 상담 동의서에 합의한다.
- 상담 관계 내 비밀보장의 범위에 관한 정보를 제공한다.
- 내담자가 온라인 상호작용 및 전문적 관계와 관련된 지원을 받고 직접적인 안내를 제공받을 수 있도록 한다. 여기에는 온라인 상호작용과 데이터 보관에 대한 보안 및 개인 정보와 관련된 정보가 포함된다.
- 정신 건강 상담 모델과 전문적인 태도에 일관성을 가진다.
- 상담자의 신뢰도: 휴일이나 불가피한 일 등으로 서비스를 제공하지 못할 경우 내담자에게 적절한 안내를 제공하고, 회기 시간을 엄수하며, 상담 회기를 준비해야 한다.
- 상담자에 대한 접근성: 기술 문제가 발생하거나 상담자가 예상치 못하게 상담하지 못하게 될 경우 내담자가 연락을 취할 수 있는 대안 방법에 대한 정보를 제공한다.
- 내담자의 불편한 감정과 경험, 기억이 올라올 때 이를 담아낼 수 있도록 한다.
- 필요 시, 회기 내용을 지체 없이 불러올 수 있도록 회기 자료를 유연성 있게 보관하여 내담자에 대한 후속 탐색을 지원한다.
- 적절한 전문적 경계를 유지한다.

전문적인 상담에서는 각 현장의 다양한 여건을 고려하여 구체적인 상담 실제와 책임을 구성하는 것이 필요할 것이다. 이는 내담자에게 서비스가 제공되기 전에 상담자와 기관의 책임하에 검토되어야 한다.

연습문제 2-4 내담자에게 안정감 주기

Box 2.1의 모의 사례 예에 있는 정보를 활용하여 내담자와 신뢰감과 라포를 형성하는 과정에서 내담자에게 어떻게 명시적 · 비명시적 안정감을 줄 수 있을지 생각해 보세요.

연습문제 2-5 실제적 고려사항

전문가의 실제 영역에서 내담자와의 효과적이고 윤리적인 온라인 관계를 개발하고 유지하는 데 영향을 미칠 수 있는 부가적인 실제적 요구사항과 책임을 생각해 보세요.

첫 온라인 상호작용

평가 과정이 있는 경우, 상담자는 내담자와의 첫 온라인 회기에서 두 사람의 관계를 통해 내담자가 원하는 것을 채울 수 있을지에 대해 더욱 민감하게 느끼게 될 것이다. 상담자와 내담자 모두 의사소통이 충분히 편안하고 매끄러워서 깊이 있는 상호작용이 이루어질지, 관계의 목적을 달성할 수 있을지를 적극적으로 평가할 것이다. 첫 회기에서는 내담자와 함께 온라인 상호작용에 대한 편안함의 수준을 탐색하는 동시에 내담자가 키보드를 능숙하게 사용할 수 있는지에 대해 논의하는 것이 좋다. 온라인 상담을 신청하는 내담자는 컴퓨터 매개 기술이나 키보드 등을 다루는 데 익숙하고, MSN Messenger[2]와 같은 커뮤니티 및 채팅 매체를 편안하게 여기는 경우가 많다. 매체에 대한 내담자의 편안함과 친숙도가 충분하지 않은 경우, 상담 관계에 부정적인 영향이 있을 수 있다. 상담자는 상담 초기부터 온라인 상호작용과 컴퓨터 사용에 대한 내담자의 친숙도를 파악함으로써 내담자와의 온라인 관계를 어떻게 촉진하고 발전시킬 것인지 알고 있어야 하며, 필요한 경우 적절한 지원을 연계해야 한다. 내담자를 직접 대면으로 만날 때, 상담자는 내담자의 의사소통 방식과 언어 사용의 변화에 주목하게 된다. 이는 온라인 상담에서도 나타날 수 있는데, 각 내담자는 고유한 방식으로 서술된 내러티브를 '제시'하며, 상담자는 이를 통해 내담자를 상담에 참여시킬 수 있는 최선의 방법을 가늠한다. 온라인 내담자는 서로 다른 의사소통 방식을 나타내게 되는데, 비록 그 차이가 미묘할지라도 각 방식에는 온라인 대화와 상담 관계를 발전시킬 방법을 성찰하게 하는 독특한 측면이 있을 것이다. 이러한 표현에 주목하는 것은 상담자로 하여금 내담자를 참여시키는 가장 좋은 방법을

---

2) 역자 주: MSN Messenger는 마이크로소프트 사에서 만든 채팅 메신저이다. 현재 국내에서는 카카오톡이 대중적으로 쓰이고 있다.

고려하게 하고, 내담자와 '호흡을 맞추어' 적극적으로 관계를 발전시키고자 하는 안정감을 줄 수 있다.

모의 사례 예제 2.1

자신감 있는 내담자와의 첫 의사소통

상담자: 마크, 안녕하세요. 상담을 신청해 주셔서 감사합니다. 오늘 만남을 시작하기 전에 몇 가지 사항을 확인할 수 있을까요?

마크: 네넵[3]! 괜찮아요. 물어보세요!

상담자: 당신이 온라인 상담을 신청하시는 데 친숙하신지, 컴퓨터를 사용하는 데 익숙하신지 확인하고 싶습니다.

마크: 전 온라인 커뮤니티와 채팅을 자주 쓰고, 컴퓨터로 업무를 해서 괜찮아요.

상담자: 네. 감사합니다. 온라인 상담 방식이 편안하고 온라인으로 다른 사람들과 소통하는 데 익숙하다는 말씀이신 것 같네요. 어떻게 저희 서비스에 오시게 되었는지 먼저 말씀해 주실 수 있을까요?

마크: 제가 빚이 있어서 한 친구가 정신 건강 전문가의 도움을 받는 것을 추천해 줬어요. 신용카드 같은 걸로 제가 버는 것 이상의 생활을 하고 있거든요.

모의 사례 예제 2.2

자신감이 낮은 내담자와 첫 의사소통

상담자: 안녕하세요. 조디. 상담을 신청해 주셔서 감사합니다. 오늘 만남을 시작하기 전에 몇 가지 사항을 확인할 수 있을까요?

조디: 네. 좋습니다.

---

3) 역자 주: 원문에서는 Yep! 이라고 표현되어 있다.

상담자: 당신이 온라인 상담을 신청하시는 데 친숙하신지, 컴퓨터를 사용하는 데 익숙하신지 확인하고 싶습니다.

조디: 저는 모든 게 처음이고, 평소에 도움을 받는 방식과는 다릅니다. 그렇지만 컴퓨터를 사용하는 것은 괜찮아요.

상담자: 네. 감사합니다. 온라인 상담 방식이 약간 익숙하지 않다는 말씀으로 들리네요. 뭔가 분명하지 않은 부분이 생기면 저에게 설명해 달라고 말씀해 주세요. 오늘 회기가 끝날 무렵에는 소감을 이야기하고 다음 회기에서 도움받고 싶은 것을 논의할 수 있습니다. 먼저, 어떻게 저희 서비스에 오시게 되었는지 먼저 말씀해 주실 수 있을까요?

조디: 네. 감사합니다. 어떻게 진행될지 조금 불안했는데 좋네요. 저는 항상 연애를 하면 파트너에게 실망하고 끝나는데, 여기에 대한 도움이 필요해요. 왜 그런지는 모르겠지만요. 제가 제 감정에 대해 충분히 말하지 않는 것 같아요.

모의 사례 2.1과 2.2에 나타난 상담자의 인사말에서 볼 수 있듯이, 저자도 온라인 상담자로서 첫 만남에서는 소개를 하며 의사소통을 하는 상대방에 대한 감을 잡기 시작한다. 내담자가 글로 쓰는 의사소통 방식, 단어 사용, 약어는 온라인 관계에 대한 통찰을 제공하며, 내담자가 어떻게 온라인에 의사소통 방식을 적용하는지를 이해하게 하여 긍정적인 온라인 관계를 발달시킬 수 있게 한다. 이는 내담자와의 '온라인 협력' 과정을 시작하게 하여, 내담자가 상담자로부터 지지, 이해, 가치감을 느끼고 관계를 형성하도록 돕는다.

내담자의 인사말 반영하기

당신은 모의 사례 2.1에서, 여유 있는 태도의 내담자가 일부 약어를 사용한다는 점을 발견했을 수 있다. 이를 통해 상담자는 내담자가 격식 없는 의사소통 방식을 가지고 있고, 온라인 상호작용에 자신감이 있다는 것을 알 수 있다. 물론 이는 그저 첫인상일 수 있는데, 내담자는 처음에는 자신감 있는 태도를 보이다가 나중에 상담 관계 내에서 더 편안함을 느끼면, 자신의 취약한 부분을 스스로 드러내는 모습으로 바뀔 수 있다.

모의 사례 2.2에서, 상담자는 같은 인사말로 회기를 시작하고 내담자는 보다 격식 있는 태도로 답한다. 온라인 상호작용에서 대화를 시작하는 방법을 정하는 것은 어려울 수 있는데, 상담자의 격식 없는 인사말이 지나치게 친근하다는 느낌을 내담자에게 줄 수 있는 것처럼, 격식 있는 인사말은 내담자의 반응을 억압할 수 있기 때문이다. 이메일 의사소통을 활용하는 경우 '안녕하세요'나 'OO님께'와 같은 인사말로 시작한 뒤, 내담자 개개인이 선호하는 인사 방식을 따라가는 것이 좋다. 지속적인 상담 관계가 형성되면, 내담자는 편안함을 더 많이 느끼게 되고 회기 내에서 인사말과 의사소통 방식을 맞춰나갈 것이다. 내담자가 그렇게 하지 않는다면, 이는 내담자가 온라인으로 상호작용하는 것이 편하지 않거나, 상담 과정이나 상담자에게 불편감을 느끼거나, 일상에서 개인적이거나 전문적인 의사소통을 할 때 보다 격식 있는 태도를 취한다는 점을 시사한다. 이러한 측면들은 상호작용의 치료적 성격과 온라인 관계를 발전시킬 수 있는 잠재력에 대해 통찰을 준다.

첫 비동시적 의사소통에서 의사소통 방식의 변화

온라인 비동시적 상담 장면에서도 모의 사례 2.1 및 2.2와 유사한 부분이 있다. 대화가 실시간으로 이루어지지는 않지만, 상담자와 내담자가 서로에게 반응하는 방식은 두 사람의 현존감을 형성시키고 온라인 관계를 발전시키는 데 중요하다. 비동시적 의사소통에서는 오해가 발생했을 때 바로 해명하거나 해결할 수 없을 뿐만 아니라, 관계의 발전에 영향을 줄 수 있는 자연스러운 즉시적 반응(spontaneity)이 없다. 온라인 상담 관계에서는 동시적 및 비동시적 의사소통을 시작할 때 상담 과정에서 오해가 있을 수 있음을 강조하고 이를 내담자와 논의하는 것이 중요하다. 필요한 경우, 오해가 발생했을 때 내담자가 해명을 요청할 수 있도록 제안할 수 있으며, 그 반대의 경우도 마찬가지다. 일부 상담자와 내담자는 '실시간'으로 상호작용하지 않으면 상대방에게 한 발짝 더 멀어진다고 느낄 수 있다. 오해가 생겼을 때 이를 다루지 않으면 증폭될 수 있기 때문에 지연된 시간의 영향을 고려해야 한다. 어떤 내담자는 비동시적 의사소통을 통해 해명을 요청하고 오해를 푸는 것을 덜 위협적으로 느끼기도 하며, 자신의 감정을 더 개방적으로 표현할 수 있다는 느낌을 받는다. 이는 그 자체로 내담자로 하여금 상담 관계에 온전히 참여하게 하고, 온라인 환경에서 부정적인 감정을 표현할 수 있도록 자신감을 촉진할 수 있다. 이러한 표현을 한다는 것

자체가 점차 발전하는 상담 관계 안에서 라포의 긍정적인 측면이 손상되지 않을 것이라는 충분한 신뢰가 있기 때문이다.

저자가 내담자의 부정적인 감정 표현에 대해 언급하는 이유는 내담자의 부적절하거나 무례한 말을 용인하려는 게 아니며, 내담자가 자신의 건설적인 부정적인 감정을 드러내서 표현할 수 있다고 느끼는 게 중요하다는 것을 말하기 위해서이다. 오해와 갈등 관리에 대한 추가적인 내용은 제5장에 있다.

연습문제 2-6 의사소통 방식

모의 사례 2.1과 2.2에서 상담자와 내담자의 의사소통과 관계 방식이 어떻게 느껴졌나요? 당신이 다른 사람들과 편하게 어울리는 방식을 돌아보고, 사례에서 나타난 상담자의 개입을 당신이 선호하는 방식으로 바꾸어 개입해 보세요.

회기 시작과 끝의 인사말이 온라인 상담 관계의 발전 및 유지에 미치는 영향

어떤 내담자는 온라인 의사소통의 시작과 끝에서 인사말을 사용하지 않는다. 그러한 이유를 탐색해 보면, 내담자는 개인적인 대면 상호작용에서 인사말을 생략하는 것을 선호하기 때문에 온라인에서도 인사말을 사용하는 것이 적절하다는 생각을 하지 못할 수 있다. 인사말이 없는 것은 온라인 상담 관계 형성에 직접적인 영향을 미치며, 의사소통하는 상대방이 매우 비인격적이고 부정적으로 느낄 수 있다.

이러한 의사소통 방식은 내담자가 또래와 상호작용할 때 사용하는 방식일 수 있는데, 이는 마치 서로에 대한 인식이 그냥 '주어진 것(given)'처럼 여기는 것이며, 서로 분명하게 표현하지 않는 것이기도 하다. 온라인 상담의 성격상 상담자와 내담자의 관계는 대면 상담보다 더 멀리 떨어져 있기 때문에, 상담자와 내담자 모두 서로의 존재에 대해 분명하게 인정하며 의사소통을 시작하고 종료하는 것이 적절하다. 온라인 상담 관계에서 이 부분에 대한 참여를 이끌어내지 못하거나, 내담자가 참여하지 않는 이유를 탐색하지 못하면 상담 관계의 성공과 깊이에 직접적인 영향이 있을 수 있다.

> **연습문제 2-7 시작과 끝의 인사말 방식**
>
> 온라인 상담에서 당신의 인사말 방식을 돌아보고, 다른 사람의 인사말 방식도 생각해 보세요. 지금의 당신의 방법이 당신이 온라인 상담에서 의도하고자 했던 말투에 부합하는지, 듣는 사람이 어떻게 느낄지 생각해 보세요.

온라인 상호작용 시 주의와 관심에 영향을 미칠 수 있는 환경적 · 개인적 · 기술적 요인

환경적 요인과 개인적 요인

온라인 상담자의 내담자에 대한 주의와 관심은 일차적으로 상담자가 일하는 환경과 상담자가 개인적이거나 외부적인 일로 방해를 받지 않는 상담 공간에서 비롯된다.

'제쳐두기(bracketing)[4]'란 상담자 수련 프로그램에서는 친숙한 용어로, 상담자가 내담자와의 회기 전에나 회기 중에 상담자가 마음에서 상담자 자신의 개인적 요인을 비우는 과정을 말한다. 이 과정은 상담자가 내담자와 온전히 함께 있을 수 있게 하여, 내담자와 관계를 맺고 회기 내용에 집중할 수 있는 능력을 발휘할 때 외부적인 개인적 요소의 영향을 받지 않을 수 있다는 장점을 지니고 있다. 이를 온라인 상담에 적용하기 위해서는 조정이 필요하다(Bayne et al., 1999). 상담자는 회기가 중단되지 않도록 확인하고, 다른 사람이 없는 독립적인 환경에서 상담자와 내담자 모두 방해받지 않는 공간에 있는 것 등을 생각해 볼 수 있다. 온라인 상담을 할 때, 상담자는 대면 상담의 환경보다는 덜 격식 있는 환경에서 일한다는 가정을 할 수 있다. 온라인 상담자가 내담자를 참여시키고 견고한 온라인 상담 관계를 개발하는 데 필요한 전문성을 제공하기 위해서는, 상담자는 온라인 회기를 진행하거나 내담자에게 답하는 동안 대면 상담과 같은 수준의 환경에서 주의분산 없이 온전히 회기에 참여할 수 있어야 한다.

마찬가지로, 온라인 내담자는 상담자와 온라인으로 상호작용하는 동안 보다 편한 접근 방식을 이용하고 있다고 느낄 수 있다. 따라서 내담자가 적극적으로 상담 작업에 참여하던 중 전화가 오거나 방문자(이메일 또는 동시적 의사소통을 통해 내담자에게 연락한 사람을 포함하여)의 연락으로 인해 회기가 중단될 수 있다. 이는 비동

---

4) 역자 주: '제쳐두기' '내려놓기' '괄호치기'와 같은 용어로 번역되기도 한다.

시적 의사소통의 상호작용에서는 분명하게 나타나지 않을 수 있다. 이러한 회기 중단은 동시적 회기의 흐름에 악영향을 미치고 불쾌감을 유발하거나 주의를 산만하게 만들기 때문에, 회기 성과나 효과적인 온라인 현존감을 유지하는 데에도 영향을 줄 수 있다. 상담 시작 시, 내담자와 일정한 경계를 설정하거나 회기가 중단될 때 직면하게 되는 어려움과 그로 인한 영향을 직접 서면으로 안내하는 것이 바람직하다.

사전에 예방 가능한 회기 중단이 계속 발생한다면, 상담자는 내담자와 이에 대해 논의하고, 장애물을 해결하기 위한 긍정적인 대안을 모색하는 것이 적절할 것이다.

> **연습문제 2-8 온라인 상담의 장애 요인 고려하기**
>
> 내담자와의 온라인 상담 약속이 외부나 개인적 영향으로 중단되지 않을 방법을 생각해 보세요. 온라인 작업을 중단시킬 수 있는 요인을 고려할 때, 상담에 전념하기 위한 우선순위를 어떻게 정할 수 있을까요?

기술적 요인

온라인 상호작용 또는 동시적으로 정보가 오가는 동안 발생하는 기술적 고장은 상담자와 내담자 모두에게 영향을 미치는 문제가 될 수 있다.

만약 어느 한쪽이 사용하는 전자 기기의 결함이 발생하거나 회기의 흐름과 연속성이 중단되는 경우, 두 사람이 온라인 상담 관계에 관심을 가지고 발전시키기 위해 충분히 협력하는 데 영향이 있을 것이다.

온라인 상담 중 이러한 문제가 해결될 수 없다면, 문제가 해결될 때까지 비동시적 상담 등 대안 매체를 제안하는 것이 바람직하다. 해결책을 찾을 수 없다면 대면 서비스 연계를 제안하는 등 대안 방식을 마련하고 제안하는 것이 좋다. 온라인 상담 관계가 형성된 후 기술 문제가 발생되면 연계에 앞서 적절한 마무리가 이루어져야 한다.

온라인 상담자가 상담에 사용하는 기기의 질은 온라인 상호작용과 관계에 영향을 미치는 명백한 요인이 될 수 있다. 그러므로 온라인 상담자는 자신이 사용하는 기기의 상태가 양호한지 반드시 확인하여 제공하는 서비스의 수준을 높여야 한다. 예를 들어, 컴퓨터 화면이 계속 깜빡인다면 상담자에게도 불만스러울 뿐만 아니라 내담자와의 의사소통 능력도 감소할 것이다.

온라인 내담자에 대한 물리적 조망 형성하기

온라인으로 내담자와 상담할 때, 대화하는 사람에 대한 시각적 이미지를 마음에 떠올리는 것이 도움이 될 수 있다. 내담자에 대한 이미지는 내담자가 제시한 사진이나 아바타를 통해 만들어질 수 있지만, 내담자가 이미지를 사용하지 않을 수도 있다. 내담자의 이미지는 다음과 같은 요인에서 일차적인 영향을 받아 발달한다.

- 내담자가 자료를 나타내는 방식
- 감정 표현
- 개인의 문체
- 글꼴과 색상의 선택
- 온라인 의사소통의 내용
- 회상된 기억
- 의사소통을 통해 전달된 명백한 사적 콘텐츠(어떤 것이든 상관 없음)

이미지를 가지고 있다는 것은 내담자와의 상호작용을 개인화 (personalizing)하는 동시에 내담자와의 온라인 상담 관계를 발달시키는 강점이 될 수 있다. 대면 상담의 치료 관계에서 전문가 동료들과 함께 내담자가 말한 내용에 대한 '경험'을 어떻게 정의할지, 그리고 이를 어떻게 활용하여 공감을 전달하고 내담자의 통찰을 높일지에 대해 논의할 때, 자연스럽게 이미지를 사용하여 공감하게 된다는 상담자들이 있다. 이와 같이 내담자를 물리적 감각으로 경험하는 것은 통찰과 반응, 그리고 상담 작업의 본질로 이어진다고 여겨진다. 상담자는 자신이 대면 상담에서 이를 어떻게 해 왔는지 고려하고, 이를 온라인 상담 장면에 전환한 방법을 고려해 볼 수 있겠다.

특히 온라인 상담 매체라는 원격 지원 상황에서는 상담자가 온라인 내담자의 이미지와 물리적 조망을 의식적으로 만드는 것이 관계 형성에 적절하다. 이 과정을 수행하지 않으면 상호작용이 개인화되지 않고 피상적인 관계만 형성하게 될 수 있으며, 내담자와의 상호작용을 분명히 해칠 것이다. 온라인 상담자가 작업 환경상 내담자와 지속적인 관계를 맺지 못하는 경우, 내담자의 생생한 이미지를 발달시키는 데 한계가 있을 수 있다. 이러한 경우, 의사 표현을 하지 않으면 상호작용의 질과 제공된 상담 서비스의 효과를 떨어뜨릴 수 있기 때문에 의사 표현을 하는 편이 바람직하다.

상담자가 내담자의 이미지를 구성하거나 내담자의 조망을 마음속에 떠올리기 어렵다면, 내담자가 자신을 드러내는 것에 저항하는 것일 수 있다. 또는 내담자가 개인 특유의 습관이나 관계적 특징이 없이 사실적인 내용을 제시하는 수준에서만 상호작용하기 때문일 수 있다. 온라인 관계의 특성상 내담자와의 상호작용에서 제시된 자료에 보다 심층적인 이해가 필요한 경우, 온라인 상담자는 상담 관계의 질을 높이기 위해 내담자의 물리적 현존감을 발달시키는 것을 돕고, 개인적 현존감을 고무시키기 위해 노력해야 한다.

연습문제 2-9 물리적 조망

우리가 어떻게 가상적인 조망에서 개인과 관계를 형성하는지에 대해 예를 들기 위해, 소설에서 작가가 등장인물을 묘사하는 방식을 통해 등장인물이 '살아 있는' 것 같은 몰입감을 느꼈던 경험을 잠시 떠올려 보세요. 당신에게 생동감과 몰입감을 준 등장인물을 어떻게 글로 묘사했나요?
한 단계 더 나아가, 당신과 등장 인물과의 관계가 어떻게 더 가까워질 수 있었는지, 작가가 관계를 촉진한 주요한 부분들을 생각해 보세요.
가상의 예를 사용하는 것이 실제 인물과 상호작용하는 것과 다소 거리가 있다나는 이 절에서 상담자가 온라인 관계를 발달시키기 위해 어떻게 내담자의 물리적 조망을 발전시킬 수 있을지 논의하는 데 중점을 두었다. 당연하게도, 온라인 상담자는 그 자신이 상담 관계와 온라인 상호작용의 질에 핵심적인 영향을 미치기 때문에, 내담자의 참여와 긍정적인 상담 결과를 촉진하기 위해서는 상담자 자신의 물리적 조망이 내담자에게 어떻게 전달되는지 상당한 주의를 기울여야 한다.

내담자가 스스로 문제를 해결할 수 있도록 지원하기

내담자가 스스로 문제를 해결하고자 할 때, 온라인 의사소통의 특성상 이는 내담자가 어떻게 지원을 탐색하고 제공받느냐에 따라 달라질 수 있기 때문에 저자는 문제해결에 대한 내용을 이 장에 포함시켰다. 결론적으로, 만약 내담자가 문제해결을 위해 상담자의 도움을 받는 방법을 충분히 고려하지 않는다면 온라인 관계의 질과 역동에 직접적인 영향을 미칠 수 있다. 상담자는 항상 내담자가 문제해결 기술을 개발하도록 비지시적인 개입을 제공하는 것이 바람직하다(Kraus et al., 2004).

나는 상담자가 내담자에게 문제해결 기술을 개발하도록 도울 때 비지시적으로 개입하는데, 이는 정신 건강 실무자가 직무상 전문성의 요구 조건을 충족하기 위해 조언과 지원을 제공하는 것과는 반대되는 것이다. 텍스트 기반 온라인 상담은 구두 대화가 아닌 글로 작성되기 때문에, 상담자와 내담자의 의사소통 시간은 1시간의 대면 회기에서 다룰 수 있는 것보다 줄어든다. 글로 적는 데 시간이 소요되기 때문에 의사소통 시간은 동시적 대화에서 더 분명하게 감소하며, 응답자도 답하는 데 시간이 소요되기 때문에 대면 대화에서 나타나는 순수한 반응이나 말로 표현되는 생각과는 다르다. 특히 온라인 상담에서는 상담자의 지시적 개입과 반대로, 내담자가 자신의 통찰력과 자연스러운 문제해결 능력으로 문제해결 과정에 참여하도록 독려하는 것을 고려할 필요가 있다. 그렇지 않을 경우 상담자와 내담자가 상호적인 입장에서 벗어나, 상담자가 지시함으로써 내담자의 자율성이 촉진할 수 없는 방향으로 옮겨 가게 되며, 상담 관계의 역동에 직접적인 영향을 미칠 수 있다. 이러한 요인은 주로 내담자 주도 접근이 허용되는 시간, 그리고 상담자의 과도한 안내 없이 내담자가 자신의 어려움에 접근할 수 있는 시간이 줄어들수록 명백하게 나타난다. 시간 부족과 보디랭귀지의 부재, 상담자의 물리적 추론 그리고 내담자 문제에 대한 해결책을 찾기 위해 책임을 공유하거나 나누는 것은 내담자가 문제를 해결하는 과정을 더 복잡하게 만들 수 있다.

다음 예시는 온라인 상담과 대면 상담에서, 상담자의 역할이 어떻게 달라질 수 있는지를 명료하게 보여 준다. 상담자는 적절한 현존감과 온라인 상담관계를 유지하며 내담자와의 실제적 문제를 해결한다.

모의 사례 2.3

대면 상담에서의 문제해결

압둘은 FE 대학교에서 시간제 상담자로 일하고 있다. 그는 개인적인 불안이나 스트레스로 인해 자발적으로 상담을 신청했거나, 학업 문제로 인해 상담 의뢰를 받은 내담자들과 직접 대면상담을 한다. 압둘은 자신의 주요 역할이 내담자들이 학교 공부를 지속하도록 돕고, 동시에 학업 과정을 방해하는 현재의 어려움을 완화시키는 치료적 지원을 제공하는 것이라는 것을 알고 있다.

그는 그의 내담자에게 6번의 회기(회기당 50분 기준, 실제 5시간 상당 소요)를 제공하여 상담 관계를 형성하고 호소된 문제의 해결책을 찾기 위해 함께 노력한다. 회기 제한으로 인해 그 스스로 부담감을 갖고 있지만, 내담자를 물리적으로 만나고 보디랭귀지 뉘앙스와 함께 시각적·청각적 단서를 얻을 수 있는 장점이 있기 때문에, 그가 통찰을 얻고 문제를 해결하는 과정을 주도하는 데 도움이 될 것이다. 또한 그에게는 한 걸음 물러나 내담자가 성찰할 수 있도록 돕는 시각적 지표(visual indicator)가 있다는 이점도 있다. 이러한 요소들은 상담 관계의 질을 잠재적으로 향상시키는 동시에 회기의 자연스러운 흐름에서 대면 상담 기술을 활용하여 내담자가 적극적으로 문제를 해결하도록 돕는다.

내담자가 회기 중 변화에 저항하거나 스스로 통찰력을 얻는 경우, 압둘은 자신과 내담자의 보디랭귀지, 시각적 표현과 침묵을 활용하여 내담자가 문제해결에 능동적으로 참여할 수 있도록 한다. 압둘은 어려움을 해결하기 위해 부가적인 선택을 하는 데 도움이 되는 정보와 참고 자료를 내담자에게 제공할 수 있다.

온라인 상담에서의 문제해결

압둘은 대학 상담 서비스에서 시간제 온라인 상담자로도 일하고 있다. 그의 역할은 사례 2.3에서 주어진 것과 동일하지만, 내담자를 온라인 상담 환경에서 만나게 된다. 그는 6회기 동안 내담자와 함께 작업하며, 동시적 또는 이메일 대화를 통해 내담자와 실제로 6시간 동안 만날 수 있다. 실제 회기 시간과 과정에서 앞에서 설명한 정보는 최소화된다. 결과적으로, 압둘은 온라인 회기에서 문제를 해결함에 있어, 텍스트 정보와 내담자와 교환한 이메일, 문제해결을 위해 내담자와 어떻게 관계를 발전시켰는지에 대한 경험만 가지고 내담자와 대화를 나눈다. 대면 상담에서 그는 느긋하게 앉아 상호작용에서 어떤 일이 일어나고 있는지 생각할 시간을 갖고 내담자의 신체 언어와 다른 시각적·청각적 표현으로부터 어떤 단서를 얻는다. 그러나 온라인 상담에서는 그러한 정보들을 얻을 수 없다.

내담자와 동시적 대화에서 작업할 때, 그는 내담자와 관계를 유지하면서 자신의 반응을 고려하고 타이핑해야 하기 때문에 (대면 업무에서 경험하지 못했던) 곧바로 본론으로 넘어가야 한다는 압박감을 느낄 수 있다.

결과적으로, 압둘은 온라인 내담자에게 간결하고 요령 있게 반응하는 동시에 내담자가 자신만의 문제해결 기술을 개발하는 중요한 과정을 없애거나 줄이지 않도록 해야 할 것이다. 이와 같은 과정은 그가 내담자에게 글로 쓴 이야기의 구조와 내용에 주의를 기울이면서 발달하게 되며, 이는 동시적 및 비동시적 대화 모두에 해당된다.

압둘은 자신의 대면 상담 기술을 온라인 상담 기술로 적절히 바꾸는 동시에 관계 내 균형을 유지하는 데에도 주의를 기울였다. 이는 문제해결 과정에서 내담자에게 권한을 부여하는 과정을 방해하지 않는 방식으로 이루어졌다.

다음 시나리오를 활용하여 온라인 상담에서 문제해결을 지원하는 내담자의 반응이 대면 상담과 어떻게 다를 수 있는지 생각해 보세요. 이 연습은 짝을 지어 함께해 볼 수 있으며, 시나리오 내에서 두 명의 역할을 교대로 수행하고, 대면 상담과 동시적·비동시적 온라인 의사소통을 번갈아 시도해 볼 수 있습니다. 연습을 마치면, 내담자의 문제해결을 지원할 때 두 매체의 사용에서 나타나는 분명한 기술의 변화에 대해 논의하고, 이것이 온라인 상담자의 현존감과 관계의 전반적인 질에 어떤 영향을 미쳤는지를 고려해 보세요.

시나리오: 중년 남성이 업무 스트레스로 인해 당신에게 상담 서비스 지원을 요청합니다. 당신은 그와 한 시간 동안 만남을 가지고, 다음 사항에 대해 논의하려고 합니다.

1) 스트레스 수준을 줄이기 위해 내담자가 매니저와 일의 우선 순위를 논의할 방법을 찾는다.
2) 여가 시간의 많은 부분을 업무 상황에 대해 걱정하며 보내고 있는 것과 반대로, 내담자가 여가 시간에 휴식을 취할 수 있는 방법을 고려한다.
3) 현재 스트레스 수준이 장기적인 대인관계에 미치는 영향에 대해 논의하고, 내담자가 파트너와 조화로운 관계로 회복하는 방법을 모색한다.

이 장의 요약

이 장에서는 온라인 관계에서의 현존감 및 이와 관련된 역동이 상담 관계를 개발하고 유지하는 데 어떻게 도움이 될 수 있는지에 대해 논의하였다. 상담자가 현존감을 경험하고 온라인 관계에서 발전되는 방식은 온라인 상담을 실제로 적용하면서 구현된다. 이 장의 예시와 연습문제가 독자의 직관력을 키우는 데 도움이 되었기를 바란다. 온라인 상담에서 내담자와 상담 관계를 발전시키는 것은 긍정적인 상담 결과를 얻기 위한 필수적인 과정이다.

온라인 상담을 신청한 내담자들이 보유한 기술 수준과 의사소통 방식에는 편차가 있을 것이며, 이러한 요소들은 긍정적인 온라인 관계를 형성하고 유지하는 것과 성공적인 결과 모두에 잠재적인 영향을 미칠 것이다.

● 더 생각해 보기

- 상담 과정을 지원할 시각적 · 청각적 신호가 없는 상황에서 어떻게 내담자와의 긍정적인 상담 결과를 촉진할 것인가?
- 컴퓨터 매개 기술을 사용하는 내담자의 기술 수준 및 온라인 상호작용을 통한 효과적인 의사소통 능력을 확인하기 위해 어떤 평가 절차를 채택할 것인가?
- 아바타의 선택은 성적 지향과 다양성의 여러 다른 측면에서 어떻게 달라질 수 있는가?
- 내담자의 문제해결을 지원하는 데 있어 어떤 실제적 경험을 가지고 있으며, 이를 내담자와의 온라인 상담에 어떻게 활용할 것인가?

참고문헌

Anthony, K. (2000). Counselling in Cyberspace. *Counselling, 11*(10), 625-627.

Bayne, R., Norton, I., Merry, T., Noyes, E., & McMahon, G. (1999). *The Counsellor's Handbook*(2nd ed.). Nelson Thornes.

Cooper, W. (2002). Information technology and internet culture. *Journal of Virtual Environments, 6*(1). Available at www.brandeis.edu/pubs/jove/index.html

Hamburger, Y. (2005). *The Social Net: Understanding Human Behaviour in Cyberspace.* Oxford University Press. p. 29.

Jordon, T. (1999). *Cyberpower: The Culture and Politics.* Routledge, p. 81.

Kraus, R., Zack, J., & Stricker, G. (2004). *Online Counselling: A Handbook for Mental Health Professionals.* CA: Elsevier/Academic Press, p. 195.

Nakamura, L. (2002). *Cybertypes: Race, Ethnicity, and Identity on the Internet.* Routledge, p. 54.

Natiello, P. (2002). *The Person-Centred Approach: A Passionate Presence.* PCCS Books, p. 31.

Nowak, K. L., & Rauh, C. (2005). 'The influence of the avatar on online perceptions of anthropomorphism, androgyny, credibility, homophily, and attraction', *Journal of Computer-Mediated Communication, 11*(1). http://jcmc.indiana.edu/vol11/issue1/nowak.html

Parsons, M. (2007). hings I have learnt from my Avatar: Avatar-based communication-or ABC to those in the know-has much to teach us about living in a virtual world', *Times Online*, 20 July. Available at http://technology.timesonline.co.uk/tol/news/tech_and_web/ gadgets_and_gaming/virtual_worlds/article2111182.ece

Prado, S., & Meyer, S. B. (2004). Evaluation of the Working Alliance in Asynchronous Therapy via the Internet. University of Sao Paulo. http://www.psico.net/arquivos.

Rogers, C.R. (1980). *A Way of Being.* Houghton Mifflin, p. 129.

Suler, J. (1997). *Psychological Dynamics of Online Synhronous Conversations in Text-Driven Chat Environments.* http://www. rider.edu/users/suler/psycyber/texttalk.html

Suler, J. (2003). *The Psychology of Cyberspace: E-mail Communication and Relationships.* http://www.rider.edu/~suler/psycyber/ presence.html

Whitmore, D. (2004). *Psychosynthesis Counselling in Action.* Sage, p. 41.

제3장

온라인 표현

이 장에서 설명하는 온라인 상담 기술

- 온라인 공감
- 온라인 감정 표현
- 온라인에서 감정에 반응하기
- 온라인 탈억제
- 약어와 이모티콘의 사용

이 장에는 연습문제와 짧은 예시가 포함되어 있습니다. 상담 실제에서 상담 기술을 어떻게 활용하는지 이해하고, 논의된 주제에 대해 생각해 보길 바랍니다.

이 장에서는 온라인 공감 기술과 외현적으로 표현되거나 표현되지 않은 감정, 온라인에서 더 모호해 보이는 감정을 알아차리기 위해 필요한 자질에 대해 논의한다. 내담자의 감정 표현은 종종 내담자의 저항, 비언어적 신호와 함께 텍스트에 '숨겨져' 있거나, 내담자가 폭발하듯이 사용한 '굵은 글씨(볼드체)의 대문자'[1]와 '느낌표(!!!!!)'

---

1) 역자 주: 영문에서는 본래 알파벳 소문자로 표현된 글을 대문자로 표현함으로써 자신의 감정을 표현할 수 있으나 한글에서는 별도의 대문자가 없다.

에서 단서를 얻을 수 있다.

만약 당신이 내담자와의 대면상담에 익숙하다면, 당신은 시각적 · 언어적으로 명확한 신호들을 조율하여 내담자가 자신의 감정을 인식하고 작업하도록 독려할 것이다. 이 방법은 상담자가 내담자의 보디랭귀지와 표현되지 않은 감정, 내적 갈등의 불일치를 관찰할 수 있다는 장점을 가지고 있다. 텍스트 기반의 온라인 상담에서는 이러한 실제 대면 상담에서 나타나는 장점이 없기 때문에, 양측 모두에게 청각적 · 시각적 신호가 흐릿하게 보일 수 있다. 온라인 상담자는 대면 상담과 다른 방식으로 감정이 전달될 수 있는 방법을 고려하고 그에 따라 내담자의 온라인 내러티브를 반영해야한다(Suler, 2003).

●

온라인 공감

공감은 온라인 및 대면 상담에 공통적인 핵심 기술로 꼽힌다. 성공적인 온라인 공감에는 정확한 공감을 전달하고 지지적인 반응을 전달하는 두 가지 과정이 있다. Feng과 동료들(2003)은 온라인상의 웹 자유게시판이 성공하기 위해서는 공감이 핵심 요소임을 강조했다.

Preece(1998)와 Manney(2006)는 서술된 내러티브와 스토리텔링이 타인의 공감을 활성화하는 데 가장 큰 잠재력을 가졌다고 하였다. 상담자의 정확한 공감과 반응은 온라인 내담자가 경험하는 신뢰 수준에 직접적인 영향을 미친다(Feng et al., 2003).

내담자가 제시한 이슈에 대해 공감하고 내담자의 내면세계를 있는 그대로 경험하는 것은 상담자가 내담자와 함께하는 과정에서 가장 중요하다. 이는 내담자의 경험과 감정을 알아차리고 이해하는 과정으로 이루어진다. 텍스트 기반의 온라인 상담에서는 공감적 이해를 위한 시각적·음성적·물리적 지표를 활용하는 데 명백한 한계가 있으므로 온라인에 맞는 기술을 적용해야 한다. 상담자는 내담자가 제시한 내용과 의사소통의 모든 부분을 공감적으로 탐색해야 한다. 그렇지 않으면 상호작용은 단순히 글을 주고받은 것에 불과하게 되어 단순한 온라인 대화보다 효과적이지 않을 것이다. 온라인 상담자의 공감적 이해는 내담자가 자기 자신과 경험을 글로 표현하는 능력에 따라 달라질 수 있다.

Feng과 동료들(2003)은 내담자가 자신의 경험과 욕구를 상담자에게 효과적으로 전달하여 상담자의 공감적 이해를 촉진할 수 있도록 상담자가 온라인 내담자에게 그 방법을 개략적으로 안내해야 한다고 강조한다. 상담자는 내담자와 온라인 상담을 시작하기 전에 내담자에게 직접 안내해야 한다.

비동시적 대화에서의 공감적 반응

내담자가 자신의 호소문제나 욕구에 대한 구체적인 통찰이 없는 경우, 상담자는 상담 과정에서 온라인 대화를 통해 내담자의 통찰력을 높이는 기술을 활용한다. 이 과정에서 상담자는 내담자가 상담에 충분히 참여할 수 있도록 조율하고 능동적으로 탐색하여 내담자의 감각을 촉진하게 되며, 이를 통해 내담자를 공감적으로 이해하게 될 가능성이 높아진다.

내담자에게 안내사항을 설명할 경우, 내담자가 상담자의 기대를 과도하게 신경 쓰지 않고 의사소통을 시작하고 이어 갈 수 있도록 지나치게 지시적인 태도를 취하지 않는 것이 중요하다. 내담자는 내용을 이야기하는 사람으로서 상담자의 명시적인 간섭 없이 자유롭게 자신을 표현할 수 있다고 느껴야 한다. 상담자는 내담자에게 장해가 되거나 지시적이지 않으면서도 공감에 필요한 충분한 정보를 얻어 균형을 잡는 기술을 갖추고 있어야 한다.

이 책의 제1부 전체 장에 걸쳐, 내담자와 동시적 · 비동시적으로 이루어지는 온라인 상담에 대한 모의 사례가 제시되어 있다. 모의 사례에는 상담자가 부가적인 온라인 상담 기술을 적극적으로 사용하여 내담자를 공감적으로 이해하고자 하는 과정이 포함되어 있다. Box 3.1과 Box 3.2에서는 제1장에 있었던 샘의 사례를 활용하여 어떻게 상담자가 동시적 · 비동시적 온라인 상호작용에서 공감적 이해를 높일 수 있을지에 초점을 맞춘다.

줄리에게

당신은 이 두 번째 메일에서 제가 어떤 도움이 필요한지, 그리고 제 자신에 대한 약간의 배경을 좀 더 구체적으로 말해 달라고 하셨죠. 저는 제 아이들, 특히 열네 살인 큰아이와의 관계에 대해 도움을 받고 싶어요. 저는 저희 큰딸이 예전처럼 저에게 말을 걸지 않을까 걱정돼요. 저와 큰딸은 아주 친했고, 저는 딸이 집 밖이나 학교에서 무엇을 하고 있을지 전혀 걱정하지 않았었지만, 최근에 그 아이는 저와 말하고 싶어 하는 것 같지 않아요. 심지어 제가 어디에 가고 무엇을 하고 있는지 물어보면 화를 내기도 합니다. 제가 우리 지역에 있는 10대들에 대해 걱정스러운 말을 너무 많이 들어서 그런지 제 딸이 어떤 식으로든 연관되어 있다는 생각이 들어요. 큰딸의 행동이 변한 다른 이유를 생각할 수도 없고요. 그 아이는 집안일을 도와주고 남동생과 여동생을 돌보곤 했는데, 최근에는 가족에게 관심이 없고 우리 중 누구와도 말을 하지 않고 있어요. 그 아이에게 어떤 문제가 생기기 전에 도움이 필요해요.

제가 한부모 가정이라 도움을 구하거나 대화할 파트너나 가족이 없고, 제가 책임져야 할 것들만 많답니다. 저는 초등교육학 학위를 위해 공부하고 있고 다음 학기에 일을 시작할 거예요. 제가 아이를 놔두고 인근의 학교에서 일하는 동안 딸이 집을 비울 수 있는 시간이 더 많아지기 때문에 더 걱정스러운 상황이에요.

당신이 도와주길 바라요.

샘으로부터

샘의 메일에 대한 상담자의 답변

샘에게

당신이 딸과의 관계가 달라졌다는 것을 알아차리고 얼마나 걱정하고 있는지가 느껴져요. 이런 상황의 원인이라고 느껴지기도 하고, 딸이 어려움에 빠질까 봐 두렵다는 말씀으로 들리네요. 저는 이전에 당신이 딸과 가까운 관계였기 때문에 딸과 모든 것이 잘되고 있었다고 안심하고 있었다는 생각이 들어요. 최근에 딸이 당신과 거리를 두고 화를 내는 게 당신에게는 딸이 뭔가 유해한 일에 관련되어 있을지도 모른다고 느껴지는 것 같고요. 당신이 딸에게 무엇을 하고 있는지, 어디로 가는지 물어볼 때 딸이 화를 내니, 당신이 의사소통을 더 어려워하고 있는 것 같다고 생각했어요. 결과적으로 당신은 딸에게 질문을 계속하기가 망설여지는 것 같고요.

이메일에서 언급하셨듯이, 딸이 당신과 동생들에게 손을 떼고 있다고 느껴지는 일들이 꽤 많은 것 같아요. (당신이 언급하신 건 아니지만) 제가 느끼기에는 이 일이 단지 걱정되는 것에서 그치지 않고, 큰딸과의 관계에서 친밀감을 잃게 된 것으로 여겨졌을 것 같네요.

이메일의 끝부분에서, 당신은 한부모 가정이기 때문에 자녀에 대해 고민되는 문제나 걱정을 털어놓을 수 있는 가까운 사람들이 없다고 느끼시는 것 같았어요. 당신 혼자 중요한 결정을 해야 하는 이 상황에서 당신이 얼마나 큰 책임감과 어려움을 느끼셨을까요. 이번 상담을 통해 지금의 어려움을 보다 편하게 다루실 수 있게 되기를 바랍니다…….

Box 3.2에서 상담자의 답변은 내담자가 이메일에서 제시한 내용의 모든 측면에 공감을 표현하는 데 집중하고 있다. 이 작업의 핵심 목적은 내담자로 하여금 상담자가 모든 내용을 경청하고 있다고 느낄 수 있도록 반응하는 것이다. 상담자의 답변은 내담자와 상담자의 온라인 관계 형성을 촉진하면서 내담자의 어려움에 대한 이해와 공감을 내담자에게 전달한다. 명시적으로 나타나 있진 않지만, 상담자는 내담자가 느낄 수 있는 또 다른 감정과 염려를 언급하며 더 깊은 수준의 공감을 전달하고자 한다.

이메일에서 상담자는 내담자와 상담 관계를 형성하기 위해 '경청(listening)'하고 답하는 것에 더 많은 주의를 기울이고, 후속 이메일에서 개입하는 것만큼 깊이 탐색하지는 않는다. 공감을 표현하고 더 깊은 수준으로 이해하는 과정에서, 상담자는 '~라고 느껴지네요.' '제가 느끼기에~' '~인 것으로 보이네요.' '마치 ~처럼 들리네요.' 등과 같이 대면 상담에서 사용되는 것과 유사한 말들을 쓰게 된다. 내담자 글의 의미를 잘 모르겠는 경우, 상담자는 '제 생각에는 ~인 것으로 보이네요.'와 같은 문구를 추가할 수 있다. 온라인 공감 기술을 사용할 때, 상담자는 내담자가 그에 대해 어떻게 반응하는지 눈으로 확인하거나 알기 어려울 수 있다. 상담자의 개입이 내담자에게 어떻게 받아들여질지 확신할 수 없다면 Box 3.2에서 나타난 바와 같이 괄호를 포함한 메시지를 추가하는 것이 도움이 될 수 있다.

> **연습문제 3-1 공감적 안심시키기**
>
> Box 3.1에 있는 내담자의 사례에 대한 답변을 생각해 보세요.
> 내담자와의 대면 그리고/또는 온라인 대화에서, 당신이 내담자에게 정확한 공
> 감을 표현하고 지지적인 반응을 제공할 것이라는 확신을 주기 위해 어떤 방법
> 으로 공감적인 안심을 전할 수 있을까요?

동시적 대화에서의 공감적 반응

   동시적 대화에서는 내담자에 대한 상담자의 공감적 이해를 높이
기 위해 내담자로부터 추가적인 정보와 설명을 이끌어 낼 수 있는
즉시성이라는 장점이 있다. 또한 상담 주제와 각자의 반응에 대해
명료하게 설명해 달라고 바로 요청할 수도 있다. 동시적 회기의 속
도는 공감적 이해의 장애물이 될 수도 있다. 한 시간의 동시적 회기
동안 상담자와 내담자는 대화에서 인지적 · 정서적 반응을 구성하
고 이를 타이핑함과 동시에 화면에 나타난 상대방의 답변을 읽게
되는데, 이는 양측 모두에게 추가적인 압박이 될 수 있기 때문이다.
온라인 동시적 회기에서는 내용이 더 제한적이거나 충분히 표현되
지 않는 것으로 보일 수 있다. 비동시적 · 동시적 대화를 모두 사용
하여 작업하는 경우에는 뚜렷한 장점이 있다. 텍스트 기반의 온라
인 상담에서 두 방식을 모두 사용하는 것은 각각의 단점이나 장애
물을 보완할 수 있게 하여 상담자의 잠재적인 공감능력을 촉진할
수 있다.

온라인 감정 표현

대면 상담에서 상담자는 시각적인 물리적 지표나 음조, 그리고 언어적 대화로 내담자가 표현하는 것의 형태와 변화를 이해하게 된다. 얼굴 표정과 보디랭귀지는 인간의 표현과 개인의 감정을 이해하는 데 도움을 주는 중요한 요소로서, 내담자의 이슈에 대해 암묵적으로 더 깊은 수준의 통찰과 이해를 돕는다(Stokoe, 2001). 전문적인 정신 건강 교육을 받은 사람은 보디랭귀지와 청각적 음조에 대한 민감함을 키우는 집중적인 훈련을 받는데, 이는 상담을 찾는 사람들의 개별적인 욕구를 이해하는 데 귀중한 도구가 된다. 물리적 현존감이 없는 온라인에서, 상담자는 기존의 상담 역량을 확장하고 온라인 표현에 대한 통찰을 갖추기 위해 새로운 기술들을 개발해야 하는 과제를 안게 된다. 온라인 상담자는 컴퓨터 매개 기술로 작업할 때 내담자의 개별적인 성격과 표현 방식에 대한 감을 잡기 위해 자료의 방식과 내용에 집중한다.

온라인 상담에서 표현되지 않은 감정을 알아차리는 기술은 상담자가 내담자의 내러티브에 나타난 미묘한 신호를 발견하고, 내담자가 자신이 표현한 내용을 더 깊은 수준에서 탐색하도록 독려하는 과정에서 발전하게 된다.

대면 상담과 마찬가지로, 온라인 내담자의 의사소통 방법과 자신을 표현하는 방법은 제각기 다르다. 상담자는 개인의 '온라인 감정 표현 방식'에 친숙해지면서 내담자를 이해하기 시작하고, 텍스트 속 피상적인 표현 아래에 어떤 깊은 감정이 숨어 있는지도 알게 된다. 온라인 상담 관계가 진전됨에 따라, 상담자는 명시적·비명시적으로 표현된 것의 이면에 무엇이 있는지 알아차릴 수 있게 됨으로써 더 높은 수준의 이해와 감정 표현을 발전시키게 된다. 이렇게 되면, 온라인 상담 관계가 강화되어 상담자는 상담 성과를 방해하는 방어적 태도 없이 도전적으로 임하게 될 가능성이 높아진다. 공감과 무조건적인 긍정적인 존중 없이 내담자에게 반응하거나, 내담자의 자기 구조와 경험에 기반하지 않고 상담자 자신의 가치, 신념 체계 또는 개인적 경험에 기반하여 개입하는 것은 적절하지 않으며 상담 관계에 해로운 영향을 줄 것이다(Tolan, 2003).

온라인 감정 표현의 개인적 형태

언어적 의사소통의 모든 측면과 마찬가지로, 인간에게는 개인적 표현의 레퍼토리를 구축하고자 하는 경향성이 있다. 정기적으로 의사소통하는 사람들은 상대방의 독특한 감정 표현 및 깊이를 알아차리게 된다.

전자 매체로 상호작용하는 사람은 자신을 효과적으로 표현하기 위해 명료하고 창의적이며 상대방이 이해할 수 있는 방식으로 감정을 깊이 있게 전달하는 방법을 개발할 수 있다(Zelvin, 2003). 내담자가 감정에 대한 어휘력이 부족하거나 비언어적인 컴퓨터 매체로 인해 감정 표현이 제한된 경우에는 어려움이 있을 수 있다. 상담자는 온라인 상호작용의 촉진자로서, 내담자에게 감정 표현을 설명하기 위한 예시로 공감을 전달하는 모습을 보여 줄 수 있다. 내담자가 텍스트 기반의 온라인 상담을 통해 스스로를 표현할 수 있는 잠재력이 충분하지 않다는 것이 명확하다면, 내담자와 대면 상담의 연계를 논의해야 한다.

온라인 상담에서 '물리적 현존감'이 없을 때의 감정 표현이 갖는 치료적 이점

상담자의 물리적 표상이 없는 경우 내담자는 대면 상황에서 느낄 수 있는 분명한 수치심이나 죄책감 없이 자유롭게 상담 작업에 참여할 수 있다. 수치심과 죄책감은 종종 내담자가 이야기하기 어려워하는 부분이 드러날 때 수면 위로 올라올 수 있는데, 이때 내담자는 눈맞춤을 불편해하며 아래나 다른 곳을 바라볼 것이다. 개인에게는 타인의 물리적 표상 앞에서 전달하고 표현하기 어려운 감정이 있을 수 있으며, 그 감정들은 종종 사회, 문화, 성별, 가족 구성 등과 같은 외부적인 역동과 개인적인 역사에 기반하고 있다. 텍스트 기반의 온라인 상담에서는 이러한 불편한 감정을 대면 상담과 다른 방식으로 경험할 수 있다는 강점이 있다. 특히 온라인 상담자가 생산적이고 안전하며 적절하게 '담아내는' 접근 방식으로 내담자의 개방을 돕고자 할 때 도움이 될 수 있다. 내담자의 물리적 현존감이 없는 상황에서는 대면 상담과 동일한 방식으로 내담자를 안심시키고 지원할 수 없기 때문에 상담자의 높은 민감성이 요구된다. 탈억제적 반응과 같이 내담자의 취약성이 높은 영역이 있다면 내담자가 자신의 감정 표현을 어떻게 경험하고 있는지를 더 자주 확인해야 한다.

상담자는 페이스북(Facebook)과 같은 온라인 플랫폼을 통해 자기(self)와 감정을 표현해 본 경험이 있는 내담자를 만날 수 있으며, 그러한 경험에 장점이 있다는 것을 긍정적으로 인정할 수 있다. 온라인 감정 표현의 효용성은 세계적으로 여러 소셜 플랫폼에서 확인되고 있는데, 스스로의 경험에 대한 공감(self-empathise) 능력을 향상시킬 수 있는 것으로도 알려졌다(Kim & Yun, 2007).

> **연습문제 3-3 감정 표현**
>
> 내담자가 감정을 표현하거나 드러내는 것에 불편감이 있거나, 스스로 취약하다고 느끼는지 확인하기 위해 온라인에서는 어떤 문구로 개입할 수 있을까요?
> 감정 표현 또는 감정 표현의 부재와 관련된 문제를 명확히 하고 싶다면, 당신의 이메일 답변은 Box 3.2에 있는 상담자의 답변과 어떻게 다를 수 있을까요?

감정의 온라인 표현

온라인으로 상담할 때 어떻게 내담자의 감정을 알아차리고 탐색할 수 있을까? 잠시 시간을 갖고 누군가로부터 편지나 이메일을 받았다고 생각해 보자. 다른 사람이 당신에게 감정을 명시적으로 표현하고 있거나 구체적인 감정을 직접적으로 표현하지 않았더라도, 당신은 전체 텍스트를 읽은 후 상대방이 무엇을 전달하고자 했는지를 느낄 수 있을 것이다.

내담자가 감정을 공개적으로 표현한 내용을 발송했을 때, 메시지를 받은 상담자는 이에 반응하고 더 생각해 볼 것을 독려하면서 내담자 스스로 자신의 감정을 더 깊이 이해하고 명료하게 표현할 수 있는 길을 열어 줄 수 있다. 내담자가 감정을 명시적으로 표현하지 않은 경우, 상담자는 내담자의 이메일이나 편지 내용을 읽고 추정한 것을 토대로 회신할 수 있으며, 명시적으로 표현되지 않은 감정을 더 분명하게 나타내 줄 것을 독려할 수 있다. 내담자가 표현하지 않은 감정과 느낌에 대해 상담자가 이해한 바를 전달하고자 한다면, 그 방식을 신중하게 고려해야 한다. 잠정적인 해석을 제시하고, 내담자의 추가적인 탐색이나 명료화를 독려하라. 이는 특히 온라인 상담의 초기 단계 및 라포 형성과 관련이 있는데, 이 시점에서 의사소통이 잘되지 않거나 해석이 지나치게 강조되면 신뢰 있고 진솔한 온라인 상호작용 및 라포 형성에 영향을 미칠 가능성이 있다(Feng et al., 2003).

이 장의 서론에서 설명한 것과 같이, 온라인 내담자는 자신의 폭발적 표현을 통해 스스로의 감정을 깨닫는 경험을 할 수 있다. 이는 내담자가 경험, 사람 또는 상황에 대한 생각을 온전히 '분출'할 수 있는 강점을 가진 동시적 및 비동시적 의사소통 모두에서 나타날 수 있다. 이런 일이 발생할 때, 내담자는 굵은 글씨나 대문자로 비속어를 쓴 후 한두 번 잠시 멈추고 자신이 쓴 내용을 다시 돌아볼 수 있다. 내담자는 개인적 사고 과정을 통해 이전에는 인지하지 못했거나 인정하지 못했던 스스로의 감정을 어떻게 자각하게 되었는지 성찰하게 된다. 온라인에서 자기 자신에 대해 글을 쓰고 표현하는 것은 치료적 표현과 감정을 이해하도록 도울 수 있다. 이러한 표현은 텍스트 형식으로 남아 있기 때문에 논란의 여지가 없으며, 내담자가 종종 자신의 온라인 상호작용을 돌아보면서 특정 사건에 대해 자신이 어떻게 느꼈는지를 기억할 수 있다. 내담자는 글로 적힌 표현을 보고, 또 직접 쓰면서, 물리적인 환경에서 언어로 말할 때보다 더 깊고 세밀한 느낌을 받을 수 있다.

연습문제 3-4 온라인 내러티브 만들기

당신이 괴롭거나 불안했던 상황을 떠올려 보세요. 잠시 시간을 내어 워드(Word) 문서나 빈 전자 메일을 사용하여 있었던 일을 자세히 쓰고 작성한 내용에 대해 생각해 보세요. 당신이 이 연습문제를 완료하는 데 최소한 30분을 쓰거나, 필요하다면 그보다 더 많은 시간을 쓰시기 바랍니다. 완성되면 본문을 다시 읽고 자신이 어떻게 사건을 표현했는지, 어떤 감정이 자연스럽게 생겨나는지를 되돌아보세요. 만약 어떤 감정이 뚜렷이 느껴지지 않더라도, 어떤 감정을 느꼈는지 생각해 볼 시간을 가지세요.

두 명씩 짝을 지어 작업할 수 있는 경우, 텍스트로 적고 상대방에게 이메일을 보내 온라인에서 이 연습문제를 실습해 보면 더 좋습니다. 이 경우, 콘텐츠를 전자 형식으로 보고 이메일에 표현된 생각과 반응을 공유하는 기회를 가져 볼 수 있습니다.

온라인상에서 감정 표현을 할 때 고려해야 할 사항

동시적 온라인 상담을 할 때 수신자는 텍스트가 전송되기 전에 편집 또는 수정되었는지 여부를 알 수 없다. 상담자는 자신이 받은 글이 내담자가 처음에 전달하고자 했던 글이 아닐 수 있음에 유의해야 한다. 내담자는 자신이 쓴 내용을 검토하며 수정했을 수 있다. 동시적으로 작업할 때는 채팅창에 텍스트를 '보내기' 전에 편집할 수 있는 기회가 제한적이기 때문에 비동시적인 방식과는 다르게 진행된다. 의식적이든 무의식적이든 내용이 생략되는 것은 텍스트 기반의 온라인 상담에서 모두 있을 수 있다. 이는 타이핑된 내러티브의 억양에 대해 추가적으로 탐색하거나 성찰함으로써 알 수 있다.

비동시적 의사소통은 텍스트를 보내는 사람과 받는 사람 모두가 '성찰의 지대(zone of reflection)'를 가질 수 있다는 장점이 있는데, 양측 모두 이메일을 보내기 전에 자발적으로 응답을 구성하고 검토할 수 있다(Suler, 2004a). 이메일을 작성한 내담자의 자발성이나 감정 표현이 부족할 경우, 상담자는 내담자가 내용을 수정했다는 느낌을 받을 수 있다. 대면 상담과 같이, 자발성은 온라인 감정과 표현을 탐색하는 데 도움을 주고, 이와 함께 의식적·무의식적 감정이 더 선명해지도록 숙고하는 성찰 과정을 더 많이 만들어 낸다.

> **연습문제 3–5 성찰의 지대**
>
> 상대방에게 보낼 응답을 구성하기 전에 '성찰의 지대'를 갖는다면, 그에 따른 장점과 단점은 무엇이라고 생각하나요?
> 성찰하는 시간을 갖는 것은 상담자 자신과 온라인 내담자 모두에게 어떻게 다를 수 있을까요?

감정 알아차리기

대면 상담에서, 상담자는 내담자의 보디랭귀지와 시각적 신호를 관찰하며 경청하는 과정에서 감정을 알아차릴 수 있다. 때때로 발화의 내용과 주제에 대한 발화자의 반응이 불일치하면서 감정이 두드러지게 나타날 수도 있다. 일례로 내담자가 굉장히 트라우마적인 부모의 죽음에 대해 이야기하지만, 상담에서 말할 때는 속상하거나 괴로운 기색을 보이지 않는 경우가 있다. 온라인 상담에서는 이러한 불일치를 알아차리는 것이 더 어려울 수 있다.

Box 3.3의 예시에서, 우리는 내담자가 자신을 어떻게 표현하는지, 그리고 이를 더 탐색할 수 있는 가능성이 어떤 방식으로 나타나는지 알 수 있다. 상담자는 내담자에게 회신하면서 이메일에 나타나 있지 않은 감정을 탐색하고 감정에 대한 설명을 요청할 수 있다. 예시에서 내담자는 전부 괜찮은 것은 아니라는 것을 알고 있지만 왜 자신이 선택한 대로 잘되지 않는지는 정확히 알 수 없기 때문에 혼란을 겪고 있다.

Box 3.3* 샘이 자신의 감정을 탐색하다

안녕하세요.

선생님이 저에게 보내신 마지막 이메일에서 제 가족에 대한 배경 정보를 알려 드릴 수 있는지 물으셨죠. 제가 어떻게 말해야 할지 잘 모르겠네요……. 하지만 말해 볼게요. 저는 4남매 중 막내였어요. 오빠 두 명과 언니한 명이 있었죠. 부모님은 저를 늦은 나이에 낳으셨고, 제가 태어났을 때큰 오빠가 28세, 어머니는 48세, 아버지는 62세셨죠. 아버지는 제가 열한살 때 돌아가셨고 어머니는 2년 전에 수년간 유방암으로 투병하다 돌아가셨어요. 제 언니와 오빠들은 어머니의 죽음을 받아들이고 그냥 자신의 삶과 가족을 이어 나가는 것 같아요.

어머니가 돌아가신 후, 언니와 오빠들은 재정적인 문제를 처리해 주었고, 가족이 살던 집이 팔린 후에는 제가 살 곳을 찾는 것을 도와주었어요. 저에게는 저보다 나이가 많은 파트너가 있고 도움을 구할 일이 있으면 연락할 수 있지만, 그에게는 첫 번째 결혼에서 얻은 두 명의 어린 자녀가 있어서 그는 아이들에게 많은 시간을 할애하고 있어요. 어머니가 돌아가셨을 때 저는 처음에는 허우적거렸지만, 지금은 멋진 집에서 살고 있고 인생을 살아가는 데 너무 많은 문제가 있는 것도 아니에요. 저는 그냥 가끔 외로움을 느끼고 제가 해야 할 일상적인 일에 대한 동기를 잘 찾지 못하는 것 같아요…….

Box 3.3을 읽은 후, 당신은 내담자가 명시적으로 드러낸 감정이 있는지, 드러낸 감정이 없는지, 또는 아직 감정을 인식하지 못했는지에 대한 당신만의 견해를 가지게 되었을 것이다. 내담자는 가족

과 부모, 형제자매, 파트너와의 관계에 대한 통찰을 얻는 데 도움을 주는 정보를 제공하였다. 제공된 정보는 짧고, 외로움을 제외하고는 다른 구체적인 감정이 나타나지 않았지만, 상담자가 추가적으로 탐색할 만한 단서들이 있다.

이메일을 처음 읽었을 때 (상담자는 내담자가) 표현하지 않은 감정을 느낄 수 있으며, 이를 염두에 두고 내담자에게 회신하거나 후속 이메일에서 다시 참조할 수 있다.

Box 3.3에서는 내담자가 연속적으로 경험한 상실과 고립이 이슈로 부각되었으며, 다음의 내용을 포함하고 있다.

1. 어린 나이에 잃은 아버지
2. 오래 투병한 어머니의 죽음
3. 가족이 살던 집을 잃음
4. 형제자매와의 거리감
5. 혼자 살면서 느끼는 잠재적인 고립감
6. 파트너에게는 그의 아이들이 우선순위이기 때문에 때때로 배제되는 느낌을 받음
7. 때때로 정서적인 맥락에서 느껴지는 지지감의 부재

온라인에서 감정에 반응하기

온라인에서 감정 표현에 반응할 때, 동시적 대화와 비동시적 대화는 각기 다른 방식으로 고려되어야 하며, 특히 시간 제한이 있는 구조에서 작업하는 경우에는 더욱 그렇다. 상담자는 표현된 감정과 표현되지 않은 감정에 적절한 해석을 제공하는 시점과 내담자에게 가장 중요한 영향을 미칠 가능성이 있는 시점에서 필수사항들을 고려해야 한다. Kraus 등(2004)은 한 사람이 반응을 시작하기 전까지 사람들의 텍스트 반응이 일시 중단된 상태가 이어지는 비동시적 의사소통만의 역동이 있다고 보았다. 결과적으로, 대화 사이의 시간적 요인은 상대방이 쓴 글에 대해 즉시적으로 반응하는 자발성을 낮춘다. 또한 글로 적힌 내용이 다뤄지지 않을 수 있으며, 자신이 표현한 것에 대해 책임을 지지 않을 가능성을 만든다.

이러한 상호작용 사이의 시간 지연은 강렬한 초기 반응이 흩어지는 공간을 만들 수 있고, 더 깊은 오해나 갈등을 불러일으킬 수도 있다. 상담자는 첫 번째 회기 이전에 다음과 같이 준비하여 내담자의 동시적 또는 비동시적 참여를 지원할 수 있다.

- 상담이 일회성 성격을 가진 경우, 상담자는 상담을 시작할 때 오해가 생길 수 있는 상황을 설명하고, 오해가 발생할 때 내담자가 그에 대한 설명을 요청할 수 있는 기회를 준다.
- 내담자가 지속적인 상담을 받는 경우, 전문가는 온라인 상담

관계가 시작되기 전에 내담자에게 오해가 생길 수 있는 상황을 자세히 설명하고, 오해가 발생할 때 내담자가 그에 대한 설명을 요청하도록 명시적으로 안내한다.

상담자는 내담자에게 필요하다고 판단되면, 상담자에게 설명을 요청할 수 있음을 명확히 하는 것이 좋다.

Box 3.3의 내담자에게 답할 때 상담자는 내담자가 표현한 감정을 타당화하고, 문제가 내담자에게 미치는 영향과 상황이 촉발시킨 감정을 알아차릴 수 있도록 부드럽게 탐색하는 것이 중요하다. 이는 상담자가 이메일의 내용을 읽고 내담자의 경험에 공감하고 진솔성을 나타냄으로써 이루어진다. Box 3.4에 이메일 회신에 대한 예시가 제공되었다.

Box 3.4 내담자의 이메일에 대한 상담자의 답변

샘에게

답장에서 당신의 가족과 현재 상황에 대해 더 많이 말씀해 주셔서 고마워요.

두 분의 부모님이 모두 돌아가셨고 가족이 살았던 집을 처분하신 것에 위로를 드려요. 제가 당신의 이메일을 읽었을 때, 부모님이 돌아가셨을 때 당신이 어떻게 느끼셨는지, 그리고 당신의 삶에서 일련의 상실과 변화를 어떻게 처리하셨는지에 대해 좀 더 이해하고 싶다는 마음이 들었어요. 또 당신은 이러한 일들을 현재의 삶에서 어떻게 경험하고 계실까요? 이메일에서 외로움을 느낄 때가 있고 일상 활동에 대해 스스로 동기를 부여하기 어려울 때가 있다고 말씀하셨는데요. 당신이 자신의 상황에 짓눌려 일상의

일처리가 힘들어지는 때가 있다는 느낌이 드네요.

저는 당신이 오빠들과 언니로부터 어느 정도 도움을 받고 있지만, 당신은 형제자매들이 당신만큼 어머니의 죽음에 큰 영향을 받지는 않았고 지금도 여전히 그렇다고 느끼는 것으로 이해했어요. 당신은 파트너의 도움을 받을 수 있지만, 그가 가끔 자녀들과 시간을 보내야 하기 때문에 한계가 있는 것으로 보이네요…….

온라인상에서 표현된 감정 확인

내담자의 감정을 확인하는 것은 상담자와 내담자의 인식을 넓히고 내담자로 하여금 다음 이메일의 회신에서 자신의 감정을 더 자세히 살펴볼 수 있는 기회를 준다. 내담자의 회신에서 감정이 분명히 확인되지 않는다면 다음 논의에서 이 주제로 돌아올 수 있도록 하는 것이 적절하다. 상담자는 답신에서 부모를 잃은 형제자매의 반응과 관련된 내담자의 이슈에 대하여, 감정을 탐색하는 장을 열고자 노력했다. 내담자는 이 문제를 해결하지 못했던 것을 잠재적 이슈로 지적하였다. 당신은 Box 3.4에서 상담자가 내담자로 하여금 감정의 한 측면을 더 자세히 살펴볼 수 있는 기회를 제공했다는 점에 주목했을 수 있다. '또 당신은 이러한 일들을 현재의 삶에서 어떻게 경험하고 계실까요?'와 같이 문장 끝에 물음표를 넣은 것은 내담자가 이메일을 읽으면서 든 생각을 선명하게 하고, 내담자가 이메일 회신에서 답할 수 있도록 돕는다.

내담자가 일상 활동을 유지하는 데 어려움을 겪는 상황에서 내담자가 '무겁다(weighed down)'고 느끼는 감각에 대해 가볍게 공감적인 반응을 하는 것은 추후 이에 대해 논의할 수 있는 기회를 마련한다. 이러한 유형의 개입은 신중하게 고려한 후에 제공되어야 하며, 개입이 적절하지 않을 경우 내담자는 어떤 방식으로든 상담자로부터 오해나 판단을 받았다고 느낄 수 있다. 이는 또한 내담자의 현재 인식하지 못하는 감정의 영역일 수 있으며, 초기 단계에서 이러한 방식으로 개입하는 것은 내담자에게 잘못된 느낌을 전할 수 있다. 이는 내담자가 스스로 '경험하고' 그 경험에 대해 해석하는 것을 방해할 수 있다.

온라인 감정 표현을 뚜렷하게 만들기

동시적 의사소통과 비동시적 의사소통에서 감정을 표현할 때, 텍스트를 괄호로 묶는 것과 같이 공통적이거나 개별적인 기법을 적용하는 경우가 있을 것이다. (이러한 기법은) 내면의 성찰을 전달하고 중요한 감정 표현을 나타내는데, Collie 등(2001)은 이를 '정서적 괄호치기(emotional bracketing)'로 정의하였다.

정서적 괄호치기는 읽는 사람으로 하여금 감정이 어떻게 경험되는지를 이해하는 데 도움을 주고, 사건이나 관계를 둘러싼 글쓴이의 내면세계와 감정을 더 잘 이해할 수 있게 한다. Box 3.5에서는 Box 3.3을 활용하여 내담자가 더 많은 감정을 표현하도록 확장하고, 이를 통해 내담자의 내부 사고 과정과 감정의 경험에 따라 얼마나 더 깊은 수준의 통찰력을 얻을 수 있는지를 알 수 있다.

Box 3.5 정서적 괄호치기 기법을 적용한 내담자의 답장

안녕하세요 :-)

……선생님이 저에게 보내신 마지막 이메일에서 제 가족에 대한 배경정보를 알려드릴 수 있는지 물으셨죠. 제가 어떻게 말해야 할지 잘 모르겠네요……. 하지만 말해 볼게요. 저는 4남매 중 막내였어요……. 오빠 두 명과 언니 한 명이 있었죠. 부모님은 저를 늦은 나이에 낳으셨고, 제가 태어났을 때 큰 오빠가 28세, 어머니는 48세, 아버지는 62세셨죠. 아버지는 제가 열한 살 때 돌아가셨고 어머니는 2년 전에 수년간 유방암으로 투병하다 돌아가셨어요(그 시간을 떠올리니 지금 슬프네요☺). 제 언니와 오빠들은 어머니의 죽음을 받아들이고 그냥 자신의 삶과 가족을 이어나가는 것 같아요.

어머니가 돌아가신 후, 언니와 오빠들은 재정적인 문제를 처리해 주었고, 가족의 집이 팔린 후에는 제가 살 곳을 찾는 것을 도와주었어요.《언니랑 오빠는 그런 실용적인 것들을 잘 처리해요.》저에게는 저보다 나이가 많은 파트너가 있고 도움을 구할 일이 있으면 연락할 수 있지만, 그에게는 첫 번째 결혼에서 얻은 두 명의 어린 자녀가 있는데, 그는 아이들에게 많은 시간을 할애하고 있어요……. 글을 쓰다 보니 아이들이 종종 얼마나 저보다 우선시되는지 깨닫게 되네요(제가 그것에 대해 어떻게 느끼는지는 모르겠어요!!).

어머니가 돌아가셨을 때 저는 처음에는 허우적거렸지만, 지금은 멋진 집에서 살고 있고 인생을 살아가는 데 너무 많은 문제가 있는 것도 아니에요. 저는 그냥 가끔 외로움을 느끼고 제가 해야 할 일상적인 일에 대한 동기를 잘 찾지 못하는 것 같아요……. (이런 식으로 느껴서는 안 돼요……. 내가 이러는 건 이기적이에요.)…… 세상에……. 이거 힘든 일이네요:-(…….

Box 3.5에서 나타난 온라인 표현의 핵심 요소들은 다음과 같다.

- 내담자는 서비스를 제공하는 상담자에게 따뜻한 감정을 나타내기 위해 웃는 얼굴로 이메일을 시작한다.
- 내담자는 내적 사고 과정과 사고가 유발한 감정을 강조하기 위해 괄호를 사용했다.
- 내담자는 개인적인 신념을 강조하기 위해《 》기호를 사용하여 자신의 신념이 확고하고 절대적이라는 느낌을 표현했다.
- 내담자는 파트너에게 그의 자녀가 자신보다 우선시되는 것에 느끼는 감정의 깊이를 나타내기 위해 굵은 글씨를 사용하였다.
- 이메일의 끝부분에도 굵은 글씨로 표시하여 자신의 행동에 대한 평가적인 어조를 나타냈다.
- 내담자는 긴 말줄임표를 사용하여 자신의 생각이나 표현 과정에서 생략된 부분이 있음을 힘주어 나타냈으며, 이메일에서 자신의 이슈를 탐색하며 받는 감정을 나타내기 위해 슬픈 얼굴표정 이모티콘으로 끝맺었다.

연습문제 3-6 온라인 감정 표현 향상시키기

Box 3.3을 활용하여 텍스트에 표현된 감정을 더 깊이 성찰하고, 이를 더해 수정해 보세요. Box 3.5에 제시된 예시를 발전시키거나 온라인 감정 표현을 자신만의 스타일로 각색해 볼 수 있습니다. 혼자 해 보거나 둘이 짝을 이루어 함께 공유하여 연습해 볼 수 있습니다. 첫 번째 메일에서 회상되었던 사건의 감정이 다음 메일에서 더 깊은 수준으로 표현되었을 때 어떤 기분이 들었는지 나누어 보세요.

온라인 탈억제

온라인에서 처음으로 소통하고 정보를 제공할 때, 내담자는 정보와 개인적인 감정을 공유하는 것에 대해 걱정할 수 있다. 온라인 의사소통에서는 우리가 누구와 소통하고 있는지에 대해 알 수 없는 부분이 더 많기 때문에 전이와 투사가 일어날 가능성이 더 높아진다. 내담자와 상담자 모두 상대방의 '판타지'적인 이미지를 만들어 내고, 단지 투사에 불과한 속성과 특징을 부여할 수 있다(Suler, 2004b).

텍스트 기반의 온라인 상담에서 개인의 표현은 텍스트를 통해 나타나며, 그 사람에 대한 심층적인 이미지를 구성하는 데 도움이 되는 물리적 단서는 없다. 이는 우리가 누구와 상호작용하고 있는지 상상력을 발휘할 여지를 줄 뿐만 아니라, 언어적 소통이나 타인의 물리적 현존감이 있는 곳에서 보여 주는 것과 다르게 행동하고 반응할 수 있는 가능성을 보여 준다. 온라인에서 내담자는 즉시 자신을 표현하거나 감정을 방출할 수 있다. 온라인에서 감정을 방출하는 역동은 '온라인 탈억제 효과(online disinhibition effect)'로 정의된다(Suler, 2004b). 사람은 자신이 분명히 보이게 되는 대면 상황에서 벗어나 보이지 않을 수 있는 자유를 얻게 되면 자기 표현의 해방을 경험할 수 있다. 이것은 표현에 대해 자신의 책임이 없다고 느껴지거나, 책임감이 사라지기 때문이다.

Suler(2004b)는 이를 '분열적 익명성(dissociative anonymity)'으로 정의한다. 탈억제적으로 표현하거나 페르소나로부터 자유로워지는 것은 감정, 정서, 언어 사용 등의 부정적·긍정적 분출로 이어질 수 있다. Amichai-Hamburger(2005)는 제한되지 않고 분출된 이것들을 '빙산(iceberg)'에 비유한다. 탈억제적인 의사소통은 의식적·무의식적 감정에 대해 더 깊은 수준으로 통찰할 가능성을 제공하지만, 상담자는 내담자가 온라인 의사소통의 초보자일 수 있고 내담자가 나중에 불편감을 느낄 수 있음을 염두에 두는 것이 좋다. 내담자는 예상치 못하게 나중에 후회할 만한, 자신에 대한 무언가를 드러냈다고 느낄 수 있다. 긍정적이고 지지적인 온라인 관계가 구축되어 있는 경우, 이러한 느낌들이 다뤄지면서 상담 관계가 지속되고 내담자에게 무해한 경험이 될 가능성이 높아진다. 예를 들어, 내담자는 대면에서 다루기에 너무 불편하다고 느껴지는 이슈를 탐색하기 위해 온라인 매체를 선택했을 수 있다. 내담자는 이전에 누구와도 논의하지 않았던 이슈를 탐색하기 위해 더 안전한 장소를 느끼고자 하는 마음에서 온라인 상담에 접근하여 '간을 본 것'일 수 있다.

상담자는 내담자의 온라인 탈억제가 조종적이거나 상담에 도움이 되지 않을 수 있음을 유념해야 한다. 개인의 이슈를 대면 상담으로 다루는 것이 더 적절함에도 불구하고, 온라인 상담으로 인해 '행동화(acting-out)'가 조장될 때 온라인 탈억제는 상담에 도움이 되지 않는다. Suler(2004b)는 이것을 '악성적 탈억제(toxic disinhibition)'라고 정의하였다.

좀 더 일반적인 맥락에서는, 일부 내담자는 온라인 매체가 친숙하기 때문에 대면에서 경험되는 것과 유사한 방식으로 자신의 감정 표현이 자연스럽게 전달된다고 믿어 온라인 상담을 선호하기도 한다. 자의식이 강하거나 자존감이 낮아 온라인 상담을 찾은 사람의 경우, 온라인 탈억제의 잠재적 강점이 더 매력적일 수 있다.

●

약어와 이모티콘의 사용

약어[3]

텍스트 기반의 온라인 상담에서 약어는 동시적·비동시적 상호작용에서 감정과 신체적 반응을 나타내는 단어들의 약어를 말한다. 약어(Acronyms Online, 2004)는 완전한 글의 형태로 표현하기에는 오랜 시간이 걸리는, 자발성과 신체적 표현에 대한 느낌을 전달하는 데 사용된다. 결과적으로, 약어를 사용하는 것은 즉각적인 반응이나 응답이 필요한 경우에 도움이 될 수 있다. 온라인 상호작용이 빠른 속도로 진행되는 집단에서 약어를 사용하면, 그 순간 감정이 경험되고, 사라지고, 주제가 바뀌기 전에 대화 흐름의 상호작용을 도울 수 있다.

약어의 예로는 LOL(Laughing Out Loud, 큰 소리로 웃음) 또는

---

3) 역자 주: 원문에는 두문자어(acronyms)로 표기되어 있으며, 'LOL' 'ROFL'과 같은 예시가 제시되고 있다. 축약된 형태로 빠르게 감정을 전달하는 표현을 의미하기 때문에, 번역에서는 약어로 수정하여 번역하였다. 영어의 'LOL' 'ROFL'과 같은 표현은 국내의 'ㅋㅋㅋㅋ'와 같은 표현과 유사하다.

ROFL(Rolling On Floor Laughing, 웃으며 바닥에서 뒹굴기)과 같은 반응이 있다. 이러한 약어는 종종 느낌표(LOL!!)나 따옴표를 사용하여 힘주어 표현하거나 굵은 글씨로 표현하여 강조할 수 있다. 이러한 표현 방식은 시각적 단서가 없는 상황에서 개인의 신체적 · 정서적 반응을 더 깊게 설명하여 상담자에게 유용할 뿐만 아니라 대화에서 자발성을 이끌어 낼 수 있다. 그러나 과도한 약어 사용은 짜증을 경험하게 할 수 있고, 그 사람이 게으르거나 충분히 전념하고 있지 않거나, 대화에 참여하고 있지 않다는 느낌을 줄 수 있다. 전문적인 맥락에서, 이러한 방식으로 자신을 표현하는 것은 개인의 기분이나 성격에 대해 더 깊은 수준의 통찰을 줄 수 있다.

이모티콘

이모티콘은 인스턴트 메시지, 이메일, 인터넷 커뮤니티 등과 같은 의사소통에서 인사말로 널리 사용되는 유사언어(paralanguage)로 발전해 왔다. 구두 의사소통과 달리 텍스트 기반의 온라인 의사소통에서는 '대화 내용'이나 경험하는 감정, 보디랭귀지를 전달하는 데 더 오랜 시간이 걸릴 수 있다. 보통 말로 하는 것이 글로 쓰인 단어로 문장을 구성하는 것보다 더 빠르다. 따라서 온라인에서는 이모티콘을 사용하여 서술 형태를 축약함과 동시에 다른 사람들에게 감정 표현, 보디랭귀지 또는 서술에 대한 반응을 즉시적인 기호로 표현하고자 한다.

비상업적으로 만들어진 이모티콘의 예로는 ☺[4]가 있는데, 이 이모티콘은 공백 없이 키보드 문자를 순서대로 사용하여 만들어 낼 수 있다. Box 3.5에 제시된 바와 같이 이 이모티콘은 단어를 사용하지 않아도 이모티콘의 사용자가 어떻게 느끼고 있는지를 즉시 보여 준다. 내담자의 미소는 이모티콘을 사용해서 보여 줄 때 물리적 맥락에서 더 선명하게 표현될 수 있다. 색상, 글꼴, 또는 글자의 대문자를 사용하여 보낸 이의 개인적 경험과 의도를 강조할 수 있다. 이미지의 사용은 온라인상의 감정 표현을 전달하기 위해 개별적이고 뚜렷한 도구를 활용한 것으로서 온라인 표현의 전체 '경험'에 대한 심층적인 탐색을 촉진할 수 있다.

Wolf(2000)는 여성들이 대면에서 했다면 눈에 띄었을 말들을 컴퓨터 매개 의사소통에서 비전통적인 방식으로 표현하고, 이모티콘을 사용하며 소통하는 것을 선호한다고 밝혔다. 또한 이 연구는 전통적인 성별 관념과 반대되는 감정 표현이 이모티콘 사용을 통해 나타날 수 있음을 시사한다. 만약 온라인 상담에서 이러한 모습이 분명하게 나타난다면, 이는 남성과 여성이 이전에 경험하지 못했던 감정 표현의 영역과 마주할 수 있는 가능성을 열어 준다. 두 성별 모두 자신에 대해 확장된 감각을 얻고, 대면에서 수용되기 어려운 감정을 표현하는 새로운 방법을 발견할 수 있다. Wolf는 이것이 온라인 뉴스 집단(online news group)에서 분명히 나타났다고 밝혔으며, Huffaker와 Calvert(2004)는 블로그 게시물에서 남성이 여

---

4) 역자 주: 우리나라에서는 '^^' '-_-'와 같은 이모티콘이 최초로 사용되었고, 지금도 보편적으로 사용되고 있다. 이 외에 ':)' ':-)'와 같은 이모티콘도 자주 사용된다.

성보다 평균적으로 더 많은 이모티콘을 사용한다는 것을 언급하였다. 이는 온라인 탈억제가 온라인상의 여성보다 남성에게 더 큰 감정 표현을 이끌어 낼 수 있다는 점을 시사하며, 일상의 대면 만남에서 볼 수 있는 모습과는 다르다.

약어와 이모티콘에 대한 내담자의 친숙도

많은 내담자는 온라인 표현에 완전히 친숙하며, 이모티콘과 약어를 포함한 확장된 온라인 어휘를 사용하여 자연스럽게 대화를 나눈다. 이에 대해 Suler(1999)는 대면 장면에서는 존재했지만 온라인 상호작용에서는 부족했던 신호들이 대인관계와 관련된 표현에서 정교한 예술적 형태로 나타난 것이라고 설명하였다. 또 다른 온라인 내담자는 약어와 이모티콘 사용에 대한 지식이나 경험이 거의 없을 수 있으며, 감정적이거나 신체적인 반응을 강조하기 위한 방법으로 약어나 이모티콘 사용을 선호하지 않을 수 있다. 온라인 상담자는 내담자와 조화롭게 작업할 수 있어야 하며, 동시적 또는 비동시적으로 상호작용할 때 음조와 표현적인 지표를 적절히 사용해야 한다.

●

이 장의 요약

온라인 상담자는 내담자의 다양한 감정 표현과 마주하게 된다.

온라인 환경에서 내담자가 감정을 표현하는 방식은 내담자의 의지나 능력과 더불어 내담자 개인이 사용하는 감정 어휘에 영향을 받는다. 어떤 감정은 무의식적인 수준에 머무르고 있을 수 있다. 온라인 상담자의 기술은 내담자가 그러한 감정에 접근하고 표현하여 온라인 상담 또는 상담 관계에서 제시된 개인적 어려움과 욕구를 긍정적으로 해결할 수 있도록 돕는다. 내담자는 온라인 탈억제의 영향으로 온라인 상담에서 강렬한 감정을 표현하고, 자신의 모습, 삶의 역사, 그리고 대면 상호작용에서 드러내기 어려웠던 어려운 개인적인 경험들을 공개할 가능성이 높아진다.

이때 온라인 상담자는 내담자의 공개를 민감하게 알아차리고, 공개가 내담자에게 어떤 영향을 미칠지, 내담자 내면의 취약성을 보호하기 위해 필요한 후속 지원을 어떻게 할 것인지를 고려해야 한다. 내담자는 온라인 상호작용을 위한 다양한 커뮤니티에 친숙할 수 있으며, 그중 일부 내담자는 서로 다른 수준의 감정이나 내러티브적인 표현을 할 수 있는데, 이는 온라인 상담자가 제공하는 서비스의 맥락에 적절할 수도 있고, 상담자에게 부적합하거나 모욕적인 감정 표현일 수도 있다. 대면 상황과 마찬가지로, 이는 내담자와 함께 논의해야 하는 경계(boundary)에 대한 이슈이다.

온라인 감정 표현을 알아차리고 확인하는 것은 상담자가 내담자의 감정을 듣고 공감적으로 이해한 핵심을 반영하며, 내담자가 더 탐색하고 개인적으로 통찰할 수 있는 토대를 제공한다. 이러한 상담자의 인식은 내담자의 참여를 강화하고 온라인 상호작용과 관계의 질을 높이는 데 도움이 될 것이다.

내담자는 매체 친숙도와 감정 표현 전달 경험 등 개인적인 요인과 실질적인 고려사항을 통해 특별히 대면 상담이 아닌 온라인 상담을 선택했을 수 있다. 내담자가 앞에서 언급한 이유를 바탕으로 온라인 상담을 이용한다면 상당한 이점이 있을 수 있지만, 상담자나 다른 사람과 직접 대면하기 어렵다고 느껴 온라인 상담을 요청한 경우도 있을 수 있다. 만약 이와 같은 경우가 특정 내담자와의 상담에서 명백하게 나타나고, 온라인 상담이 내담자의 직접적인 대면 상호작용과 표현의 문제를 더 강화하는 것으로 보인다면, 온라인 상담자는 내담자가 대면 상담의 장점을 생각해 볼 수 있도록 독려하는 것을 깊이 생각해 봐야 할 것이다.

인터넷에 대한 일반적인 인식과 친숙도가 지속적으로 증가함에 따라, 온라인 상담에 대한 잠재적인 내담자의 수요는 다양해지고 많아질 것이다. 결과적으로, 온라인 상담을 위해 상담자를 찾은 내담자는 광범위한 기술 수준을 갖추고 다양한 온라인 감정 표현을 보일 것이다. 모든 내담자가 이모티콘과 약어의 사용에 익숙하지는 않을 것이며, 이들은 내담자와 관계를 맺기 위해 이모티콘과 약어를 쓰는 상담자에게 겁을 먹거나 혼란감을 느낄 수 있다. 상담자는 내담자에게 이모티콘과 약어 사용과 관련된 정보를 제공하거나, 온라인 상담 회기에서 이 문제가 분명하게 나타나면 이에 대해 논의해 볼 수 있다.

내담자가 온라인에서 감정 표현을 하지 않는다고 해서 대면 상황에서도 동일하게 할 것이라고 가정할 수는 없다. 내담자에게 대면 상담이 더 적합할지를 내담자와 논의하고, 필요한 경우 연계하는 것이 적절할 수 있다.

●

더 생각해 보기

- 어떤 문화적 · 성별적 차이가 내담자가 온라인 상담에서 감정을 공개적으로 표현하는 데 영향을 미칠 수 있는가? 당신의 작업에서는 어떻게 접근할 수 있겠는가?
- 온라인 상담에서 내담자의 감정 표현에 대해 반응할 때 이론적 배경과 상담자의 역할이 어떠한 영향을 미치겠는가?
- 당신은 이모티콘이나 약어와 같은 온라인 표현을 사용하는 것에 얼마나 익숙하고 편안한가? 이것은 내담자와의 온라인 상담에 어떤 이익이나 불이익이 될 것인가?
- 온라인 탈억제에 대한 당신의 생각은 어떠하며, 내담자와의 작업에서 온라인 탈억제가 명백하게 나타날 때 어떻게 내담자를 지원할 수 있겠는가?
- 어떤 잠재적 내담자 집단이 온라인 약어와 이모티콘 표현을 사용하는 데 유리할 수 있는가? 이 때 온라인 약어와 이모티콘 표현이 내담자가 대면 상담에서 할 수 있는 표현보다 더 접근하기 쉬운 자원인가?

참고문헌

Acronyms Online (2004). Available at http://acronymsonline.com/lists/
chat_acronyms.asp

Amichai-Hamburger, Y. (Ed.) (2005). *The Social Net: Human Behavior
in Cyberspace*. Oxford University Press.

Collie, K., Mitchell, D., & Murphy, L. (2001). *E-Mail counselling:
skills for maximum impact*. Eric/CASS Digest, p. 2. http://www.
ericdigests.org/2002-3/e-mail.htm

Feng, J., Lazar, J., & Preece, J. (2003). *Interpersonal Trust and
Empathy Online: A Fragile Relationship*. http://www.ifsm.umbc.
edu/~preece/Papers/trust_short_ paper_Chi03.pdf.

Huffaker, D.A., & Calvert, S.L. (2005). Gender, identity, and
language use in teenage blog. *Journal of Computer-Mediated
Communication, 10*(2), article 1. http://http://jcmc.indiana.edu/
vol10/issue2/huffaker.html

Kraus, R., Zack, J., & Stricker, G. (2004). *Online Counselling: A
Handbook for Mental Health Professionals*. Elsevier, p. 30.

Kim, K. H., & Yun, H. J. (2007). Cying for me: cying for us: relational
dialetics in a Korean social network site. *Journal of Computer
Mediated Communication, 13*(1), 298-318. http://www.blackwell-
synergy.com/loi/jcmc?cookieSet=1 and http://jcmc.indiana.edu/
vol13/issue1/kim.yun.html

Manney, P. J. (2006). *Empathy in the Time of Technology: How
Storytelling is the Key to Empathy*. http://www.pj-manney.com/
empathy.html

Preece, J. (1998). mpathic communities: reaching out across the Web. *ACM Online Journals, 5*(2), 32-33. http://doi.acm.org/10.1145/274430.274435

Stokoe, W. (2001). *Language in Hand: Why Sign Came Before Speech*. Gaulledet University Press, p. 62.

Suler, J. (1999). *E-Mail Communication and Relationships*. http://www.rider.edu/~suler/psycyber/index.html

Suler, J. (2003). *The Psychology of Cyberspace: E-mail Communication and Relationships*. http://www-usr.rider.edu/~suler/psycyber/emailrel.html

Suler, J. (2004a). *Psychotherapy in Cyberspace: A Model of Pychotherapy in Cyberspace*. http://users.rider.edu/~suler/psycyber/therapy.html

Suler, J. (2004b). *The Online Disinhibition Effect*. http://www-usr.rider.edu/~suler/psycyber/disinhibit.html

Tolan, J. (2003). *Skills in Person-centred Counselling and Psychotherapy*. Sage, p. 151.

Wolf, A. (2000). *CyberPsychology and Behavior, 3*(5), 827-833. http://www.liebertonline.com/doi/abs/10.1089/10949310050191809

Zelvin, E. (2003). reating addictions in cyberspace. *Journal of Social Work Practice in the Addictions, 3*(3), 105-112.

제4장
온라인 경청, 조율 및 주의 기울이기

이 장에서는 온라인 상담에서 필수적 기술인 경청과 협력적 참여, 그리고 내담자와의 조율에 대해 설명한다. 텍스트 기반의 온라인 상담에서는 내담자의 물리적 현존감이 없기 때문에 내담자와 상담 이슈에 대해 조율하고 이해를 발전시키는 과정에서 상담자의 집중과 창의적인 접근이 요구된다. 또한 온라인 상담자에게는 상담자와 내담자 모두가 상대방의 말을 '듣고' 경청하는 온라인 대화를 촉진할 책임이 있다(Kraus et al., 2004).

이 장에서 논의되는 기술은 상담자가 온라인 대화에서 적극적으로 협력하고, 주의를 기울이고 '경청'하고 있다는 것을 내담자가 전체적으로 느끼고 경험하도록 돕는다. 대면 상담과 마찬가지로, 내담자의 의견을 듣고 조율하는 과정에서 상담자의 온전한 주의집중을 방해하는 명백한 장애물을 확인하는 것은 중요하다. 그러지 못할 경우 라포가 충분히 개발될 가능성이 제한될 수 있다(Nelson-Jones, 2005).

온라인 '경청' 시 상담자의 현존감, 관심 및 주의 전달하기

이 주제에서는 다음 두 가지의 범주를 다룬다.

- 회기에서 내담자와 협력하는 동안 온라인 현존감, 관심 그리고 주의 전달하기
- 내담자의 내러티브를 '경청'하면서 상담자의 현존감 전달하기

내담자의 정신 건강을 지원하며 온라인 현존감 전달하기

인간은 대면 또는 온라인에서 각자의 현존감을 발산한다. 이 역동은 우리가 개인으로서 어떤 사람인지, 그리고 우리가 타인에 의해 어떻게 경험되는지를 정의하는 과정의 일부이다. 대면 상담에서 사람을 만날 때, 개인의 현존감은 물리적 맥락에서 분명하게 나타나게 되며, 다른 사람들은 그 사람이 어떤 존재인지 설명할 수 있

는 여러 특성을 알게 된다. 온라인 상담에는 물리적 · 청각적 표현이 없지만 상담자와 내담자 모두 개별적인 현존감과 치료동맹을 형성하고 경험할 수 있다.

선행 연구는 그러한 현존감의 경험이 화상회의 매체에서 유의하게 나타났다는 것을 보여 준다(Wootton et al., 2003). 대면 상담에서 나타나는 것과는 다른 형태이지만, 개인의 성격 특성은 온라인 상담에서도 분명하게 나타난다. 온라인 상담에서 가장 중요한 것은 내담자에게 전문적인 지원을 제공하는 동시에, 단일 상호작용 또는 여러 회기에 걸친 상담 관계를 만드는 것이다. 서비스 제공 기간 동안 온라인 상담자는 내담자와 관계를 형성하기 위해 노력할 것이며, 이 과정에서 서로의 성격 특성이 전달되게 된다. 온라인 현존감은 온라인상에 없는 물리적 · 청각적 속성 대신 온라인의 상담 관계를 통해 핵심적인 특성을 갖추게 된다. 대면과 마찬가지로, 온라인 내담자 역시 상담자의 현존감과 내담자의 욕구에 주의를 기울이고 반응하는 상담자의 능력을 필요로 한다. 내담자는 상담자의 내러티브 내용과 구조, 서비스 제공의 전문성을 경험하며, 이것이 상담자 현존감의 중요한 측면을 만든다. 상담자는 내담자와 관계를 맺고 온라인 관계를 발전시키는 과정 전반에 걸쳐 이러한 점들을 유의해야 하며, 이것이 전문적인 실무와 내담자가 경험하는 서비스의 질 관리에 필수적임을 알아야 한다.

내담자의 이야기를 '경청하는' 동안 상담자의 현존감을 전달하기

내담자의 말을 경청하며 자신의 현존감을 전달하는 상담자의 두 번째 특징은 상담자가 내담자가 쓴 이야기에 경청하고 있음을 온라인 상담에서 분명하게 나타낸다는 것이다. 대면 상담에서 상담자는 눈맞춤, 보디랭귀지 그리고 청각적 지표를 사용하여 내담자의 말을 듣고 있다는 명확한 신호를 제공할 수 있다. 이처럼 상담자가 물리적으로 존재하기 때문에 내담자는 상담자와 함께 있다는 것을 확실하게 알 수 있다. 온라인에서 상담자는 내담자에게 자신이 경청하고 있고 주의를 기울이고 있다는 것을 알리기 위해 다른 지표를 활용해야 한다.

온라인 상담 동안, 상담자와 내담자는 함께 대화를 나눌 수 있는 '온라인 상담실(online practitioner's room)'의 기술에 의존하며 이따금 기술문제나 인터넷 연결 중단 등에 의해 영향을 받을 수 있다. 이러한 통신 장애의 잠재적 위험 때문에 내담자와 상담자는 상대방이 자신의 말을 계속 듣고 있는지 확인하고, 기술 문제가 생겨도 의사소통을 재개할 수 있다는 보장을 받고 싶을 수 있다. 내담자가 온라인상에서 글을 쓸 때, 특히 몇 분에 걸쳐 글을 작성할 때, 상담자는 자신이 여전히 존재하고 내담자의 말을 '경청'하고 있다는 믿음을 주는 것이 중요하다. 상담자는 내담자와 상담 관계를 시작할 때 이에 대해 논의할 수 있으며, 내담자가 정보나 한 단락 이상의 이야기를 전달하는 동안 상담자가 어떻게 일관된 경청을 나타낼

지에 대해 중점적으로 설명할 수 있다.

내담자가 상담자에게 많은 양의 정보를 제시할 수 있기 때문에, 첫 온라인 회기부터 현존감을 전달하는 것은 특히 중요하다. 내담자가 정보나 내러티브를 전달하는 동안 상담자가 경청하고 있다는 확신을 느끼지 못하고 걱정하게 된다면, 내담자의 일반적인 불안 수준이 높아질 수 있다.

내담자의 말을 경청하는 동안 상담자는 다음과 같이 자신의 현존감을 나타낼 수 있으며, 나아가 자신의 현존감을 개인화된 방식으로 전달할 수 있다.

- 다음과 같이 내담자의 내러티브 사이에 적절한 간격으로 나타난 말줄임표
  제인: ……
- '음……'을 문어적으로 표현하거나 대면 상담에서 경청하고 있음을 나타내는 말을 대체하기 위한 다른 기표(signifier, 記標).
- '나는 여전히 여기에 있다' 또는 '듣고 있다'와 같은 단어를 내러티브적으로 표현하는 것

●

내담자와의 조율을 개발하고 유지하기

대면 상담에서 상대방의 말을 경청할 때, 상담자는 내담자의 언어적 대화 내용에 주의를 기울이면서, 내담자가 제시한 내용의 다

른 특징들에 주목한다. 비언어적 지표를 보여 주는 단서들은 내담자와 상담 이슈에 대해 보다 심층적인 이해를 촉진하고 내담자의 자아감을 강화할 수 있다(Greenberg et al., 1993; Magnavita, 2004).

지금 이 순간 내담자와 함께 앉아 있다고 상상해 보고, 상담 과정을 시작하기 위해 내담자의 말을 경청하며, 어떻게 내담자를 이해하기 위한 최대한의 노력을 기울일 수 있을지 생각해 보자. 상담자는 내담자가 전반적으로 나타내는 모습을 관찰하면서 다음 사항에 유의해야 한다.

- 언어적 내용
- 음조
- 주제 또는 감정 표현 사이의 공백이나 일시적 멈춤, 발화의 자연스러움
- 언어적 대화의 속도
- 대화 중 눈 맞춤 수준, 눈을 마주치지 않는 주제와 감정 표현 영역
- 명백한 침묵 또는 내담자가 말하기 어려워하는 주제를 꺼내는 것을 방해하는 것처럼 보이는 영역
- 보디랭귀지
- 성별, 문화적 배경, 장애, 개인적 신념을 포함한 그 사람의 시각적 · 언어적 특성

대면 상담에서는 주의 깊은 경청자가 되기 위한 몇 가지 요인을

당연하게 여기는 경향이 있기도 하지만, 내담자와의 대면 상호작용에서 나타나는 종합적인 지표에 주의를 기울이는 것은 필수적인 상담 기술이다. 이러한 기술들 중 일부는 명확한 이유로 온라인 작업에서 활용될 수 없지만, 온라인 상담에서 활용할 수 있는 기술들을 '세밀하게 조정'하는 것은 가능하다. 상담자는 숙련된 경청자로서 내담자의 말을 '경청'할 때 청각적인 감각 이상의 것들을 활용한다.

다음 내용에서는 앞에 언급한, 전문가가 온라인 상담에서 사용할 수 있는 기술들을 다룬다.

언어적 내용

언어적 내용은 글로 작성된다. 비록 양측이 온라인 마이크 시스템을 사용하지 않는 한 상담자는 내담자의 목소리를 듣지 못하지만, 온라인 대화에서 작성된 글이 전달됨에 따라 언어적 내용을 읽고 '들을' 수 있는 기회를 가지게 된다.

Box 4.1과 Box 4.2에서 우리는 작성된 내러티브가 어떻게 전달되고 있는지, 그리고 구두로 설명할 때와 어떻게 다를 수 있는지를 생각해 볼 수 있다. 예시에서는 비동시적 · 동시적 상황을 모두 다루고 있는데, 매체의 차이가 언어적 의사소통의 변환에 따라 글로 작성된 내러티브와 구조에 어떤 영향을 미칠 수 있는지를 보여 준다.

다음은 내담자의 초기 이메일 상담에 대한 모의 사례이다.

Box 4.1의 내용은 직접적이고 확실하다. 내담자의 인사말은 상당히 격식 없고 여유 있게 들리지만, 전반적인 이메일의 어조에는 현재의 부채 수준이 계속될 경우 내담자에게 금전적·개인적으로 영향을 미치기 때문에 문제가 해결되어야 한다는 절박감이 있다. 글로 작성된 내러티브에서는 문장이 단축될 수 있고 대면과 같이 정교하게 설명되지 않는 경우가 많기 때문에, 내담자의 이슈에 대한 설명이 구두로 된 설명보다 더 간략하게 보일 수 있다. 내담자는 자신의 어려움을 해결해야 한다는 절박감을 보이고 있으며, 동시에 상담을 받기 전까지 걱정했던 모든 문제를 '쏟아 내고' 싶어 하는 것으로 보인다. 이로 인해 상담자는 신속하고 직접적으로 반응해야 한다는 압박을 받을 수 있다. 내담자가 주 호소문제와 함께 상담이 필요한 여러 측면을 각 문장에서 제시하고 있어 상담자에게는 더욱 압박으로 느껴질 수 있다.

이와 같은 예시는, 대면 상담에서 첫 회기에 내담자가 도움받고 싶은 목록을 가져와 회기에서 바로 중요하게 다루려고 하는 것과 유사하게 느껴질 수 있다. 첫 온라인 회기나 대면 회기에서, 상담자는 상당히 많은 것들을 '담아내거나' 반응해야 할 것처럼 느낄 수 있다.

Box 4.1과 같은 문제를 지닌 내담자로부터 비동시적 상담을 요청받는 것은 상담자로 하여금 해결책을 제시해야 한다는 절박함과 책임감을 느끼게 할 수 있다. 상담자는 먼저 내담자의 어려움을 완화하기 위해, 사전에 가능한 대안을 탐색할 수 있도록 격려할 수 있다. 내담자의 문제해결을 위해 내담자를 지원하는 기능은 제2장에서 자세히 논의되었다.

만약 같은 내용이 대면 상담에서 제시되었다면, 대화를 듣는 사람은 음성의 톤이나 보디랭귀지 등의 부가적인 지표로 그 상황이 얼마나 긴급한지에 대해 알 수 있었을 것이다. 내담자에게 보내는 이메일 답장(Box 4.1)에서는 내담자가 작성한 글에 대한 이해를 전달하고 내담자가 상담자와의 첫 번째 의사소통에서 표현했던 어려움에 대해 보다 깊이 있는 설명을 할 수 있도록 독려하는 것이 중요하다. 첫 대화에서, 내담자는 의식적·무의식적으로 자신이 상호작용하고 있는 상대방을 알아내려는 시도를 하게 되며 너무 많은 이야기를 작성하는 것을 주저할 수 있다. 이와 함께 내담자는 상담자에 대한 신뢰의 수준을 결정하게 된다. 내담자는 대면 상담보다 온라인 상담에서 불안감을 덜 느끼고 자신의 어려움을 '쏟아 내는' 것을 억제할 수 있다. 온라인 의사소통의 익명성은 당혹스러움, 죄책감 그리고 수치심과 관련된 감정을 느낄 가능성을 줄일 수 있다. 또한 내담자가 글로 이야기를 구성할 때 구두 의사소통보다 모순된 모습을 나타낼 가능성이 적다(Murphy & Mitchell, 1998).

Box 4.2는 동시적 채팅의 초기 대화에서 나타날 수 있는 모의 사례이다. 여기서 존(John)은 내담자, 피트(Pete)는 서비스를 제공하는 상담자다. 회기는 미리 예약되어 있었고, 존은 '회기'에 조금 늦게 들어왔다. 존이 온라인 상담자가 제공하는 동시적 온라인 정신건강 지원 서비스를 찾은 것은 이번이 처음이다.

Box 4.2 초기 채팅 대화

피트: 안녕하세요, 존. 당신이 온라인 상담에 오길 기다리고 있었어요. 저는 당신이 인터넷 접속에 문제가 있지 않을까 생각했어요. 어떻게 지내세요? 오늘 저녁에 우리의 상담을 시작해도 괜찮을까요?

존: 피트 선생님 안녕하세요. 직장에서 늦게 집에 도착했는데, 기다려 주셔서 감사합니다. 처음 써 보는 거라서 조금 느릴 수도 있어요, 죄송합니다.

피트: 걱정 마세요. 우리 상담 시간은 한 시간 정도 되는데, 당신이 잘 모르는 게 있다면 제가 알려 줄 수 있어요……

존: 좋아요. 어떻게 진행되는 건가요? 선생님이 질문하시면 제가 거기에 대답하면 될까요?

피트: 중간에 제가 몇 가지 질문을 할 거에요……. 생각하시고 말씀하실
　　　수 있는 여유를 드릴 거고요.

[침묵]

피트: 당신의 '상담'이니까 당신이 가장 좋다고 느낄 때 진행하도록 할게
　　　요. 시작하기 전에 질문이 있으실까요??
존: OK, 질문은 없어요. 제가 받은 첫 이메일은 충분히 명확했어요. 서비스
　　이용하는 방법과 비밀보장과 같은 정보도 대한 소책자도 도움이 되
　　었고요.
피트: 좋아요……. 그 책자가 도움이 되었다니 반갑네요. 우리가 회기에서
　　　같이 살펴보려는 문제의 배경을 당신이 설명해 주시면서 시작할 수
　　　있을 것 같은데, 말씀해 주실 수 있을까요?
존: 괜찮아요. 저는 제가 왜 지난 4, 5년 동안 우울증으로 계속 고통받고 있
　　는지 알고 싶어요. 우울증이 제 일과 친구/대인 관계에도 영향을 미
　　치고 있어요. 저는 우울할 때 종종 사람들과 거리를 두는데, 이게 문
　　제를 더 악화시켜요.

Box 4.2에서는 존이 회기에 늦게 도착한 것에 대해 이야기를 나
누고, 회기 진행 방법에 대해 간략히 설명하는 첫 회기의 내용을 담
고 있다. 이 예시에서는 내담자가 호소한 어려움에 집중하기 전에
회기 진행에 대한 설명을 제공하고 '안착'하는 데 시간이 다소 지체
되었다. 상담에서 다룰 수 있는 글의 양은 동시적 컴퓨터 매개 기술
을 사용할 때 훨씬 적을 수 있기 때문에 사전에 비동시적 접촉 과정
을 가지는 것이 도움이 될 수 있다. 회기 시작 전, 내담자는 상담자
에게 자신의 호소문제를 설명하는 글을 보낼 수 있다. 이는 상담자
가 내담자에게 동시적 상담에 대해 안내하는 동시에, 첫 번째 동시

적 회기에서 상담 동의와 기타 사전 이슈들을 처리하는 시간을 단축시킬 수 있다.

제시된 예시에서 존은 자신의 생각과 어려움을 글로 명료하게 표현할 수 있는 것으로 보인다. 동시적 대화는 다른 유형의 온라인 상담보다 더 명확한 통찰력을 제공할 수 있는데, 상담자와 내담자의 맞춤법 검사 접근성, 그리고 응답을 작성하는 데 걸리는 시간이 서로 다르기 때문이다.

첫 회기에서 존은 상담자에게 자신감 있고 꼼꼼하게 반응한다는 첫인상을 준다. 그는 어떻게 진행될지 모르는 상황에서 설명을 요청할 만큼 충분한 자신감을 가지고 있고, 회기에 늦게 도착한 이유를 정중하게 설명한다. 느낌표와 OK와 같은 축약형 단어의 사용을 통해 존의 솔직함과 필요할 때 단호해질 수 있는 능력을 엿볼 수 있다. 존이 작성한 글 속에서 자신을 표현하는 것에 대한 자신감과 이것을 컴퓨터 매개 의사소통으로 전환시키는 능력이 드러난다.

> **연습문제 4-1 이메일의 내용**
>
> Box 4.1과 4.2에 제시된 내용에서, 눈에 띄는 다른 특징이 있다면 무엇일까요? 모의 사례에서의 상담자의 반응을 어떻게 더 발전시킬 수 있을지, 또는 당신은 어떻게 반응할 수 있을지 한번 생각해 보세요.

음조

온라인에서 음조는 내담자가 단어에 다른 글꼴이나 색상을 사용하거나, 진하게 강조하거나, 느낌표와 물음표를 사용하는 것들로 나타날 수 있다. 음조의 변화를 알 수 있는 다른 예로는 '일단 안녕!!(BYE!! for now…….)' 또는 '안녕하세요!!오오……(HELLO!! ○○○○……)'가 있다. 굵은 글씨[1], 느낌표를 쓰다가 표준 글씨체로 바뀜에 따라 단어가 어떻게 표현되는지, 온라인에서 어떠한 음조를 나타내는지를 알 수 있다. 끝부분에서 말줄임표를 사용한 것은 상대방의 온라인 '목소리'가 점차 희미해지거나, 감정의 깊이를 강조하거나, 대화에서 언급된 무언가에 대해 더 큰 알아차림을 전달하기 위해 늘어진 형태로 대화를 마친 것일 수 있다. 이러한 방법들은 단어의 음조와 깊이, 또는 질을 나타내기 위해 적용될 수 있으며, 의식적·무의식적으로 작성자가 전달하려고 하는 것을 나타낼 수 있다.

Box 4.3에는 여러 이메일을 주고받은 후 강한 라포가 형성된 내담자의 이메일에서 음조가 나타난 모의 사례가 제시되어 있다.

---

1) 역자 주: 원문에서는 대문자로 표현되어 있었으나, 한글에는 대소문자 구분이 없기 때문에 굵은 글씨로 바꾸어 번역하였다.

이메일로 전달되는 음조

안녕하세요. 페트라.

그동안 너어어어어무…… 힘들어서 메일을 쓸 수가 없었어요. 최근에 상사가 제가 직장에서 받는 압박감을 인정해 주지 않아서, 상사와의 상황이 훨씬 더 어려워진 것 같아요. 제가 여기서 어떻게 느꼈는지 말을 하면 머리가 조금 더 맑아질 것 같고, 앞으로 더 차분하게 생각해 보고 더 잘 대처하는 데 도움이 될 것 같아요. 자, 갈게요!!!!!

제 상사는 직장에 있는 모든 일의 **전문가가 아니에요!!!** 그 사람은 **완벽하지 않아요!** 그 여자는 자기가 느낀 좌절감을 다른 사람에게 분풀이하고, 거기에 대해 진지하게 생각을 해 보거나 신경 쓰지 않는 것 같아요. 그 여자는 자기 실수에 대해 **절대 책임을 지지 않아요!** 항상 다른 사람이 책임을 져야 해요. 그 여자는 실수를 많이 하면서 그 결과에 대해서는 다른 사람을 탓해요. 함께 일하는 사람들을 공평하게 대하지 않고, **특히 나를 대하는 태도가 너무 불공평해요!!** 그 사람이 다른 사람을 보는 눈은 너무 비뚤어져서…… 저를 짜증나게 해요! 그런 모습 때문에 저는 오랜 시간 동안 스스로를 과소평가하고 의기소침해져요. 그 여자가 떠나서 제가 일에 집중하고 행복해졌으면 좋겠어요!!!!!! 저는 지금 여기에서 이걸 그 여자한테 다 말하고, 그 사람이 제 말을 들어줬으면 좋겠어요.

Box 4.3에서 내담자는 (자신의) 감정을 강하게 표현하고자 굵은 글씨[2]와 느낌표를 사용하였다. 또한 앞의 글이 구두 대화였다면 내담자 특정 내용을 표현할 때 음조와 감정 표현이 더 고조되고 깊

---

2) 역자 주: 원문에서는 대문자로 표현되어 있다.

게 나타났을 것이다. 상담자는 음조를 통해 내담자가 업무 상황과 상사에 대해 어떤 감정을 느끼고 있는지 보다 통찰력 있게 이해하게 되며, 다시 더 깊은 수준의 공감적 반응을 내담자에게 전달할 수 있게 된다. 내담자는 이렇게 글로 표현함으로써 좀 더 차분하게 자신을 돌아보게 되고, 결과적으로 자기 스스로 분노를 표현하고 안정감 있고 통찰력 있는 방식으로 타인을 생각하게 된다.

Box 4.3의 모의 사례에서, 내담자가 굵은 글씨로 표현한 텍스트를 더 큰 크기로 제시하거나 특정 색으로 강조했다면 글의 음조가 더욱 강하게 표현될 수 있었을 것이다.

목소리의 음조나 감정 표현이 분명하지 않은 경우 Box 4.3의 예시처럼 내담자가 자신의 감정을 개방하거나 음조와 관련된 부분을 알아차릴 수 있게 한다. 또한 내담자가 텍스트를 작성하며 강하게 느낀 감정을 상담자에게 나타내는 상황을 보여 준다. 내담자가 동시적 또는 비동시적 의사소통에서 감정을 분명하게 표현하지 않는 경우라 해도, 상담자는 내담자가 감정을 느끼지 않았다고 가정할 수 없다. 온라인 회기에서 내담자의 주 호소문제나 기억에 대해 이야기할 때, 내담자는 자신의 감정에 온전히 관여하고 있지만, 다음 이유 중 일부 또는 전부 때문에 개방하지 않았던 것일 수 있다.

- 갑자기 감정이 올라옴
- 감정을 드러내는 일이 당황스럽거나 불편하게 느껴짐
- 상담자가 어떻게 반응할지 잘 모르겠음

• 취약해 보이고 싶지 않음

    상담자는 대면이나 전화를 통해 상담할 때, 내담자가 고통이나 괴로움을 겪고 있음을 나타내는 청각적 · 시각적 · 물리적 신호에 접근할 수 있다. 온라인 상담 시에는 그러한 단서가 없을 수 있으므로, 글 속에 표현되어 있지 않다고 해서 내담자가 다양한 감정을 경험하고 있지 않다고 가정하지 않는 게 중요하다.

    대면 상담에서는 내담자가 회기에서 개방하지 않았던 감정이나 무언가를 드러내는 '문고리(door handle)' 진술을 하는 경우가 있다. 온라인 상담에서도 비슷한 상황이 발생할 수 있는데, 그렇게 되면 결과적으로 상담자와 내담자 모두 회기가 도움이 되지 않은 채 끝났다고 느낄 수 있다. 특히 내담자가 회기 중에 자기 감정을 명시적으로 표현하지 않으면서도, 회기가 끝날 때까지 일부 상호작용이나 떠오른 기억으로 인해 정서적으로 영향을 받았음을 수동적으로 드러낼 때 이런 일이 나타나게 된다. 그러므로 상담자는 동시적 · 비동시적 대화에서 오가는 대화 내용 전체에 걸쳐 항상 내담자의 말에 '조율된' 상태를 유지하는 것이 바람직하다.

    상담자는 동시적 대화가 끝날 때 적절한 시간을 배분하여 회기를 마무리하는 시간을 갖고 내담자가 상담자에게 전하고 싶은 이슈가 있는지 확인하는 것이 좋다. 이러한 확인 작업을 통해, 상담자는 내담자와의 대화를 다른 방식으로 '조율'하기 위해 준비하게 되고, 이후의 회기에서 기존에 드러나지 않았던 내담자의 감정이나 괴로움의 신호를 포착할 수 있게 된다. 이러한 일이 있을 때, 상담자는 내담자에게 올라온 감정을 다루고 표현하는 것을 돕기 위해, 다음 회기를 시작할 때 상담자에게 어떤 도움이 필요한지 논의하는 시간을 가지는 것도 바람직하다.

연습문제 4-2 음조

Box 4.3의 예시를 떠올리고, 다음과 같은 감정 목록을 사용하여 온라인에서 음조를 어떻게 해석하거나 표현할 수 있는지 생각해 보세요.

- 신남
- 행복
- 공포
- 불안
- 슬픔
- 울적함
- 좌절
- 화

가능하다면 동료와 당신의 생각을 나누어 보세요. 이와 같은 감정의 맥락에서 감정의 강도를 표현하는 방법의 공통점이나 차이점을 비교해 보세요.

주제나 감정 표현 사이의 공백이나 일시적 멈춤 그리고 발화의 자연스러움

대면 상담에서 우리는 물리적으로 존재하며, 상대방의 말 어디에서 공백이 발생하는지 주의 깊게 살피고, 때때로 왜 이런 일이 발생했는지에 대해 감을 가지게 된다. 비동시적 대화로 상담하는 경우, 내담자는 새로운 단락을 만들어 주제의 흐름을 중단시키거나 종결시킬 수 있고, 심지어 이전 주제를 마무리 짓지 않고 놔두거나 갑작스럽게 끝낼 수도 있다. 이는 내담자가 생각이나 논의를 이어가거나 완결하는 게 어려울 수 있음을 시사하는데, 내담자가 의사소통을 하는 동안 경험하는 감정 장해(feeling disturbance)의 수준과 관련되어 있을 수 있다. 이는 내담자가 사고 과정의 흐름에 영향을 미치는 학습이 어렵거나 정신 건강 문제를 가질 수 있다는 것을 시사하기도 한다.

이 책 전체에 걸친 모의 사례에서 동시적 온라인 상담 중 하나에 주목해 보자. 저자는 상담자와 내담자가 논의의 맥락을 이어가고자 하는 것을 보여 주기 위해 말줄임표를 사용했다. 이에 대한 예시는 Box 4.2에서 확인할 수 있다.

> 피트: 걱정 마세요. 우리 상담은 한 시간 정도 진행되며 혹시 모르는 것
> 이 있으시면 제가 도와드릴 수 있습니다…….

말줄임표는 피트가 자신의 이야기가 끝나지 않은 상태에서 상대방이 답변을 기다리며 오랫동안 방치되지 않도록 텍스트의 한 조각을 '공개'했음을 의미한다. 이러한 방법은 대화의 흐름을 돕고 상대방이 대화에 참여하고 따라오는 동안 산만해지는 것을 예방한다.

이렇게 대화를 계속 이어간다는 '신호'를 사용하면 대화의 맥락이 끝나기 전에 다른 대화가 겹치거나 주제가 바뀌는 것을 막을 수

있다. 특히 집단 단위로 상호작용하는 경우, 다른 사람들이 답을 하거나 다른 주제로 이동하기 전에 한 사람의 타이핑이 끝나길 기다리게 되는 지표로서 유용하게 쓰일 수 있다.

또한 Box 4.2와 같이 한 줄의 텍스트에서 생각을 일시적으로 멈추거나 내용 흐름의 변화를 나타내기 위해 연속된 말줄임표가 사용될 수 있다.

> 피터: 당신의 '상담'이니까, 당신에게 가장 적합한 방식으로 진행하도록
>
> 하겠습니다……. 시작하기 전에 질문할 것이 있습니까?

이 방식은 문장 구조와 주제가 변할 때, 자연스럽게 일시적으로 멈춘 것으로서, 비동시적·동시적 온라인 상담 모두에서 유용할 수 있다.

연습문제 4-3 발화의 유창성

비동시적·동시적 온라인 상담에서, 대화의 연속성이나 글 속의 표현에서 자연스러운 흐름을 강조하기 위한 방법들을 생각해 보세요. 이 활동을 동료와 나누면, 내담자와의 작업에서 내담자가 어떻게 경험할 수 있는지를 알 수 있는 귀한 피드백을 받을 수 있습니다.

언어적 대화의 속도

음성 통화를 제공하는 매체(스카이프 또는 MSN 메신저와 같은 소프트웨어) 없이 온라인에서 동시적·비동시적으로 의사소통할 때, '내러티브의 속도'는 대면 상담에서 나타나는 대화의 속도와 같다. 언어적 대화의 속도는 언어적 내용을 다룬 절에서 논의된 내용과 비슷하며, 대면 상담과 비교할 때는 그 유사성이 더욱 분명한 것으로 보인다.

저자는 언어적 대화의 속도가 어떻게 실제 음성 콘텐츠 없이 동시적·비동시적 온라인 상담으로 전환될 수 있는지를 예시를 사용하여 개략적으로 설명하고자 한다. 예시는 속도 이면에 있는 서로 다른 역동을 보여 준다. 전문적인 온라인 상담에서는 동시적·비동시적 의사소통을 막론하고 내담자마다 다른 속도가 뚜렷하게 나타난다. 저자는 이러한 온라인 의사소통의 특징을 설명하기 위한 근거로 두 가지 예시를 제시하였는데, 전문적인 현장에서 정신 건강 실무자인 당신이 고려해야 할 사항을 다루고자 한다.

비동시적 의사소통　　대면 상담에서, 내담자는 듣는 사람에게 정보를 전달하기 위해 한 문장에서 다른 문장으로 흘러가듯, 쉬지 않고 빠른 속도로 말할 수 있다. 이를 글로 옮긴다면 그 텍스트는 글쓴이가 성찰의 시간이나 여유 또는 멈춤 없이 주제가 바뀌는 마침표 없는 의사소통처럼 보일 것이다. 이와 같은 상황이 대면에서 일어날 때, 듣는 사람은 혼란감을 느낄 뿐만 아니라 대화의 양과 내용에 압도될 수도 있다. 이는 일반적으로 말하는 사람이 주제와 관련된 세부사항을 조급하게 전달하면서 경험하는 긴박함이나 불안의 수준을 나타낸다. 대면 상담에서 말의 속도는 그 말과 관련된 의식적 · 무의식적 정서와 내담자가 전달하고자 하는 내용에 영향을 받는다.

내담자가 지속적으로 상담을 받기 전에, 안내된 단어 수 지침을 따르지 않는 상황이 있을 수 있다. 속도가 빨라지고 비동시적 대화의 단어 수가 지나치게 많아지게 되면, 내용을 받은 사람이 단일 회기에서 읽고 답할 수 있는 시간을 초과하게 된다. 내담자는 종종 이메일을 작성한 후 너무 많은 이야기를 포함시켰다는 것을 깨닫고, 상담자가 답장에서 이를 명료화해 주기를 요청할 것이다.

일부 내담자는 여러 가지 이유로 이메일을 작성하는 것을 어렵게 여겨 속도가 느려지게 되는데, 그 결과 상담자는 아주 적은 양의 내용만 받게 된다.

Box 4.4 **비동시적 대화의 속도**

지난번에 보내 주신 자가 치료 활동지를 하는 과정에서 몇 가지 생각과 질문이 생겼는데 그 내용과 함께 주간 이메일을 보내 드립니다.

저는 지난 한 주 동안 제가 어떻게 느꼈는지 질문하는 활동지를 완성하려고 노력햇지만, 저녁에 앉아서 하루 동안 저에게 일어났던 일을 생각하고 그걸 모두 적는 데 시간을 내기가 힘드렁쎠어요. 선생님은 지난번에 제가 활동지를 작성하는 시간을 따로 낼 필요가 있다고 말씀하셨지만, 가정생활을 하면서 집에서 일어나는 일 때문에 그렇게 하는 게 쉽지 않아요.

이번주에 다시 시도해 보고 제가 얼마나 할 수 있는지 볼게요. 지금은 일이 너무 바쁘고 저녁에도 피곤해요. 선생님이 주신 이완 활동지는 도움이 됐고, 어젯밤 시간을 내서 연습해 볼 수 있었어요. 끝냈을 때 기분이 괜찮았어요(평소보다 훨씬 편안해졌어요). 제 파트너 존이 아이들을 데리고 산책을 나갔는데 그것도 도움이 됐어요. 제 식습관과 관련해서는, 제 주치의와 이야기를 했고, 제게 병원의 영양사를 소개시켜 주겠다고 제안했어요, 일단 예약을 기다리면 될 것 같아요…….

Box 4.4의 예시에서 이야기의 속도는 조급하며 잠시 멈추거나 성찰하는 과정 없이 호소문제에 대한 논의가 한 지점에서 다른 지점으로 빠르게 흘러간다. 먼저 내담자는 맞춤법을 확인하지 않고 이메일을 발송해서 맞춤법 오류가 있었다. 상담자에 대한 인사말이 없는 것은 내담자가 이메일을 받는 상담자에게 거리감이 있다는 것을 나타낸다. 이는 내담자가 가진 비동시적 의사소통 방식의 특징일 수도 있고, 나아가 이메일을 작성할 때 서두르는 성격적인 특성을 나타내는 것일 수 있다. 이와 같은 이메일의 전반적인 구조와 내용은 내담자가 개인 일상생활에서 우선순위 결정과 시간관리를 잘하지 못하는 모습과 비슷할 수 있으며, 상담자는 답변에서 내담자가 생각해 볼 만한 통찰을 제공할 수 있다.

동시적 의사소통　동시적으로 내담자와 상담할 때, 상담자와 내담자는 실시간으로 의사소통하기 때문에 내러티브의 속도는 더 명확하게 나타나고, 의사소통의 흐름에서 나타나는 속도를 눈으로 볼 수 있다. 온라인 상담에서 상담자는 작성된 내러티브의 속도가 분명하게 변하는 것을 관찰하고 탐색할 수 있는 자연스러운 기회를 얻게 된다.

Box 4.5에서 줄리는 샘과의 비동시적 상담이 샘에게 필요한 만큼의 온라인 상담 관계를 형성하고 연결감을 주지 못한다고 보고 동시적 회기를 제안했다. 줄리는 비동시적 상담 방식을 선택한 것이 문제에 영향을 미쳤다고 생각했다. 그들은 온라인 라포를 형성하고 조율을 강화하기 위해 한 회기를 만나기로 합의한다.

Box 4.5 **채팅을 활용한 동시적 대화**

줄리: 안녕하세요, 샘. 지난 한 주 어떻게 지냈어요?

샘: 안녕하세요……. 잘 지냈어요.

줄리: 제가 이메일에서 말씀드렸듯이, 저는 딸에 대한 당신의 걱정을 좀 더 긍정적으로 변화시키기 위해서는 오늘의 채팅 회기가 우리 모두에게 도움이 될 수 있다고 느꼈어요. 이메일 상담이 저와 당신에게 거리감을 줄까 봐 조금 걱정되기도 했고요.

샘: 네……. 선생님과 이런 식으로 대화하는 게 더 좋은 것 같아요

줄리: 회기가 끝날 때, 저희가 앞으로 약속을 어떻게 바꿀지 결정하는 데 몇 분만 시간을 할애해도 될까요?

샘: 그래요. 그게 좋겠네요.

줄리: 오늘 특별히 하고 싶은 이야기가 있으셨을까요?

[샘이 답장을 쓰기 전에 잠시 침묵이 발생한다. 줄리는 의식적으로 답하는 것을 참아 본다. 만약 답장이 더 오래 지연되었다면 그녀는 샘에게 괜찮냐고 물어보면서, 그녀가 답장을 생각하기 전에 침묵했는지 확인했을 것이다]

샘: 이번 주에 제 딸과 또 한 번 사이가 틀어졌어요.

줄리: 그 일이 다른 어떤 것보다도 마음에 걸리는 것 같은 느낌이 드는데,
   그것에 대해 이야기해 주시겠어요?
[샘은 다시 답장을 타이핑하기 전까지 긴 시간의 침묵을 가지고, 줄리는 방
해하지 않고 기다린다]
샘: 그래요. 어디서부터 시작해야 할지 잘 모르겠지만…….

　Box 4.5에서 내담자의 이야기 속도는 매우 느린데, 특히 지난 주
동안 생긴 문제를 어떻게 논의할지에 대해 나눌 때 더욱 느려졌다.
상담자는 이를 즉시 인지하고 내담자에게 말하기 전에 의도적으로
기다리기로 결정한다. 샘이 상담을 시작한 지 얼마 되지 않은 새 내
담자이기 때문에 줄리는 샘이 아직 동시적으로 글을 쓰는 방식에
익숙하지 않아서 그런 것인지, 이것이 내담자의 평소 속도인지, 아
니면 다른 관련 요인들이 관여하고 있는지를 알 수 없다. 만약 이야
기의 속도가 계속 이와 같다면, 줄리는 샘에게 개인적인 어려움이
나 감정적인 반응을 경험하고 있는지 물어볼 것이다.

연습문제 4-4　속도

동시적 대화에서 내담자와 속도를 맞추는 주제에 어떻게 접근할 수 있을까
요? 내담자와 이 주제에 접근하는 방법에 영향을 미치는 요인에는 어떤 것들
이 있을까요?

대화 중 이루어지는 눈맞춤 수준, 그리고 눈맞춤을 피하게 되는 주제와 감정 표현 영역

내담자와의 동시적 회기에서 웹캠을 사용하지 않는 한, 경청과 주의 기술 중 눈맞춤은 텍스트 기반의 온라인 상담에서 활용되기 어렵다. 사람을 볼 수 있는 웹캠이나 다른 보조 기구를 사용하면 대면 회기에서 눈맞춤하는 것보다는 주의를 기울이는 데 제약을 받을 것이다. 온라인 대화에서는 타이핑과 같은 다른 활동까지 해야 하기 때문이다. 그럼에도 불구하고, 이는 시각적 지표가 완전히 없는 것에 비해 몇 가지 이점이 있다.

눈맞춤을 피하게 되는 주제와 감정 표현 영역 물리적 현존감이 없는 온라인 상담에서 내담자가 직접적인 눈맞춤을 피하는지를 알아차리는 방법은 대면 상담과 다를 것이다. 대면 상담에서, 내담자는 당혹감과 수치심을 경험하거나, 또는 이것이 상담자에게 판단될 수 있다고 생각할 때 다른 사람과 눈맞춤을 피함으로써 거절이나 판단받는 것으로부터 회피할 수 있다. 또한 내담자가 어떻게 답할지 고민하면서 상담자로부터 시선을 돌리는 경우도 있을 수 있다. 이 경우에 내담자가 눈맞춤을 회피하거나 싫어하는 것은 앞서 설명된 감정과는 관련이 없다.

이메일 대화와 같은 비동시적 대화를 사용하여 내담자와 상호작용할 때, 상담자는 내담자가 의사소통 내용을 성찰하며 관련 정보를 언급하지 않는 한, 눈맞춤 회피에 대해 알 수 없다. 내담자와 동시적으로 관계를 형성할 때, 상담자는 대화의 흐름이 중단되거나 내담자가 문장을 쓰다가 멈춘 것을 시각적으로 관찰함으로써 내담자가 눈맞춤을 싫어한다는 것을 분명하게 알 수 있다. 이는 특히 채팅 상담에서 유용할 수 있는데, 일반적으로 상담자와 내담자 모두 어느 한쪽이 텍스트를 작성하기 시작한 것을 알아차릴 수 있는 시각적 지표가 있기 때문이다. 이 기능은 컴퓨터 화면이나 사고 과정에서 눈맞춤의 단절이 어디에서 발생했는지, 그리고 내담자가 글쓰기를 멈춘 원인을 말하도록 요청하는 것이 적절한지에 대한 통찰을 준다.

연습문제 4-5 침묵 다루기

내담자가 생각을 정리하며, 동시적 답변을 작성하기 위해 더 많은 시간을 들이느라 일시적 멈춤이 길어질 때, 집중력을 유지할 수 있는 방법을 마음속에 떠올려 보세요.

연습문제 4-6 내담자의 주의 전환시키기

어떻게 하면 내담자가 자신의 불편한 생각이나 감정 때문에 주의가 산만해진다는 것을 알아차리게 할 수 있을까요?

명백한 침묵 또는 내담자가 어려워하는 주제에 대한 논의를 방해하는 영역

온라인 상담에서는 대면 상담에서 나타나는 것과 똑같은 방식으로 명백한 침묵을 나타내는 시각적 지표가 없다. Box 4.6의 모의 사례에서는 동시적 온라인 상담 중에 내담자의 침묵을 명백히 알 수 있는 방법을 보여 준다. 여기서 미아는 젊은 아시아 여성들에게 동시적으로 상담을 실시하는 온라인 에이전시(agency)에서 일하는 자원봉사자이다.

Box 4.6 **어려운 침묵 처리하기**

미아: 쉬린 님 안녕하세요……. 지난주에 당신은 6학년 공부를 마친 후에 공부를 계속할 수 있는 지역에 있는 기관을 찾는 것에 대해 이야기하고 싶다고 하셨어요……. 그리고 당신이 공부하고 싶은 과목도요. 오늘 그 주제부터 시작할까요?

쉬린: 안녕하세요, 미아 선생님. 지난 번 이후로 상황이 바뀌어서 더 이상 그 이야기를 할 필요가 있을지 모르겠어요.

미아: 지난주에 정말 그 주제를 간절히 이야기하고 싶어 했던 것에 대해 좀 더 말해 줄 수 있나요?

쉬린: 아니요, 괜찮아요. 이번에는 다른 이야기를 하고 싶어요.

미아: 물론 괜찮아요 쉬린. 이미 해결되었다고 생각하셨다면 다른 이야기를 해 보도록 할게요.

쉬린: 에이전시에 온 게 정말 좋은 생각이었지 잘 모르겠어요. 제가 바라던 방식으로 일을 해결하는 데 도움이 되지 않거든요.

미아: 당신이 왜 그렇게 느끼는지 잘 모르겠는데, 거기에 대해 더 말해 줄
    수 있을까요?

쉬린: 음, 여기서 얘기해도…… 아무것도 바뀌지 않아요. 어떻게 변할 수 있
    는지 잘 모르겠어요.

[미아는 쉬린이 타이핑을 시작하다가 멈추었다는 것을 알아차린다. 미아는
잠시 기다렸다가 다음과 같은 질문을 보낸다]

미아: 쉬린, 당신이 무언가를 타이핑하고 있었던 것 같은데, 화면에 아무런
    글이 없네요……. 하고 싶은 말이 있었을까요?

[잠시 후 쉬린이 답장을 보내지만, 그녀가 화면에게 텍스트를 '공개'하기
전에 몇 번을 멈추고 타이핑을 했다는 것이 미아에게는 분명하게 보인다]

쉬린: 저희 부모님은 제가 뭘 공부할지, 어디에서 공부할지를 다 결정해 버
    리세요. 그러니 여기서 얘기해도 소용없어요. 선택의 여지가 없는 게
    더 속상해요.

[미아가 쉬린에게 장래에 대한 자신과 부모님의 바람 사이의 갈등에서 겪
는 좌절감을 이야기하고 싶은지를 물으며 대화가 이어진다]

비록 Box4.6에서 상담자와 내담자 사이에 눈맞춤이 없었음에도
불구하고, 미아는 내담자가 이전에 우선순위로 정했던 주제에 대
해 대화하길 주저한다는 점을 인지했다. 내담자가 그 주제에 대해
논의를 피하는 근본적인 이유가 분명히 있지만, 상담자는 사려 깊
은 격려와 함께 내담자가 외현적으로 드러나지 않은 근본적인 이
슈를 탐색할 수 있도록 지원하기 위해 노력한다. 상담자는 내담자
가 자신이 고민하고 있는 이슈를 밝히는 데 어려움을 겪고 있다는
'시각적' 단서를 포착하고, 쉬린이 문제를 회피함으로써 얻을 수 있
는 게 무엇인지 살펴볼 수 있도록 도움을 준다.

대면 대화에서 명백한 '공백(blank)'이 발생할 때 내담자를 어떻게 격려하고 지원할 것인지 생각해 보세요. 이 기술은 어떻게 온라인 대화로 전환될 수 있을까요?

보디랭귀지

내담자가 개인 사진을 보여 주거나 온라인 페르소나를 나타내기 위한 아바타를 만들거나 웹캠을 통해 볼 수 있는 게 아닌 한, 내담자와 온라인으로 작업할 때의 시각적 현존감은 현저하게 부족하다.

또한 사진과 아바타는 정적 이미지로서, 사진을 찍거나 아바타를 선택한 시점에서의 느낌만 포착되었을 뿐이다. 내담자가 사진 이미지를 보낸다면, 사진을 찍을 때 포즈와 신체적 버릇을 볼 수 있을 뿐이라 해도 그 사람의 특징에 대해 이해하는 도구로서 유용하게 활용할 수 있다. 상담자나 내담자가 동시적 대화에서 웹캠을 사용할 경우, 두 사람 모두 타자를 치기 위해 계속 상대방을 바라보지 않게 되어 보디랭귀지를 관찰할 수 있다는 이점은 제한적일 것이다. 웹캠과 함께 마이크를 사용하여 음성 의사소통을 한다면 대면 상담과 더 유사한 방향으로 보디랭귀지를 관찰할 수 있게 될 것이다.

성별, 문화적 배경, 장애, 개인적 신념을 담고 있는 개인의 시각적 · 언어적 특징

텍스트 기반의 온라인 상담에서, 내담자가 대면 상담에서 변환시킨 언어적 특성은 대화 표현과 함축적 내러티브라고 할 수 있다. 두 특성에는 뚜렷한 차이가 있을 수 있으며 성별, 문화적 배경, 장애, 개인적 신념과 같은 요인에 따라 차이가 커질 수 있다. Lago와 Smith(2003)는 치료 관계에서 그러한 요인의 잠재적 영향에 대처하기 위해 알아차림과 전문성 개발을 촉진하는 실제 가이드라인을 제공한다.

여기에는 사회적 · 경제적 · 인구통계학적 특징의 영향도 있을 것이다. 이러한 요소들을 고려하기 전에, (상담자는) 각각의 내담자가 대화 표현과 함축적 내러티브를 구성하는 방법에 대해 개개인의 틀이 있으리라는 것을 염두에 두어야 한다. 이러한 특징들은 과거, 현재 그리고 미래에서 개인이 경험한 외부적 · 개인적 영향에 따라 달라질 것이다. 결과적으로, 내담자가 온라인 상담에서 표현하고 의사소통 및 그 내용을 구조화하는 방식은 많은 요인의 영향을 받으며 다층 구조를 가지게 된다. 이러한 차이는 온라인 상담, 특히 내담자와 상담자가 인구학적으로 다른 나라 출신인 경우에 더 커질 수 있다(Suler & Fenichel, 2000). 이는 상담자가 대면에서 내담자를 만날 때 일어나지만, 온라인 상담에서는 다른 뉘앙스를 갖는다. 내담자에게 경청과 주의집중 그리고 조율의 기술을 안내하려면 이 점을 고려하고 주목하는 것이 중요하다.

대화 표현과 함축적 내러티브를 보다 구체적으로 정의하기 위해 다음 용어를 설명하고 명확한 이해를 돕고자 한다.

- 대화 표현(dialogue expression) 대화는 구어나, 회화(會話, conversation), 또는 회화 형식의 문헌을 일컫는다. 텍스트 기반 온라인 상담은 보통 글로 쓰인 형태이긴 하지만, 두 사람 또는 그보다 많은 사람의 단어와 대화로 구성되어 있다. 이는 컴퓨터 매개 의사소통에서 나타나는 대화의 본질이기도 하다. 대화는 종종 내면의 사고 과정의 현존감을 나타내는데, 눈에 띄게 괄호 안에 단어를 넣거나 상대방이 글쓴이의 내적 생각이나 감정을 알아차리도록 다른 기호를 사용할 수 있다. 이는 복제할 수 없는 개인의 고유한 개성으로 각 내담자에게 나타난다.
- 함축된 내러티브(narrative connotations) 문헌에서, '내러티브(narrative)'는 이야기를 하거나, 어떤 것에 대해 설명하거나, 일련의 사건들이 발생하거나 진행된 과정을 다시 서술하는 것으로 정의된다. 만약 두 사람이 같은 내러티브를 다른 사람에게 말로 전달하게 된다면, 그들이 내러티브를 표현할 때 의미를 함축하는 방법에는 차이가 있을 것이고, 이는 다시 내러티브의 전달을 개인화하게 된다. 나아가, 단어에 특별히 강조 표시를 하거나 텍스트에서 마침표가 반드시 필요하지 않는 곳에 마침표를 넣음으로써, 단어 이면에 있는 의미를 바꾸는 효과를 불러일으킬 수도 있다. 내담자가 내러티브를 함축하는 개별적인 방식은 온라인 상담에서도 유사하게 나타난다.

상담자는 각 내담자의 온라인 표현에서 나타나는 개별적인 특성에 대한 이해와 친숙함을 활용하여 내담자와의 상담 관계를 가장 잘 발전시키는 방법에 대한 통찰을 얻고, 함축된 내러티브와 대화 표현의 변화, 그리고 그 중요성에 주목할 수 있다.

대화 표현과 함축된 내러티브에 대한 다양한 개인적 영향　다양하게 나타날 수 있는 개인적 영향을 설명하기 위해, 당신이 며칠 동안 출장을 떠나게 되어 집을 비운다는 것을 친구에게 알리기 위해 이메일을 어떻게 쓸지 잠시 생각해 보자. 그리고 나서 다음과 같은 상황에서 당신이 이메일을 쓸 경우, 상황에 따라 이메일의 내용과 방식이 어떻게 달라질 수 있을지 생각해 본다.

1. 하루의 시작이나 끝
2. 다른 작업을 완수해야 하는 압박감이 있을 때
3. 당신이 방금 좋지 않은 소식을 들었을 때
4. 가까운 사람과 의견 충돌이 있은 후
5. 여행을 기대하고 있는 것과 반대로 여행 가는 것에 거부감이 느껴질 때

비록 이메일 상담에서 글쓴이의 의도는 정적으로 나타나지만, 앞에서 제시한 각 상황은 이메일에서 대화 표현과 함축된 내러티브를 표현하는 방식에 다양한 수준으로 영향을 미칠 것이다. 이는 성별, 문화, 장애 그리고 개인적 신념의 차이를 포함하는 모든 다양

성과 함께 온라인 상담이 진행되면서 선명해질 것이다. 상담자는 내담자에 대해 통찰력을 얻고 문제를 제시하는 데 이것을 활용할 수 있는데, 특히 지속적인 상담 관계가 개인적이거나 외부 요인에 의해 영향을 받는 경우에 더욱 그러하다.

일상적인 회화체(colloquial term)와 방언(dialect)은 쉽게 알 수 있으며 내담자의 습관과 그 배경에 대한 통찰을 얻을 수 있다. 대면 상담에서 두 명의 내담자는 같은 이유로 상담을 받을 수 있지만, 그들이 상담자에게 내용을 설명하는 방식은 개별적이고 독특할 것이다. 이러한 문제는 온라인 상담에서도 같은 방식으로 나타난다. 개인의 내러티브 방식과 표현 방식은 온라인 내담자마다 다를 것이고, 자연스럽게 성별이나 문화적 배경, 장애, 개인적 신념과 같은 직접적인 차이를 넘어 많은 요인의 영향을 받을 것이다.

온라인 의사소통에서 성별, 장애, 문화, 개인 신념 특성과 관련된 대화 표현 및 함축된 내러티브   대면 상담이나 관계에서 다른 사람을 지원할 때는 물리적으로 만나기 때문에 각 내담자의 차이와 다양성이 분명하게 보일 것이다. 이는 온라인 상담에서는 쉽게 얻기 어려운 수준의 통찰력과 알아차림을 주는 시각적 조망을 제공한다. 글로벌 인터페이스에서 타인과 관계를 맺으면서, 상담자는 자연스럽게 더 넓은 범위의 문화적 배경, 출신, 사회경제적 맥락의 내담자를 만날 수 있는 가능성이 높아진다. 내담자의 시각적·음성적 지표에 대한 접근성이 대면 상담과 같지 않으므로, 상담자는 내담자의 대화 표현이나 함축된 내러티브에서 이를 고려하고 알아차릴 수 있어야 한다.

대면 상담에서 그러한 다양성이 나타나면 대화를 시작하고 계속하는 데 도움을 주는 귀한 도구로서 여기고, 다름을 인식하는 것에 대해 논의할 수 있다(Nelson-Jones, 2003). 이러한 요인들을 다루지 않는다면 라포와 신뢰 관계에 악영향이 있을 수 있다(Multi Cultural Issues Board, 1996). 내담자와 온라인 상담을 통해 관계를 가지는 경우에도 같은 원칙이 적용된다.

세계적 관점에서 발생할 수 있는 다양성이 너무 많기 때문에 이 장에서 모두 다룰 수 없지만, 온라인 상담자가 핵심적으로 고려해야 할 사항은 다음 두 개의 주요 영역으로 분류될 수 있다.

1. 내담자마다 자신을 표현하는 방법의 차이를 분명히 알기 위해서는 상담자의 역할이 필수적이다. 상담자에게는 그의 민감성을 발휘하거나 관계와 상호작용의 적절한 환경을 위해 온라인 의사소통을 촉진하고 발전시키는 방법에 대해 성찰하는 시간이 요구된다. 상담자와 내담자가 '듣고' 이해한다고 느낄 수 있는 소통의 장을 마련하는 책임은 상담자에게 있다.

2. 내담자의 대화 표현과 함축된 내러티브에 대한 개인적인 특징 외에도, 성별, 문화, 장애, 출신, 개인적 신념의 차이를 성찰하는 것이 중요하다. 내담자는 다양하게 자기 자신을 제시할 수 있다. 온라인에서는 물리적 현존감과 시각적 지표가 없기 때문에, 다름을 마주할 때 내담자를 고정관념화하고 내담자에게 편견을 갖는 경향이 증가할 수 있다. 이에 따라 투사

또는 전이 반응이 일어날 가능성이 높아지게 된다. 만약 상담자가 내담자와의 관계를 공고히 하는 수단으로 온라인 내담자의 이미지를 만든다면, 내담자에 대한 편견과 편향된 인식에 기반한 투사로 이어질 수 있다. 따라서 온라인 상담자는 이런 일이 발생할 수 있다는 것에 유의하고, 이후에 내담자와의 관계를 손상시킬 수 있는 투사를 피하기 위해 자신이 내담자에 대한 이미지를 어떻게 해석하는지 스스로 모니터링하는 것이 중요하다.

이 장의 요약

이 장에서 논의된 기술은 내담자와 소통하고, 경청하고, 관계를 형성하고 조율하는 과정을 다루고 있다. 이는 온라인 상담자가 온라인 상호작용의 자료나 이슈에 대한 내담자의 개별적인 표현을 이해하고 전달하기 위한 기초가 될 수 있다. 상담자가 이러한 특징을 능숙하게 다룰 수 없다면, 상담자와 내담자의 상담에서 특정 개인에 대한 개입은 이루어지지 않을 것이다. 상담자는 내담자에게 신뢰감을 심어 주는 온라인 현존감을 구축하고 전달하고자 하는 노력과 함께, 대면 상담에서 바뀐 기술을 사용하여 상담자가 내담자를 이해하고 조율하고 있음을 적극적으로 나타내야 한다. 내담자가 가치감을 느끼고 (상담자의) 경청을 경험하는 것은 매우 중요하다. 온라인 상담에서 내담자가 자신의 개인적인 자료나 대화, 내러티브 스타일을 전달하는 방법 이외에 각 내담자가 개인 수준에서 자신을 표현하는 방법에는 뚜렷한 차이가 있을 것이다. 이러한 점을 고려하는 것은 상담자가 내담자와 조율하는 데 도움이 될 것이다.

더 생각해 보기

- 현재 당신의 대면 상담에서 관심, 주의집중, 조율에 대해 어떻게 의사소통하고 있는가? 이를 어떻게 온라인 상담으로 전환시킬지 생각해 보라.
- 이 장에 설명된 것 외에, 온라인 상담의 서로 다른 플랫폼에서 내담자와 관계를 맺을 때 안정적인 조율과 적절한 경청 기술에 영향을 미칠 수 있는 핵심 이슈는 무엇인가?
- 온라인 내담자와의 관계에서 다양성을 마주하게 될 때, 당신의 개인적 성향이 고정관념이나 편견적인 반응에 어떤 영향을 미칠 것으로 예상하는가?

참고문헌

Greenberg, L., Rice, L., & Elliott, R. (1993). *Facilitating Emotional Change: The Moment-by-Moment Process*. Guilford Press, p. 20.

Kraus, R., Zack, J., & Stricker, G. (2004). *Online Counselling: A Handbook for Mental Health Professionals*. Elsevier, p. 6.

Lago, C., & Smith, B. (2003) *Anti-Discriminatory Counselling Practice*. Sage, p. 13.

Magnavita, J. (2004). *Handbook of Personality Disorders*. Wiley, p. 543.

Multi Cultural Issues Board (1996). *Cultural Differences in Communication and Learning Styles*. http://www.asha.org/about/leadership-projects/multi-cultural/readings/.

Multi Cultural Issues Board (2005). *Cultural Difference in Communication and Learning Style*. American Speech-Language-Hearing Association. http://www.asha.org/about/leadership-projects/multicultural/readings/reading_2.htm

Murphy, L., & Mitchell, D. (1998). When writing helps to heal: email as therapy. *British Journal of Guidance & Counselling, 26*(1), 21.

Nelson-Jones, R. (2003). *Basic Counselling Skills: A Helpers Manual*. Sage, p. 101.

Nelson-Jones, R. (2005). *Practical Counselling and Helping Skills*. Sage, p. 88.

Suler, J., & Fenichel, M. (2000). *Assessing a Person Suitability for Online Therapy: Clinical Case Study Group Findings*. International Society for Mental Health Online. http://www.ismho.org/builder//?p=page&id=222.

Wootton, R., Yellowlees, P., & McLaren, P. (2003). *Telepsychiatry and e-Mental Health*. RSM Press, p. 176.

제5장
온라인 상담을
시작하고 지속하기

이 장에서 설명하는 온라인 상담 기술

- 온라인 상담에서 명료화하기
- 온라인 상담에서 질문 사용하기
- 온라인 상담에서 재진술하기와 요약하기
- 내담자의 저항과 비언어적 신호 다루기
- 온라인 상담에서 과제 및 피드백 제공하기
- 온라인 상담에서 오해와 갈등 관리하기
- 온라인 즉시성 기술 사용하기
- 온라인 상담에서 자기 공개하기

이 장에는 연습문제와 짧은 예시가 포함되어 있습니다. 실제에서 상담기술을
어떻게 활용하는지 이해하고, 논의된 주제에 대해 생각해 보시길 바랍니다.

이 장에서는 내담자와 온라인 상담을 시작할 때 필요한 기술들
을 다룬다. 이 기술들은 '대화의 방향'에 대한 경로를 제시하며, 온
라인 관계 또는 상담 전반에 걸쳐 지속적인 방향을 유지하는 과정
에 필수적이다.

온라인 상담에서 명료화하기

　내담자와 처음으로 접촉하는 순간부터, 상담자는 내담자의 이미지를 형성하고 내담자의 현재 호소문제에 대한 이해를 증진시키는 데 도움이 될 수 있는 많은 정보에 접근할 수 있다. 내담자는 종종 상담의 초기 단계에서 얼마나 많은 세부사항을 제공해야 할지 잘 모르며, 심층적인 개인 정보를 노출하는 것에 대해서도 조심스러워할 수 있다. 따라서 상담자가 내담자에게 직접 안내를 제공한다면, 내담자는 유용하고 통찰력 있는 의사소통을 위한 세부사항에 대해 충분히 알게 될 것이다.

　온라인 관계가 시작하는 과정에서, 그리고 상담의 모든 순간에서 내담자는 중요한 정보를 누락시키거나 편향된 방식으로 제시할 수 있다. 이러한 상황은 내담자가 정보를 공개하지 않기로 선택했거나 정보를 공개하지 않는 것이 타당하다고 느꼈을 때 발생할 수 있다. 또한 내담자가 제시된 상황에 대해 일반적인 개요를 제공하기보다는 내담자의 이해나 경험에 편중된 개인의 해석이 있을 수 있다. 상담자에게는 시각적 지표가 없어 내담자의 행동을 심층적으로 이해하기 어려울 수 있다. 상담자는 온라인 직관 기술을 필수적으로 갖추어야 하며, 이는 다양한 배경, 개인적 환경, 성별, 문화 등을 가진 여러 내담자와 작업한 경험과 시간의 흐름에 따라 발전하게 된다. 그러한 온라인 직관을 통해 상담자는 호소문제에 대한 내담자의 개인적 편향이 있는지, 유용하거나 중요한 정보가 빠져 있는지를 명확히 알게 됨으로써 문제를 명료화하거나 도전적인 개입을 할 수 있게 된다. 이 과정에서 명료화 과정을 돕는 특정 온라인 상담 기술이 활용될 수 있을 뿐만 아니라 호소문제에 대한 상담자의 이해가 확장될 수 있다. 여기에는 재진술하기 및 요약하기와 함께 신중하게 표현된 질문하기 기술이 포함된다.

온라인 상담에서 질문 사용하기

온라인 상담에서는 상대방의 질문이 어떻게 들리는지에 대한 감각을 제공하는 시각적 · 물리적 지표나 신호가 없을 수 있다. 내담자는 상담자가 질문할 때 질문에서 표현하고자 하는 내용이나 질문의 내용을 이해하지 못했을 수 있으며, 이로 인해 혼란을 느끼거나 어떻게 대응해야 할지 모를 수 있다. 이때 동시적 및 비동시적 상황 모두에서, 상담자는 질문을 다시 재구성하거나 명료한 설명을 제공해야 하기 때문에 내담자의 답을 받는 시간이 지연될 수 있고, 결과적으로 내담자는 답하는 것을 꺼리게 될 수 있다. 또한 내담자는 상담자가 내담자 개인과 호소문제에 조율할 수 있을지에 대해 의구심을 가질 수 있다.

상담자는 대면 상담의 청각적인 질문을 온라인에서 어떻게 시각적인 질문으로 전환시킬지에 대해 별도로 고려해야 한다. 청각적 감각이 있는 대면 상담에서는 보디랭귀지와 눈맞춤을 사용하는 시각적 표현과 함께 특정 단어에서 목소리 톤이나 강세를 '부드럽게'

하거나 '딱딱하게' 하며 직접적인 질문을 할 수 있다. 동시적 온라인 상담에서는 비동시적 상황과 같이 상담자가 생각하고 성찰할 시간이 없기 때문에 이러한 기술을 개발하기가 더 어려울 수 있다. 문장을 쓰는 것은 구두로 표현하는 것과 달리 더 많은 시간을 필요로 하며, 이는 상담자에게 추가적인 압박이 될 수 있다.

언제, 무엇을, 어떻게, 왜와 같은 의문사가 있는 개방형 질문은 내담자에게 포괄적이고 구체적인 응답을 받기 위한 도구로 대면 상담에서 일반적으로 사용된다. 만약 그러한 단어들이 온라인 상황에서 '부드러운 안내 문구' 없이 사용된다면, 내담자가 질문을 너무 직접적으로 경험할 수 있으므로, 상담자는 내담자에게 정보나 응답을 구할 때 부가적인 문구를 넣어 더 정중하게 접근하는 것이 도움이 될 수 있다. 이에 대한 예시는 이 책의 제2부 각 장에 제공된 모의 사례의 상담자 반응과 다음에서 제시하는 예시에서 확인할 수 있다.

지나치게 직접적이지 않은 개방형 질문 표현

다음의 각 예시는 부드럽게 연결하는 안내 문구가 담긴 서두 또는 요약으로 시작한다.

1. 당신이 말씀하셨던 문제가 **어떻게** 일어났는지 설명해 주시면 당신의 문제를 이해하는 데 도움이 될 것 같아요.
2. 당신에게 어떤 의미인지 알 것 같은데요. 하지만 좀 더 잘 이

해하기 위해 어떤 내용인지 더 자세하게 듣고 싶어요.

3. 말씀해 주신 내용에 중요한 부분들이 있는 것 같네요. 왜 그렇게 하셨는지 설명해 주실 수 있다면 제가 좀 더 자세한 답변을 드릴 수 있을 것 같습니다.

4. 당신은 높은 수준의 불안감을 경험하고 있다고 말씀하셨는데, 언제 불안을 경험하시는지 설명해 주실 수 있나요?

5. 당신의 난독증과 관련된 여러 경험이 있다고 말씀해 주셨는데요. 어떤 경험인지 말씀해 주실 수 있을까요?

문구를 넣을수록 반응을 생각하고 구성하는 데 더 많은 시간이 들어간다. 또한 내담자와 동시적으로 만난다면 시간 관리의 압박을 심하게 받을 수 있다. 비동시적 의사소통을 할 때도 상담자가 내담자에 대한 반응을 구성하는 데 시간 제약이 있기 때문에, 같은 어려움이 나타날 수 있다. 상담자는 자신의 자연스러운 온라인 대화 방식을 바탕으로 자신만의 온라인 질문 방식을 개발하게 된다.

> **연습문제 5-1 온라인 질문 표현하기**
>
> 개인적 또는 전문적인 환경에서, 당신은 친구나 동료와 함께 동시적 · 비동시적 대화를 할 수 있으며, 이때 상대방의 질문에는 부드러운 안내 문구가 있을 수도, 없을 수도 있습니다. 당신이 이를 어떻게 경험했는지, 그리고 상대방에 대한 당신의 반응에 어떤 영향을 미쳤는지에 대해 곰곰이 생각해 보세요. 당신이 온라인 상담에서 온라인 질문을 표현하는 기술을 개발하는 데 어떤 영향을 줄까요?

온라인 상담에서 재진술하기와 요약하기

온라인 상담자는 내러티브적 내용과 내담자와의 상호작용을 재진술하거나 요약하는 기술을 사용할 때, 약간의 시간적 압박을 경험할 수 있다. 이러한 기술은 구두로 전달할 때보다 텍스트로 구성하는 데 더 오랜 시간이 걸리기 때문이다.

온라인에서 재진술하기와 요약하기 기술은 정밀하게 구성되어야 하는데, 여러 중요한 요소와 기술을 포함하고 시간 자원을 효과적으로 사용할 수 있는 공간을 만들기 위함이다(Kraus et al., 2004).

온라인 재진술하기

일반적으로 대면 상담에서는 내담자 자료는 구두로 표현되며, 상담자는 회기가 진행됨에 따라 대화를 진전시키고 기록한다. 상담자는 대화의 흐름에서 적절하다고 여겨지는 부분을 가져와 내담자에게 '들었다'는 느낌을 주면서 상담자가 '기록한' 정보가 정확한지 확인한다. 또한 재진술 과정은 내담자가 보다 개념적이었던 상담 대화 내용을 말로 '듣게' 한다. 재진술은 종종 내담자가 자신이 제시한 자료에 대해 다른 해석이나 경험을 하게 할 수 있으며, 내담자가 개인적인 통찰을 얻고 대면 상호작용에서 제시된 개인 자료를 발전시키는 데 매우 중요한 부분으로 온라인 상담의 필수적인 측면이라고 하겠다. 대면 상담에 익숙한 상담자는 관련된 언어적 정보를 기억해 두었다가 필요한 때 내담자에게 다시 돌려주는 기술을 개발할 것이다. 온라인 상담자는 서술된 정보와 내러티브를 처리하고 저장하는 기술을 개발하여 내담자에게 서면 형식으로 다시 돌려주기 전까지 기억하고 있어야 한다. 이러한 기술을 개발하고 전문적으로 사용하는 것은 기록된 정보를 보관하고 다시 말하는 개인의 능력에 따라 달라질 것이다. 일부 상담자는 이 과정에 타고난 소질을 가지고 있는 반면, 다른 상담자는 역량을 쌓기 위해 연습과 경험을 필요로 할 것이다.

온라인 요약하기

대면 상담에서 요약하기는 유의미한 회기의 내용, 그리고 내담자의 욕구나 요구사항에서 적절한 구간을 나누어 주는 기술로 사용될 수 있다. 상담자는 회기에서 논의되고 탐색되었던 중요한 요소들을 통합하기 위해 일반적으로 회기 끝에 요약하기를 활용한다. 요약에는 상담자 또는 내담자 중 한 명이 회기 이후 또는 다음 회기 전에 과제를 수행하기로 합의한 내용이 포함될 수도 있다. 특히 대면 작업의 장점이 없는 온라인 상담에서 오해나 오해석이 발생할 때 요약하기는 중요한 기능을 하게 된다. 주제에 대한 논의가 매우 빠르게 진행될 수 있고 집단원이 논의한 요점들을 요약할 기회가 제한되는 집단 작업 상황에서는 그 중요성이 더욱 분명해진다. 동시적 회기에서는 상담자와 내담자가 오해가 발생할 수 있는 부분을 명확히 하기 위한 보조 수단으로 회기 내에서 논의된 내용을 간략하게 비동시적으로 요약하는 것이 도움이 될 수 있다. 비동시적 의사소통에서 상담자가 요약하기를 사용한 예시는 Box 5.2에 있다. 상담자는 답장인 Box 5.2의 중간 부분에서 Box 5.1의 모의 사례 예제에 제시되었던 내담자의 주 호소문제를 요약하였다.

Box 5.2와 같이 요약하기를 사용하면 다음과 같은 경우에 특히 도움이 될 수 있다.

- 내담자의 주 호소문제에 대해 구체적인 의사소통이 이루어지지 않는 경우
- 내담자가 많은 것을 말했을 때, 그 내용을 상담자가 잘 지각했는지 내담자에게 명료화하는 경우

이 과정에서는 종종 내담자의 주 호소문제에 기반하여 그와 관련된 내담자의 반응을 요약하며, 상담자는 내담자와 관련이 없는 부분이나 즉시적인 반응이 필요한 때는 요약하지 않는다. 내담자가 이전에 언급했던 관련 주제가 의사소통에서 점차 분명해지는 경우, 상담자는 이를 기억해 두었다가 요약하기를 할 수 있다.

연습문제 5-2 정보 담아내기

개인 또는 업무 환경에서 온라인 상담을 하는 동안 내담자의 서술된 내러티브를 담아내기 위해 당신이 현재 어떤 기술을 가지고 있는지 생각해 보세요. 온라인 대화의 자료를 재진술하고 요약하는 능력을 향상시키기 위해 상담자는 관련 기술을 어떻게 더 발전시킬 수 있을까요?

내담자의 저항과 비언어적 신호 다루기

'내담자의 저항'이라는 용어의 명료화

내담자는 온라인 상담에서 다루길 바라는 자기 자신이나 호소문제에 대해 처음부터 자세히 설명하지 않을 수 있다. 이는 내담자가 얼마나 많은 정보를 제공해야 하는지 잘 모르거나 특정 정보를 공개하는 것에 대한 거부감 때문일 수 있다. 때때로 저항의 증거는 온라인 관계 전반에 계속 드러날 수 있으며, 이는 다시 긍정적인 결과를 촉진하는 데 필요한 통찰 과정을 방해하게 된다. 내담자의 저항은 무의식적일 수 있으며, 내담자에게 유익한 목적을 제공하고 있는 잘 구축된 방어 기제에서 비롯된다. 따라서 상담자는 어느 부분에서 저항이 분명하게 나타나는지를 주목하고 그 근본적인 동기나 원인을 고려하는 것이 중요하다. 선행 연구는 치료 장면에서의 상담자와 내담자의 관계 그리고 대화에서 명백한 저항이 나타나는 데 두 가지 주요한 이유가 있을 수 있음을 보여 준다.

- 내담자는 불안, 죄책감, 수치심이나 치료적 변화에 대한 책임을 회피하기 위해 치료적 통찰이나 변화를 막고 있을 수 있다.
- 불편한 감정, 기억, 또는 상황의 결과에 대한 개인적인 책임을 억압하고 있을 수 있다.

저항에 대한 또 다른 원인은 내담자가 상담자로부터 오해받았다고 느끼거나, 상담자가 잘못된 해석이나 개입을 제안했기 때문일 수 있다. 내담자의 현실 감각이 왜곡되고 왜곡된 현실 감각으로 인해 부적절한 행동이 나타날 때 저항의 양상이 나타날 수 있다(Hall, 2003).

이러한 저항은 타인과의 관계에서 '자기(self)' 인식이나 '자기'에 대한 통찰력에 대항하기 위한 대처 전략으로서, 어떤 저항은 수년에 걸쳐 형성되었을 수 있다. 상담자는 온라인 관계의 초기 단계에서 내담자의 잠재적 저항에 도전하는 것에 좀 더 신중해야 한다. 견고한 온라인 관계는 개입이 내담자에게 불안을 불러일으켰을 때 이를 지원할 수 있는 토대가 되어 상담이 성공적인 결과로 이어질 가능성을 높인다. 내담자의 내부 기준 틀에 대한 도전하거나 정면으로 맞서는 것은 항상 신중하게 고려되어야 하며, 상담자가 너무 많이 도전할 경우 내담자의 실제 저항을 일으킬 수 있다(Nelson-Jones, 2003).

온라인, 특히 비동시적 대화 작업에서는 내담자가 저항에 대한 도전을 어떻게 받아들이고 있는지 가늠할 수 있는 기회가 제한될 뿐만 아니라 돌이킬 수 없는 관계의 손상이 일어날 가능성을 피하기 더 어려워진다. 동시적 작업에서 상담자는 저항에 대한 도전이 내담자에게 어떻게 받아들였는지를 감지하고, 그 즉시 긍정적인 방향을 모색하는 큰 기회를 얻을 수 있다. 비동시적 작업에서는 다양한 접근 방식을 사용하여 세심하게 접근하는 것이 가능하며, 샘이 동시적 회기에 이어 줄리에게 이메일을 쓴 Box 5.1의 예시를 활용해 볼 수 있다.

안녕하세요, 줄리.

실시간 회기를 제안해 주셔서 반가웠어요. 대화가 좀 더 여유로워진 것 같네요. 저는 지난 3년 동안 일어났던 다른 일들에 대해 더 말하고 싶은데요. 제 파트너는 4년간의 연애 끝에 저를 떠났어요. 저는 작년에 저희가 만나고 있을 때 그가 바람을 피웠다는 것을 알게 되었고, 화가 났어요. 지난 2년의 만남 동안 그가 저를 사랑하지 않았고, 저희 관계에 헌신적이지 않았다는 건 알고 있었지만, 그때는 헤어지길 바라지 않았기 때문에 그냥 그걸 내버려 두는 게 저에게는 더 쉬웠죠. 저는 우리가 만나기 전부터 계속 아이를 더 가지길 원했지만, 그는 자신이 양육하기에 충분한 준비가 되어 있지 않다고 말했고, 제가 그 주제를 말할 때마다 항상 저에게 화를 냈어요. 그의 바람과 다르지만 저는 임신 가능성에 대해 생각해 보기도 했었죠. 지금 생각하면 잘되지 않을 것이 뻔했는데, 너무 많은 시간을 허비했고, 제 큰딸도 그와 친해서 제가 헤어지는 걸 원치 않아 너무 힘들었던 것 같아요.

부디 당신이 이 일에서 제가 벗어날 수 있도록 도와주셔서 제가 행복해질 수 있는 또 다른 기회를 찾고, 제 딸과의 신뢰 관계가 회복되길 바라요…….

Box 5.1의 이메일에서, 내담자는 전 파트너와의 관계가 끝난 것과 현재 딸과의 관계에서 어려움을 겪는 것에 대해 개인적 책임을 지지 않고 저항하고 있다. 그녀는 결과의 책임을 전 파트너에게 전가한 것으로 보인다. 이러한 편향은 호소문제의 배경에 대해 말할 때 다양한 방식으로 해석될 수 있으며, 결과적으로 답변 내용에 영향을 미치게 된다. 이는 특히 내담자가 현재 자신의 파트너와 이별 후 딸의 행동에 대한 개인적 책임을 인정하지 않고 저항하다가 상담자의 도전을 받게 된 것과 관련되어 있다.

대면 상담에서 내담자와 관계를 맺을 때, 상담자는 첫 번째 회기에서 명백한 저항에 부드럽게 도전하기로 결정할 수 있는데, 이는 내담자가 상담자의 개입에 어떻게 반응하는지를 감지할 수 있는 기회가 될 수 있다. 또한 대면 상담자는 내담자가 물러나고자 하는 시각적 신호가 있을 때, 관계를 회복시킬 수 있는 자리에 있다. 온라인 상담에서는, 특히 비동기 매체를 사용하는 경우에는 그러한 지표에 접근하는 것이 더욱 제한적이므로 저항에 대한 도전이 더 신중하게 이루어져야 한다.

Box 5.2* 샘의 저항에 도전하기

안녕하세요. 샘.

이메일에 답해 주셔서 감사합니다. 실시간 회기를 통해 도움받길 바라셨던 여러 어려움을 더 편안하게 보실 수 있게 되었다니 기쁘네요.

당신은 지금 인생의 여러 가지 측면에서 어려운 시간을 겪고 있는 것처럼 느껴져요. 당신이 언급하신 문제 중 일부는 파트너와의 관계를 끝내는 것과 관련이 있고, 다른 문제들은 당신이 더 많은 아이를 갖고 싶어 하는 것과 같은 더 일반적인 것에 영향을 받고 있는 것 같아요. 이메일에서 당신은 파트너에 대해 얼마나 화가 났는지, 그리고 그 관계가 시간 낭비라는 당신의 감정을 표현했죠. 저에게는 당신이 그와의 관계가 끝나면서 아이를 더 낳기를 바라는 당신의 희망이 어그러졌기 때문에 화가 났던 것으로 느껴져요…….

당신의 이메일을 읽어 볼 때, 저는 당신이 다루기 어려워하는 문제와 상황, 그리고 온라인 회기에서 중점적으로 다루고자 하는 문제를 다음과 같이 정리해 볼 수 있을 것 같아요.

> −당신은 파트너가 바람을 핀 것이 관계를 끝나게 했다고 느끼고 있음
>
> −아이를 더 가지려는 당신의 의도는 관계가 끝나면서 이루어지지 못함
>
> −당신은 파트너가 더 이상 당신을 사랑하지 않는다는 것을 알고 있었음에도 불구하고 관계를 유지하기로 결정하였음. 이는 당신이 파트너가 생각을 바꾸고 아이를 갖길 바랐기 때문에 그와의 관계를 끝내는 선택을 할 수 없다고 느꼈기 때문임
>
> −지금과 같은 관계로는 장기적인 미래가 없다고 생각해서 그 관계에 시간을 낭비했다고 느끼고 있음
>
> 저는 당신이 파트너가 바람을 피우고 관계를 끝내는 바람에 당초 관계를 유지하고자 했던 선택권이 빼앗긴 것 같아 화가 나게 된 한편, 당신 스스로 나아갈 방법을 모색할 수 있게 되었다고도 느끼실 것 같아요. 당신은 개인적인 행복을 찾기 위해 상담을 받기를 바라신다고 말씀하셨죠. 저는 당신이 개인적으로 행복하지 않았고 파트너와 가까운 주변 사람들에게도 영향이 있었던 연애 기간 동안, 어떤 선택을 했으면 좋았을지 탐색하는 것이 당신에게 도움이 될지 궁금합니다…….

Box 5.2의 이메일 답장은 샘으로 하여금 자신의 어떤 부분이 관계와 결과의 불행감에 영향을 미쳤는지 생각하고 성찰할 수 있게 하며, 내담자가 자신의 저항에 작은 도전을 해 볼 것을 제안한다. 상담자는 이러한 요약하기를 통해 내담자가 제시한 핵심 내용을 반복함과 동시에 사건의 결과에 영향을 미치는 내담자의 선택을 '들을' 것을 촉진하는 방식으로 표현하고자 한다. 후속 이메일에서 내담자가 자신의 작은 도전 과제에 대한 성찰 없이 여전히 '사각지대'에 머무르고 있다면, 상담자는 적절한 시점에서 요약하기를 더

많이 제공하는 것이 바람직할 것이다.

만약 비동시적 의사소통에서 내담자의 분명한 저항이 잘 다루어지지 않는다면, 동시적 회기를 제안하여 비동시적 회기를 보완하는 것이 도움이 될 수 있다. 이는 내담자의 통찰력에 영향을 미칠 수 있는 저항과 무의식적 방어 기제를 탐색할 수 있는 여러 기회를 제공한다.

> **연습문제 5-3 내담자의 저항에 대응하기**
>
> Box 5.1에 제공된 모의 사례에 어떻게 답하면 좋을지 생각해 보세요. 내담자의 이메일에 있는 분명한 저항을 어떻게 해석하고 도전할 수 있을까요? 당신이 내담자의 자료를 요약했다면 Box 5.2에 제시된 자료와 어떻게 다를까요?

비언어적 신호

온라인 회기에서 물리적 현존감의 부재는 얼굴 표정, 보디랭귀지, 옷차림 또는 자기 관리 등과 같은 비언어적 신호를 알아차리고 상담자가 작업할 기회를 제한한다. Anthony(2000)는 내담자가 텍스트 형식으로 자신을 표현하는 방법에 대해 관심을 가지는 것이 라포를 발전시키는 열쇠라고 강조한다. Colon(1996)은 정서적 제쳐두기(emotional bracketing)를 비언어적 신호의 전달을 돕는 도구 중 하나로 사용할 수 있다고 밝혔다.

언어적 · 청각적 신호의 부재는 공감, 따뜻함, 일치성, 무조건적인 긍정적 존중과 같은 인간중심치료의 핵심 요소를 적용함으로써 보완될 수 있다. 온라인 상담에서는 종종 개인적이고 개별화된 비언어적 신호가 만들어지는데, 상담자는 이를 내담자와 호소문제에 대한 이해를 전하는 데 활용할 수 있다. 내담자 또한 이를 정교하고 개별화된 예술적 형태로 개발할 수 있다(Kraus et al., 2004). 이러한 신호들은 내담자의 현재와 감정적·신체적 안녕에 대한 통찰을 제공하고, 근원적인 문제나 염려와 관련된 지원적인 탐색의 기회를 제공할 수 있다. 특히 여러 온라인 회기를 진행하며 내담자의 표현에서 눈에 띄는 변화가 있을 경우에 도움이 될 수 있다.

단회기 상담이나 단기간의 대화로 내담자와 상호작용할 때는 비언어적 신호를 포착하는 것이 더 어려울 수 있다. 온라인 상담에는 상담자의 물리적 현존감이 없는 익명성이 있기 때문에 일부 내담자에게는 대면 상담이 일으킬 수 있는 자의식 없이 자기표현에 초점을 맞추게 하는 장점이 될 수 있다(Goss & Anthony, 2003). 이와 같이 전제하면, 매체 자체가 비언어적 신호를 촉발하는 감정을 완화시키기 때문에 온라인 상담에서는 비언어적 신호에 대한 관련성이 낮은 편이라고 가정할 수 있겠다.

비언어적 신호는 내담자 개인의 뉘앙스 또는 다음과 같은 변화로 나타날 수 있으며, 상담자는 온라인 상호작용이 발달함에 따라 이를 알아차릴 수 있다.

- 일반적인 이메일 글꼴과는 다른 글꼴 사용
- 글자색 변경
- 이메일의 레이아웃이나 표현 방식 변경

- 다른 동시적 매체에서 사용하던 것과는 다른 아바타 또는 상징의 사용
- 약어와 이모티콘의 사용
- 이전에 내담자가 사용하지 않았던 대문자나 따옴표, 대괄호로 텍스트 표현
- 텍스트가 평소보다 짧고 적은 빈도를 나타내며, 합의했던 회기가 이루어지지 않거나 서술된 텍스트의 논리성이 부족한/향상된 의사소통
- 서술된 표현에 나타난 감정, 기억, 개인적 알아차림의 변화
- 비언어적 신호로 주제를 나타내는 내담자의 일상적인 의사소통 방식(단어, 구, 글쓰기 방식 등) 사용

연습문제 5-4 온라인 신호

온라인상의 표현에서 분명한 비언어적 신호를 알아차릴 수 있는 다른 온라인 특성에는 무엇이 있을지 생각해 보세요.

온라인상 비언어적 신호와 작업하기

온라인 비언어적 신호에 대한 모의 사례 Box 5.3에서 샘의 지속적인 이메일 교환을 위한 작업 토대가 마련되었음을 알 수 있다. 상담자는 Box 5.1과 Box 5.3의 구조, 방식 및 내용을 비교함으로써, 내담자가 자신의 이메일을 어떻게 구성했는지에 대해 여러 시사점

을 얻을 수 있는데, 이를 통해 내담자와의 상호작용 및 내부 사고 과정에서 비언어적 신호와 변화에 대한 통찰을 얻게 된다.

Box 5.3* 비언어적 신호와 작업하기

안녕하세요, 줄리 ☺……

당신의 말씀이 지난 몇 달 동안 (그리고 지난 2년 동안) 어떤 일이 있었는지 생각해 보는 데 정말 많은 도움이 되었어요. 이메일에 정리해 주신 내용을 보기 전까지는 제가 어떻게 느끼는지조차 몰랐어요. 제가 불행감을 느끼는 여러 문제를 서로 분리해서 생각하는 데 도움이 되어서 문제의 핵심을 볼 수 있었어요. 파트너가 저를 떠난 후 제가 왜 그렇게 긴장하고 화가 났었는지 이해할 수 있게 된 것 같아요. 또 (파트너는 제가 화를 내는 것을 항상 불편하게 여겼는데) **제가 그에게 화가 났다!!!!**고 말할 수 있어서 기분이 좋았어요.

저는 제 파트너가 우리 관계에서의 선택지를 대부분 결정해 왔다고 생각해요. 비록 저는 그가 아이를 갖는 데 동의할 거라는 희망 때문에 그에 동의했지만요. 저에게 도움이 되지 않는 선택을 어디서 했었는지 알 수 있을 것 같고…… 지금은 그게 불편하게 느껴지기도 해요. 어떻게 다르게 행동할 수 있었을지는 정말 잘 모르겠지만, 앞으로 같은 상황에 또 처하지 않으려면 좀 더 생각해 봐야 할 것 같네요……

Box 5.3의 예시에서 내담자는 상담자를 더 편안하게 여기게 되었고, 이메일의 시작 부분에서 웃는 얼굴 이모티콘을 사용한다는 것을 분명히 알 수 있다. 이 간단한 온라인 표현은 관계의 향상과 발전 가능성을 보여 주는 유익한 통찰을 제공할 수 있다. 온라인 상담에서 상담자는 내담자가 솔직함을 전할 때 적절히 반응하는 것

이 중요하다. 내담자의 초대를 무시하는 것은 내담자에게 거절감을 경험하게 할 수 있고, 발전하는 치료 과정을 잠재적으로 손상시킬 수 있다.

상담자는 내담자의 첫 번째 이메일(Box 5.1, p. 185)에 나타난 비언어적 분노에 대해 이해하고 해석하였으며, 답장(Box 5.2, p. 186)에 이를 반영하였다. 그리고 답장(Box 5.3, p. 191)에서 내담자가 자신의 분노를 외현적으로 표현할 수 있도록 내담자를 초대했다. 비언어적 신호에 대한 상담자의 해석을 통해 내담자는 자신의 감정을 확인할 수 있으며, 이는 치료 과정이 앞으로 나아가는 것을 돕는 것과 동시에 내담자가 이후의 대화에서 자신의 감정을 자신 있게 외현적으로 표현하도록 독려할 수 있다.

내담자가 Box 5.3의 답변에서 괄호를 사용한 것은 부정적인 평가에 대한 두려움 없이 자신의 내적 사고 과정을 나누는 데 더 자신감을 느끼고 있음을 의미한다. 답장을 작성할 때는 내담자의 방식과 유사한 방식을 사용하는 것이 도움이 된다. 이는 상담자의 내적 사고를 보여 줌과 동시에 공생적(symbiotic) 관계를 개발하려는 시도이기도 하다. 공생은 내담자가 자신을 가치 있고 관계에 꼭 필요한 사람으로 느낄 수 있는 기제로서 대면 상담 작업의 중요한 특징이다(Jacobs, 2006).

내담자에게 동시적 및 비동시적 회기가 결합된 상담에 참여하도록 제안하는 것은, 하나의 매체로만 의사소통할 때 분명하게 드러나지 않을 수 있는 비언어적 신호들을 포착할 수 있게 한다. 이는 동시적 대화로 비동시적 의사소통을 보완할 때 더 적절할 수 있다. 즉시성의 특성은 동시적 환경에서 더 분명한데, 동시적 회기에서 내담자가 명백한 '침묵(silence)' 반응과 자발적 반응을 경험할 수 있는 기회가 더 많아지기 때문이다. 이러한 예로, 동시적 작업 중에 내담자가 몇 초 동안 '사라지는' 것처럼 보이는 경우를 들 수 있다. 여기에는 내담자가 방문자에게 응답하거나, 전화를 받거나, 자신의 생각에 집중하기 위해 멈추거나, 논의 주제에서 촉발된 감정에 압도되는 느낌을 받는 경우 등 다양한 이유가 있을 수 있다. 이러한 비언어적 신호는 이메일이나 다른 비동시적 상호작용을 통해 의사소통할 때 분명하게 나타나지 않을 수 있으며, 온라인 상담자는 어떻게 응답할지 신중히 고려해야 한다.

● 온라인 상담에서 과제와 피드백 제공하기

저자는 여기에서 '도전'이라는 단어를 사용하는 것은 일반적인 단어 사용과는 반대로 치료적 맥락에서 받아들여져야 한다는 것을 분명히 하고 싶다. 상담의 맥락에서 상담자는 제시된 자료의 명료화를 촉진하거나 내담자 개인의 통찰을 지원하기 위한 목적으로 내담자의 자료 또는 사고 과정에 대한 탐색을 독려하기 위해 개입한다. 도전 역시 상담자의 개인적인 문제를 나타내는 수단이 아니라 상담의 효과성 제고를 위해 이루어져야 한다. 마찬가지로, 부적절하거나 모호한 억양은 긍정적인 상담 결과에 부정적인 영향을 미칠 수 있기 때문에, 내담자에게 피드백을 제공하는 것과 피드백의 내용은 신중하게 고려되어야 한다(Sutton & Stewart, 2002).

대면 피드백의 구조와 내용에서 자주 사용되는 '샌드위치' 비유는 온라인에서도 적용될 수 있다. 상담자는 내담자의 주의를 끌고 좋은 의도를 가지고 있다는 내담자의 믿음을 강화하기 위해 긍정적인 제안으로 시작하고, 비판단적이거나 비판적인 방식으로 피드백을 제공한다. 마지막으로, 상담자는 내담자가 피드백의 근거에 대해 명확한 설명이 필요할 경우 이를 상담자에게 요구하고 어떤 제안도 말할 수 있음을 안내한다.

●
온라인 상담에서 오해와 갈등 관리하기

온라인 상담에서는 내담자의 물리적 현존감이 없고 오해가 발생했을 때 내담자의 청각적 · 시각적 신호에 접근할 수 없다는 단점으로 인해 파괴적인 의사소통 오류가 발생할 가능성이 있다(Childress, 1998). 텍스트 기반의 온라인 상담에서는 보디랭귀지와 시각적 · 청각적 지표가 없기 때문에 상담자가 잠재적 또는 실제적 오해나 갈등을 해결하기 위해 대면 상담에서 사용되는 자원에 접근하거나 주의를 기울이는 것이 제한된다.

Munro(2002)는 온라인 상담에서 투사가 증가한다는 근거가 있음을 강조한다. 이는 개인의 인식을 통해 형성되는 의사소통에 대한 해석 때문이다. 해석은 기대, 욕구, 환상, 감정, 욕구와 관련되어 있을 수 있으며, 개인이 상호작용하는 사람들에게 투사된다. 온라인 상담 중 받게 되는 글로 작성된 내러티브는 청각적 감각으로 듣게 되는 것이 아니라 순수하게 자신의 머릿속에서 '들린' 해석이므로 텍스트를 보낸 사람이 의도한 어조나 의미를 반드시 반영하는 것은 아닐 수 있다. 온라인 상담자의 기술은 의사소통의 어조, 의미, 의도를 정확하게 전달하는 데 있다.

Moussou와 White(2004)는 온라인에서 소통하고 상호작용하는 사람들과 관련된 다섯 가지 고려사항을 밝혔는데, 상담자는 온라인 상담 과정에서 이를 인식하고 성찰해야 한다. 추론은 모든 대인관계 의사소통에서 자연스럽게 나타나는 특징으로 개인적인 경험, 태도, 성별, 믿음 등에 영향을 받는다. 특히 온라인에서는 이러한 추론이 갈등으로 이어질 가능성이 더 높기 때문에 다른 사용자를 지원할 때는 추론인지를 확인하는 것이 적절하다. 대면 상담에서 상담 기술을 사용할 때 주어를 '당신'이 아닌 '나'를 사용하는 것을 필수로 하는 것과 같다. 능동적 경청은 추론에서 자유로울 수 있는 핵심 기술로, 대면 상담에서 사용되는 신호가 아닌 다른 신호를 활용하며 온라인 상담 내의 텍스트 지표를 필요로 한다. 이러한 기술은 제4장에서 논의되었다.

온라인 상담에서의 갈등 해결하기

온라인 상담에서 상담자가 갈등을 해결할 수 없다고 느끼는 경우가 있을 수 있다. 상담자가 긍정적인 방향으로 나아가는 방법을 찾기 위한 반복적인 시도를 했음에도 불구하고, 내담자와의 온라인 상호작용이나 관계를 중단하기로 결정될 수 있다. 상담자의 전문적인 실제 환경에 따라 내담자가 중재 과정을 요청하거나, 내담자가 자신을 대신해서 중재해 줄 전문 기관의 지원을 요청하는 상황이 발생할 수도 있다. 온라인 상담을 진행하는 상담자의 전문적인 책임은 내담자와의 작업에서 발생할 수 있는 오해와 갈등의 가능성을 최소화하도록 지속적인 사전 예방 노력을 기울이는 것이다. 이러한 사례가 발생하거나 발생할 것이 분명해지면, 상담자는 내담자에게 건설적이고 확실한 해결책을 찾기 위해 민감하고 지원적인 방식으로 대응할 책임이 있다.

> **연습문제 5-5 온라인 상담에서 오해에 대처하기**
>
> 온라인 상담에서 어떻게 갈등이나 오해가 발생할 수 있는지 이해하기 위해, 편지나 이메일을 받고 발신자에게 침울해지거나 화가 났던, 또는 당신의 내면에서 부정적 반응을 일어났던 경험을 떠올려 보는 것이 도움이 될 수 있습니다. 또한 당신이 이 문제에 어떻게 대처했는지와 그 결과를 되돌아보는 것도 좋을 것입니다. 긍정적 방식과 부정적 방식 모두 생각해 볼 수 있습니다.

상담자는 잠재적이거나 실제의 갈등을 해결하기 위해 다음에 자세히 기술된 지침의 일부 또는 전부를 활용하여 긍정적인 방법으로 접근할 수 있다.

비동시적 의사소통에서 발생하는 오해 또는 갈등

　어떤 갈등에 반응하기 전에, 특히 상호작용 초기에 갈등이 발생했다면, '잠깐 멈추는 시간(time out)'을 가질 필요가 있다. 당신은 내담자가 온라인에서 표현하는 방식에 충분히 익숙하지 않을 수 있으며, 의사소통이 당신이 해석한 방식으로 이루어졌는지 알기 어려울 수 있다. 당신이 의도했던 어조를 명확하기 설명하기 위해 갈등을 발생시킨 자료를 두 번 이상 읽어 보는 것이 도움이 될 것이다. 의사소통에서 강한 감정이 촉발되어 즉각 대응하고 싶은 충동이 올라올 수 있겠지만, 초기 반응이 조금 가라앉을 때까지 기다렸다가 반응하는 것이 더 낫다. 이상적으로, 오해가 발생한 부분을 명확히 설명해 줄 수 있는 첫 번째 지점은 내담자가 될 것이다. 만약 의사소통 내용이 모호해 보인다면, 상담자는 민감하고 건설적인 방식으로 내담자에게 설명을 구하면서 특히 내담자가 의도했던 의미를 명확히 해 줄 것을 요청할 수 있다. 설명을 구한 후에도 해결해야 할 명백한 갈등은 남아 있을 수 있다.

　만약 상담자가 자신의 온라인 상담에 대해 슈퍼비전을 받고 있다면, 상담자는 슈퍼바이저에게 조언과 지지를 구할 수 있다. 이러한 자원을 활용할 수 없다면, 온라인으로 작업하는 동료에게 연락하여 '제3자'의 관점을 얻기 위해 도움을 받는 것을 고려해 볼 수 있다. 또한 내담자에게 가능하면 동시적 회기의 참여를 고려해 달라고 요청하여 해명할 기회를 얻는 것도 도움이 될 수 있다. 상담자는 내담자가 온라인 환경에서의 감정을 표현하는 것에 익숙하지 않을 수 있고, 오해나 갈등이 명백한 의도 없이 촉발되었을 수 있다는 점을 항상 명심하는 것이 좋다. 내담자는 부정적인 감정을 전달할 때 온라인 또는 대면 에티켓에 익숙하지 않고, 자신을 어떻게 더 적절하게 표현할 수 있을지 생각할 준비가 되어 있지 않을 수 있다. 이러한 경우, 상담자는 내담자가 다른 지원 커뮤니티에 연계될 수 있도록 내담자의 협조를 구할 목적으로 논의를 진행해야 한다.

동시적 의사소통에서 발생하는 오해나 갈등

동시적 온라인 의사소통에서는 오해나 갈등 영역에 대한 해명을 모색하기 전에 성찰할 시간이 없다는 단점이 있을 수 있다. 실시간으로 이루어지는 상호작용에서 답장을 구성하기 위한 긴 침묵이 이어진다면 모두에게 명백한 긴장감이 더해질 것이다. 동시적 온라인 의사소통의 장점은 '실시간'으로 해결책을 모색할 수 있는 기회가 주어진다는 점이다. 이는 비동시적 대화에서 발생하는 시간 지연 없이 앞으로 나아갈 수 있게 한다. 상담자는 오해나 갈등 상황에서 동시적 작업의 자발성이 도움이 되거나 해로울 수 있음을 염두에 두어야 한다.

상담자가 오해나 갈등을 일으켰을 때의 어려움 해결하기

상담자는 내담자에게 의도치 않은 상호 갈등 과정을 일으킬 수 있다. 물리적 현존감이 없는 경우, 내담자가 이를 확인할 권리가 있다고 느끼지 않는 한 어디에서 갈등이 빚어졌는지 평가하기가 더 어렵다. 따라서 상담자는 온라인 내러티브가 어떻게 펼쳐지고 있는지 지속적으로 모니터링하고, 의사소통의 어조와 억양에 주의를 기울이는 것이 적절할 것이다.

상담자가 내담자에게 부정적인 반응을 일으킬 가능성이 있는 개입을 하거나, 실제로 부정적인 반응이 일어날 것 같다는 느낌이 든 경우, 상담자는 내담자가 개입을 어떻게 '받아들였는지' 내담자와 확인하고 내담자에게 피드백을 제공할 기회를 만들어야 한다. 이 때 상담자는 명료한 설명을 제공하고 의사소통의 표현을 바꾸는 것을 고려해야 한다. 대면 상담 기술을 훈련받은 상담자는 '당신'이나 '우리'와 같은 일반 용어 대신 '나'라는 단어를 사용하여 피드백을 주는 방법에 익숙하다. 설명을 구하거나 자신이 어떤 반응을 어떻게 경험했는지 전달하고자 할 때 감정을 표현하는 상담 기술을 사용하는 것도 중요하다. 모의 사례 5.1에서 볼 수 있듯이, 상담자가 내담자에게 긍정적으로 반응할 것이라는 확신을 주는 것도 내담자와 긍정적인 대화를 지속하는 데 도움이 될 수 있다.

모의 사례 5.1

긍정적인 서술이 담긴 피드백

저는 당신이 필요한 도움이 무엇인지 제게 전해 주시기 위해 매우 애쓰고 계신다고 느끼고 있어요. 하지만 당신이 주신 지난 이메일 답장에서 제가 오해의 소지가 있거나 동의할 수 없는 말을 했었을 수도 있겠다는 느낌이 들었어요. 제 의도를 좀 더 명료하게 설명드리고 본래 긍정적인 의도로 말씀드렸다는 걸 확실히

전하기 위해 이 문제를 논의할 수 있을까요? 같이 논의하면 앞으로 우리의 의사소통에서 생길 수 있는 오해를 다루는 데도 도움이 될 것 같아서 함께 문제를 이야기하고 싶어요.

상담자는 잠재적 내담자가 온라인 상담에 참여하기 전에 오해의 발생 가능성에 대한 정보를 제공하는 것이 바람직하다. 이러한 직접적인 안내는 양 당사자가 설명을 요청하고 긍정적인 해결 방안을 모색하고자 할 때 지켜야 할 에티켓에 대한 명확한 설명이 될 수 있다. 긍정적인 해결책을 도출할 수 없는 상황이 있을 수 있는데, 이는 내담자가 조정을 요청하거나 상담자 또는 온라인 서비스에 대해 불만을 제기하는 것을 선택하는 결과로 이어질 수 있다. 어느 경우든, 내담자는 서비스의 웹사이트를 통해 이러한 정보를 제공받거나 온라인 상호작용/관계의 계약 단계에서 이러한 정보를 알 수 있어야 한다.

연습문제 5-6 온라인 상담에서 갈등에 대처하기

현재 내담자와의 대면 상담에서 발생하는 오해나 갈등에 어떻게 대처하고 관리하고 있는지 생각해 보세요. 온라인 내담자와의 상호작용에서 갈등이 일어난다면 현재의 대처 방법을 어떻게 온라인으로 전환시킬 수 있을까요?

온라인 즉시성 기술 사용하기

온라인 상담에서 즉시성을 사용하는 것은 대면 장면에서 상담 기술을 효율적으로 사용할 때와 유사하다. Wosket (1999)은 즉시성의 사용이 상담자의 진정성을 전달하고 내담자에게 투명해지는 방법임을 밝혔다. 비동시적 의사소통 작업에서 즉시성의 사용은 상대적으로 자발성이 낮을 수 있으며, 내담자가 개입을 어떻게 받아들였는지 가늠할 기회가 없을 수 있다. 온라인 상담에 즉시성을 포함시키고자 한다면 동시적 대화로 비동시적 의사소통을 보완하는 것이 도움이 될 수 있는데, 동시적 대화가 즉시성의 특성을 가지고 있고 내담자가 상담자의 현존감과 자발성 더 많이 느낄 수 있는 기회를 제공할 수 있기 때문이다(Kraus et al., 2004).

Collie와 동료들(2001)은 상담자와 내담자 간의 연결감을 증진시키는 방법을 정의하기 위해 '기술적 즉시성(descriptive immediacy)'이라는 용어를 사용하였다. 이 개입은 자신이 경험하는 감정을 단순한 언어적 반응으로 전달하기에 충분하지 않을 때 감정의 강도를 설명하기 위해 사용된다. 또한 내담자가 호소하는 자료의 불일치에 도전하기 전에, 내담자와의 깊은 관계를 유지하고 있음을 전달하기 위해 기술적 즉시성을 사용할 수 있다.

내담자에게 보내는 비동시적 답장에서의 기술적 즉시성

최근 직장에서 승진하시고 자신감을 얻으셨다는 말씀에 정말 놀랐어요. 제가 여기 앉아서 당신이 승진 소식을 듣고 있다고 상상해 보았는데, 당신의 성과가 정말 자랑스럽네요. 만약 우리가 지금 대면 회기로 만나고 있었다면, 당신은 제 앞에서 활짝 웃을 것이고 저는 양팔을 벌려서 당신이 지난 몇 달간의 어려움을 넘어서서 매우 중요한 순간을 성취하셨다는 걸 표현할 거예요.

모의 사례 5.2에서 볼 수 있듯이, 기술적 즉시성을 제공하는 것은 내담자에게 상담자의 현존감을 전달하고 온라인 관계를 향상시키고 강화하는 잠재력을 가지고 있다. 비동시적 의사소통임에도 불구하고, 기술적 즉시성은 상담자의 이미지와 내담자의 이메일에 대한 두 사람의 일치된 경험을 이끌어 낼 수 있다.

온라인 상담에서 자기 공개하기

전문적 자기 공개

기술적 즉시성은 자기 공개 주제로 이어지기 쉬울 수 있다. 온라인 상담에서 분명하게 나타나는 탈억제 역동은 자기 공개 반응을 증가시킬 가능성이 높으며, 또한 상담자의 자기 공개 반응 증가에도 영향을 미칠 수 있다. 온라인 실제에서는 특히 온라인 서비스를 홍보하고자 할 때 자기 공개를 하게 되는데, 내담자는 대면 상담과 같은 일반적인 확신을 가질 수 없다. 여기에는 상담 또는 서비스를 누가 제공하는지, 어떤 자격을 가지고 있고 어디에 있는지에 대한 검증이 포함된다. 일반적으로 상담자나 다른 영역의 전문직 종사자는 내담자가 진정성 있는 전문가로부터 서비스를 받고 있다는 확신을 갖도록 돕기 위해 자신의 사무실 내에 전문 기관의 인증과 제휴 또는 인증서의 실제 사본을 전시한다. 온라인 상담자는 전문적 요구사항에 따라 자신의 경험과 자격 그리고 소속 전문 기관과 관련된 자세한 정보를 제공하고, 내담자가 요청할 경우 자격 증명 사본 등을 제공하여 내담자를 안심시켜야 한다.

내담자가 온라인 상담을 고려할 때 직면할 수 있는 딜레마를 공감적으로 이해하기 위해 다음과 같은 상황을 생각해 보자. 당신은 인터넷에서 서비스나 제품을 구매하는 것을 고민했지만, 당신이 구매하려던 제품에 시각적·텍스트적 정보가 제한되어 있었기 때문에 그 제품이 당신이 원하는 것인지를 확신할 수 없어서 결정을 유보할 수 있다. 대부분의 잠재적 '고객'은 어떤 상황에서든 개인에게 적합하고 직관적인 서비스를 찾으며, 평이 좋고 신뢰할 수 있는 서비스 제공자로부터 응답받고 있다는 느낌을 받고 싶어 한다. 내담자가 온라인 상담을 구하는 과정에서도 자연스럽게 유사한 요구사항이 있을 것이다.

개인적 자기 공개

대면 상담업무의 실제 현장에서, 자기 공개의 적절성과 자기 공개가 내담자와의 작업에 가져올 수 있는 이익 또는 불이익에 대한 큰 의견 차이가 있다. 대면 또는 온라인에서의 개인적인 공개는 사적 이득이 아닌 내담자와의 작업에서 치료적 특성을 향상시킨다는 점에 근거하여 이루어진다. 물리적 현존감이 없는 내담자는 상담자에게 일반적인 대면 서비스에서 요구되는 것보다 더 많은 개인 정보와 공개를 요구할 수 있다. 이러한 상황이 발생하면, 상담자는 이전에 언급되었던 내용에 비추어 어떻게 진행할 것인지를 검토해야 한다.

정신 건강을 지원하는 모든 작업에서, 상담자가 일반적인 수준보다 더 많은 개인적 자기 공개를 하고자 할 때는 먼저 그에 따라 얻을 수 있는 잠재적인 장단점을 고려하는 것이 중요하다.

이 장의 요약

이 장에서는 상담자와 내담자가 온라인 상호작용을 형성하고 유지하기 위해 적극적으로 모색할 수 있는 방법이 논의되었다. 이와 같은 목표를 달성하기 위해, 상담자가 온라인으로 내담자와 상호작용할 때 필요한 다양한 기술이 있다. 명료하고 건설적인 대화 방식에 대한 일차적인 책임은 온라인 상호작용 또는 관계의 촉진자 역할을 수행하는 상담자에게 있다. 그러한 기술은 대부분 내담자와의 명시적인 내러티브나 대화를 통해 전달되며, 나머지 부분은 내담자의 명시적 표현에서 명백하다고 느껴지는 함의나 뉘앙스에 세심한 주의를 기울이거나 내담자가 표현하는 비언어적 역동을 감지하며 형성된다.

효과적인 온라인 상담을 위해서는, 대면 상담에 적용되는 기술이 온라인에 적용될 때 모든 기술이 온라인에 맞게 개발되어야 한다. 물리적 현존감의 부재로 인해 상담자는 내담자가 온라인 상호작용에 참여하고 있다는 지표나 근거를 더 적게 감지하게 되며, 때때로 양 당사자가 듣고 이해한다고 느끼는 의사소통 수준을 구축하고 유지하는 것이 어려워질 수 있다. 상담자가 온라인 상담 안에서 추론이나 오해가 발생했음을 감지하거나 분명하게 인식한 경우, 내담자에게 명확한 설명을 구하고 실질적으로 가능한 빠르게 해결책을 찾는 것이 도움이 될 수 있다. 이때 상담자는 내담자를 충분히 배려하고 내담자에게 온라인 의사소통에서 발생하거나 명백한 문제를 해결하는 장점에 대해 설명해야 한다.

더 생각해 보기

- 언어적 질문을 통해 얻은 정보 관련 기술을 검토할 때, 온라인 의사소통에서 필요한 정보를 간결하게 확보하기 위해 무엇을 더 개발해야 하는가?
- 내담자의 문화적 배경은 온라인 상담자의 저항과 비언어적 신호에 대한 접근 방식에 어떤 영향을 줄 수 있는가?
- 온라인 중재와 갈등 해결에 대한 당신의 초기 생각은 무엇이 었는가? 대면 상담에서 갈등 해결과 내담자의 불만에 대처하는 방식은 어떻게 온라인 상담에 적용되거나 전환될 수 있을 것인가?

참고문헌

Anthony, K. (2000). Counselling in Cyberspace. *Counselling, 11*(10), 625-627.

Childress, C. (1998). *Potential Risks and Benefits of Online Psychotherapeutic Interventions.* http://www.ismho.org/issues/9801.htm

Collie, K., Mitchell, D., & Murphy, L. (2001). *E-Mail Counselling: Skills*

for Maximum Impact. Eric/CASS Digest. http://www.ericdigests. org/2002-3/e-mail.htm

Colon, Y. (1996). Chatter(er)ing through the fingertips: doing group therapy online. Women and performance. *Journal of Feminist Theory, 9*, 205-215.

Goss, S., & Anthony, K. (2003). *Technology in Counselling and Psychotherapy. A Practitioner's Guide*. Palgrave, p. 42.

Hall, C. (Ed.) (2003). *Constructing Clienthood in Social Work and Human Services: Interaction, Identities and Practices*. Jessica Kingsley, p. 196.

Jacobs, M. (2006). *Presenting Past: An Introduction to Practical Psychodynamic Counselling*. McGraw-Hill Open University Press.

Kraus, R., Zack, J., & Stricker, G. (2004). *Online Counselling: A Handbook for Mental Health Professionals*. Elsevier/Academic Press, pp. 9-22.

Moussou, M., & White, N. (2004). *Avoiding Online Conflict*. http:// www.fullcirc.com/community/avoidingconflict.htm

Munro, K. (2002). *Conflict in Cyberspace: How to Resolve Conflict Online*. http://www-usr.rider.edu/~suler/psycyber/conflict.html

Nelson-Jones, R. (2003). *Basic Counselling Skills: A Helper's Guide*. Sage, p. 88.

Sutton, J., & Stewart, W. (2002). *Learning to Counsel*. How to Books.

Wosket, V. (1999). *The Therapeutic Use of Self*. Routledge, p. 51.

제2부

온라인 상담의 전문적 고려사항

이 책의 제2부에 온 것을 환영한다. 제2부에서는 전문적인 온라인 실제를 구성할 때 요구되는 필수적인 측면을 심층적으로 설명한다. 또한 온라인 현존감과 윤리적·법적 실무에 대한 준수사항을 개발 및 향상시키고자 하는 기관과 상담자 모두를 위한 지침을 제공한다.

제1부에서 내담자와의 효과적인 의사소통과 온라인 관계를 형성하고 유지하기 위해 필요한 기술을 다루었다면, 제2부에서는 이에 더해 서비스 제공의 전반적인 질, 구조, 효과성의 핵심 요소와 관련된 기술과 고려사항을 다룬다.

제6장에서는 내담자와의 관계를 위해 컴퓨터 매개 기술이 적용된 다양한 전문적 활동에서 나타나는 온라인 평가 및 계약과 관련된 과정을 다룬다. 일반적인 상황에서 평가 및 계약 과정은 전문가의 기술을 필요로 하며, 특히 치료나 정신 건강 세팅과 관련이 있다. 물리적 특성과 표현이 있는 대면 회기와 달리 온라인 매체에서는 그러한 특성이 없기 때문에 대면과는 다른 접근 방식을 필요로 한다. 이 장의 내용에서는 온라인 평가 과정을 성공적으로 실시하기 위한 방법에 대한 지침을 제시한다.

제7장에서는 독자가 온라인 실제 영역에서 전문적으로 고려해야 할 사항들을 성찰하도록 촉진하고, 개인 슈퍼비전 및 동료 지원이 필요한 상황을 탐색한다. 이는 기술을 개발하고 지식을 넓히는 전략적인 과정임과 동시에 내담자와의 작업에 대한 통찰력을 평가하고 개발하는 핵심적인 과정이다.

제8장에서는 상담자가 의도했거나 현재 적용되고 있는 관행이 온라인 실제의 윤리적·전문적 요구사항을 준수하는지 확인하기 위한 기준점 역할을 한다. 이 장의 내용은 효과적인 실제를 위한 간결한 지침 형태로 제1부와 제2부의 핵심 요점이 함께 정리되어 있다.

마지막으로, 결어에서는 컴퓨터 매개 의사소통에 대한 이해를 넓히고 내담자 참여의 중요성을 강조하기 위해 당면한 문제에 관련된 내용들을 포함하여 온라인 상담의 현재 및 미래의 발전과 관련된 측면을 논의한다.

제2부 전체에 걸쳐, 각 장에는 연습문제, 모의 사례, 그리고 더 생각해 볼 내용들이 포함되어 있으며, 상담자가 온라인 상담 기술을 적용할 때 서비스를 개발하고 실천하는 데 필요한 관련 요소들을 더 고려해 볼 수 있도록 한다.

제6장
온라인 평가와 계약

이 장에는 연습문제와 짧은 예시가 포함되어 있습니다. 상담 실제에서 상담기술을 어떻게 활용하는지 이해하고, 논의된 주제에 대해 생각해 보시길 바랍니다.

이 장은 평가, 계약 및 관련 내용이 진행되는 과정에 대한 통찰을 제공하는 동시에, 상담자와 온라인 서비스 제공자가 적절한 시스템을 구축하고 실천하며, 전문적 실제와 관련된 결정을 내릴 수 있도록 촉진한다. 내담자와 온라인으로 관계를 맺기로 선택한 이들 중에는 직업 및 진로 지도 서비스 제공자가 많다.[1] 초기 보고(initial report)는 이 분야에서 동시적 또는 비동시적으로 내담자와 접촉할 때 성공적인 결과를 얻을 수 있음을 보여 주었다(Madahar, 2004). 온라인 대화를 통해 내담자와 만나는 서비스의 범위가 점점 넓어지면서, 이 분야의 광범위한 실제적 구조가 마련되었다. 이 장에서는 상담자와 내담자가 만날 수 있는 다양한 상황에 대한 통찰과 지침을 제공하며, 어떻게 평가와 계약이 전문 상담 분야의 필수적인 측면이 될 수 있는지를 보여 준다. 서비스 제공의 각 부분에는 내담자에 대한 고려사항이 있는데, 이는 내담자 집단이나 특정 개인 내담자가 호소하는 이슈가 매체에서 다루기 적합한지를 결정하는 것에 영향을 미칠 수 있다. 내담자의 물리적 현존감 없이 평가를 실시할 때는 다음과 같은 이유로 상담자의 추가적인 고려가 요구된다.

- 배경 정보를 입증하는 데 있어 잠재적인 어려움
- 온라인 상담 신청자의 진정성과 적합성을 평가하기 위해 필요한 시스템

이러한 점에 유의하면, 온라인 평가 자원을 통해 대면이나 온라인 상담 서비스에서 평가를 실시하는 데 뚜렷한 이점이 있다. 내담자는 평가 과정에서 상담자의 물리적 현존감을 마주하게 되며, 스스로 억압하는 일부 요인을 걷어내는 데 도움이 될 수 있다.

일부 내담자는 대면 장면에는 없는 상호 익명성을 제공하고 어

---

1) 역자 주: 영국의 경우 직업 및 진로 지도 영역의 상담자들이 주로 온라인 텍스트 상담을 진행한다. 국내의 경우, COVID-19 이후 비대면 상담이 활성화되면서 SNS 메신저를 활용한 텍스트 상담이 급증하였다.

느 정도 거리가 있는 온라인 상담자를 찾을 것이다. 이는 일부 내담
자가 이전에 거부감을 느꼈거나 접근할 수 없다고 느꼈던 특정 지
원 영역에 대한 접근을 고려하게 되는 기회를 제공할 수 있다. 일
부 애플리케이션은 여러 이유로 내담자가 지원을 받기 위해 적합
한 매체가 아닐 수 있으며, 대면 상담에서 더 적절하게 다루어질 수
있는 개인 역동을 악화시킬 수 있다. 이 장에서는 모의 사례를 통해
어떻게 이런 일이 나타날 수 있는지를 다룰 것이다.

● 온라인 상담을 찾는 내담자 집단: 내담자의 욕구를 중심으로

온라인 상담을 찾는 내담자의 현재 동향

인터넷의 출현은 전통적인 형태의 상호작용 방식에 익숙했던 개
인과 집단에게 확장된 방식의 사회적 · 전문적 · 개인적 상호작용
에 참여할 기회를 제공하고 있다. 상담자와 내담자가 온라인 상담
을 사용하여 서로 협력하는 일이 일반화되고 있다. 평가, 계약 그리
고 비밀보장은 내담자에게 효과적이고 전문적인 서비스를 개발하
는 데 필수적인 고려사항으로, 서비스 제공 방식은 상담자의 실제
영역의 맥락에 영향을 받을 것이다.

현재 많은 온라인 서비스 개발이 이루어지고 있는 영역은 다음
과 같은 범주로 분류될 수 있으며, 각 영역에서는 내담자 층에 기반

한 다양한 평가 시스템을 사용하여 개인의 해당 매체에 대한 적합
성을 구축한다.

- 공인 상담자 또는 정신 건강 임상 실무자
- 슈퍼비전 및 자문 서비스
- 라이프코칭과 자기계발
- 청소년 기관
- 교육 훈련 서비스
- 진로 상담 서비스
- 방문 돌봄 서비스를 제공하는 개인 심리 지원 기관, 우울증 연
  대, 청년 마음과 같은 특정 기관들
- 위기 지원 기관[2]
- 학술 기관
- 임직원 심리 지원 제공 업체(EAP)
- 공공 및 정부 서비스 기관
- 목회자와 성직자 단체
- 커뮤니티 자원 및 지원 네트워크

---

2) 역자 주: 원문에서는 위기 지원 기관의 예로 Samaritans와 Befrienders International을 제시
하였다. Samaritans은 아일랜드와 영국의 비영리단체로 정서적 고통과 자살 위기를 호소하
는 사람들에게 24시간 무료로 심리 지원을 제공한다. 주로 전화 또는 이메일 상담 서비스
를 제공하며, 지사가 있는 곳에서는 대면 상담을 하기도 한다. Befrienders International도
Samaritans과 같이 자살과 정서적 문제에 대해 전 세계 32개국에서 온라인 중심 지원을 제
공하고 있다. 국내에서는 보건복지부에서 운영하는 자살예방상담전화에서 24시간 전화상
담을 제공하고 있으며, 유관기관으로 생명의 전화, 청소년 전화, 정신 건강 상담 전화 등이
전화상담 및 온라인 상담을 통해 심리 지원을 제공한다.

• 정신 건강 및 일반 건강 자문 및 지원 기관

내담자 집단을 지원하는 온라인 매체의 적합성

서비스 제공자와 상담자가 내담자를 위해 대면 상담에서 온라인 상담으로 전환하는 것을 검토하고 있다면, 내담자 집단을 지원하는 매체의 적합성과 관련하여 다음 사항을 고려하는 것이 도움이 될 것이다.

• 서비스의 품질을 유지하고 기존에 제공되던 서비스를 개선할 수 있는가?
• 이러한 서비스 전환이 기존 또는 잠재적 사용자에게 제한적이거나 직접적인 불이익을 주는가?
• 온라인 상담자와 관계를 맺기를 원하지 않는 내담자에게 대체

매체가 계속 지원될 것인가?

- 온라인 상담이 내담자의 욕구에 적합하다고 판단되는 경우 적절한 안내 절차를 구축할 수 있는가?
- 내담자의 자해나 타해 위험이 높은 영역에서 온라인 상담이 치료 의무 영역(area of duty of care)에 부합하는 수준의 지원을 제공할 수 있는가?[3]

연습문제 6-2 **온라인 상담의 적합성**

내담자 집단, 그리고 당신의 특정 업무 영역에서 널리 쓰이는 온라인 상담이 있다면, 어떤 요인들이 온라인 상담의 적합성을 평가하는 데 영향을 미칠 수 있을지 생각해 보세요.

평가 절차

내담자 평가: 개별 내담자에 대한 매체의 적합성

경우에 따라, 내담자에게 서비스를 제공하는 기관은 특정 근거

---

3) 국내에서는 임상 및 상담 실제의 전문가를 교육 · 훈련하는 한국임상심리학회, 한국상담심리학회, 한국상담학회 등에서 관련 윤리강령을 제시하고 있다. 치료 관련 윤리 규정에서는 공통적으로 치료에 대한 설명과 사전 동의, 비밀보장과 한계, 다중관계, 기록 관리, 타 전문직과의 관계, 비용에 대한 내용들을 포함하고 있으며, 전문가는 자해 또는 타해 위험과 같은 위기 상황에서도 윤리 규정을 준수해야 한다.

나 방침에 대한 판단에 근거하여, 초기 평가 과정을 실시하지 않고 내담자와의 관계를 지속하기로 결정할 수 있다.

과정 내에서 평가가 필수적이어서 평가가 완료될 때까지 서비스 제공이 시작되지 않는 경우, 평가 결과는 개별 내담자에 대한 서비스 제공 여부에 영향을 미칠 것이다. 온라인 상담자는 평가 절차와 관련하여 명확한 기준을 정하고 온라인 상담이 내담자의 욕구와 호소문제에 적합한지 상황을 파악해야 할 책임이 있다(Anthony & Jamieson, 2005; Pergament, 1998).

이러한 경우, 모든 의사결정은 전문적 실제와 관련된 윤리적 이슈와 법적 요구사항을 준수하면서 내담자에게 적절하고 접근 가능한 자원을 확보하는 목적으로 이루어져야 한다(Suler & Fenichel, 2000). 서비스 제공에 평가가 포함되는 경우, 적용된 평가 도구는 항상 목적에 적합해야 하며, 정기적으로 평가되어야 한다(Kraus et al., 2004). 내담자에게 온라인 상담이 적절하지 않다는 결과에는 다양한 이유가 있을 수 있는데, 내담자는 다음 요인 중 하나 이상과 관련되어 있을 수 있다.

- 서비스로부터 필요한 정보를 얻거나 긍정적인 결과를 얻기 위한 컴퓨터 사용 능력이 불충분한 수준인 경우
- 서비스에서 제공되는 언어를 제한적으로 구사하는 경우
- 장애로 인해 온라인 매체를 통한 상담에 효과적으로 접근하기 어려운 경우
- 서비스의 계약 요구사항을 준수하지 않거나 거부한 경우

- 서비스 제공 방식이 적절한 치료 의무를 제공할 수 없는 것으로 보일 경우
- 개인적 이슈, 정신 건강 이슈 또는 장애를 가진 사람의 치료에 있어 온라인 상담이 그의 정서적 안녕이나 안정에 도움이 되지 않는 경우
- 호소문제의 성격상 법적 규정이 내담자의 비밀보장을 손상시킬 수 있거나, 상담자가 서비스를 계속 제공함으로써 법적 요건을 위반할 수 있는 경우

경우에 따라, 평가는 내담자와 관계를 맺는 초기 단계에서 연속적으로 진행되는 과정이 될 수 있다. 그 예로, 첫 접촉에서는 내담자에게 매체가 부적합하다는 것이 명백히 시사되었지만, 다른 반대 근거들로 인해 부적합성을 확신하기에 불충분한 경우를 들 수 있다. 상담자는 내담자에게 평가 과정이 진행되고 있으며, 온라인 상담이 적합하지 않다는 결론이 내려질 경우 연계 지원이 이루어질 수 있다고 안내하는 것이 중요하다. 평가 후 온라인 상담이 내담자에게 적합하지 않다는 결론이 내려지면, 상담자는 내담자에게 적절한 연계 자원을 제공하고 충분히 설명해야 한다. 대면 및 온라인 상담이 모두 가능한 서비스인 경우, 이는 내담자에게 분명한 장점이 될 수 있다.

준은 박사과정 진학을 계획하기 위해 온라인으로 지원되는 진로 지도 서비스를 신청한다. 그녀는 곧 현장실습에 나가게 될 예정이라, 현재 그녀가 다니고 있는 대학 지역으로부터 멀리 떨어진 곳으로 가게 된다. 격식 없는 평가 과정이 담긴 짧은 이메일이 오간 후, 진로 상담자는 준의 다음 학업 단계를 탐색하고자 그녀와 일련의 온라인 대화를 나누었다.

약속된 첫 번째 대화 과정에서, 준의 현장실습과 이메일을 쓰기 위해 자주 컴퓨터를 접속할 수 없는 업무 스케줄이 의사소통에서 불협화음을 초래하고 있다는 것이 명백히 나타났다. 준이 진로 상담자와 지속적인 연락을 유지하기 어렵다는 것은 그녀의 이메일에서도 매우 분명하게 확인된다. 진로 상담자는 준의 초기 신청서를 통해 다가오는 부활절 방학 동안 준이 대학에 다시 돌아올 것이라는 사실을 알고 있었고, 현재 연락을 유지하기 어렵다는 점을 감안할 때 준에게는 대면 회기가 더 적절할 것이라고 제안하였다. 준은 약속된 시간에 진로 상담 서비스 기관에 방문하는 것에 동의하고, 온라인 상담에서 진로 상담자와 관계를 맺으려고 애쓰는 과정에서 느낀 불안과 좌절감이 계속되지 않을 것이라는 것에 안도감을 느낀다.

Box 6.1의 예시에서는, 초기 평가 과정에서 상담자와의 온라인 상담이 내담자의 욕구를 충족하는 것으로 나타났음에도 불구하고, 이후 내담자의 현장실습 상황 때문에 박사과정에 대해 의사결정을 하는 데 필요한 상담이 방해받고 있다는 것이 명백해졌다. 이 경우, 내담자의 현재 상황을 고려할 때 적절한 서비스를 지속적으로 제공할 수 없었기 때문에, 상담자는 적절한 평가 결정을 내리고 내담자가 진로 상담 서비스 기관에 방문한다는 대안을 제시했다.

대면 상담을 보조하는 온라인 상담

대면 상담을 제공하는 많은 장면에서는 온라인 매체를 사용하여 내담자와의 작업을 보완하거나 계속 이어 나갈 수 있으며, 이러한 방식으로 회기를 보완하는 것에는 분명한 장점이 있을 수 있다(Kraus et al., 2004). 이러한 경우, 내담자에게 제공되는 매체가 보조 또는 전환 자원으로서 적절하고 적합한지에 대한 평가 결정을 내리는 데 도움이 될 수 있는 사항은 다음과 같다.

- 내담자는 온라인 상담으로 전환하기에 충분한 컴퓨터 사양, 일반적인 읽고 쓰는 능력, 의사소통 기술과 인터넷 기술 경험을 보유하고 있다.
- 내담자는 온라인 상담을 고려할 의향이 있으며, 상담자의 의도나 개인적 이익 때문에 온라인 상담으로 전환되도록 강요되지 않는다.
- 내담자에게는 상담자와의 온라인 의사소통 전환 제안에 대해 충분히 생각해 볼 수 있는 적절한 시간이 주어진다.
- 전환 과정이 주는 어떤 불이익보다 내담자의 이익이 더 크다.
- 사전에 호소문제를 제시한 내담자에게 위기 평가가 실시되었으며, 온라인 상담이 적절한 치료 의무(duty of care)를 다할 수 있다고 판단되었다.

온라인 상담을 보조하는 대면 상담

온라인 내담자가 온라인 관계의 연장선상에서 상담자와 대면할 기회를 요청하거나 제안하는 상황이 있을 수 있다. 이는 기관 또는 1인 상담 환경 모두에서 발생할 수 있다. 치료적인 온라인 상담에서는 전이나 역전이가 발생할 수 있는데, 이는 관계의 역동에 영향을 미칠 수 있으며, 대면 상담으로 전환할 경우 긍정적인 성과로 이어질 수 있다. 이와 같은 경우나 다른 전문적 맥락에서 대면 자원을 내담자에게 제공할 때는 다음 사항을 고려하여 장단점을 평가하는 것이 중요하다.

- 온라인 상담은 온라인 관계를 맺은 상대방에 대한 호기심을 불러일으킬 수 있다. 그러한 호기심을 충족시키기 위해 대면 만남을 유도하는 것은 부적절할 것이다.
- 어떠한 경우라도, 온라인 내담자는 대면 약속을 잡기 전에 온라인 상담자와 만날 것이라는 사실을 안내받아야 한다. 내담자가 이러한 내용을 알지 못하거나 내담자의 사전 동의 없이 대면 회기에 오는 일은 없어야 한다.
- 내담자가 일련의 온라인 상담 후 대면 회기를 요청한 경우, 온라인 상담자는 내담자가 다른 상담자와도 만날 수 있는 선택권을 주어야 한다. 다른 상담자와 만날 수 없는 상황이라면, 온라인 상담자는 내담자에게 적절한 대안을 안내하며 서비스를 지원해야 한다.

- 상담자가 내담자에게 대면 회기에 참여해 줄 것을 요청하는 경우, 상담자는 요청하기 전에 별도의 시간을 내어 제안의 목적과 잠재적인 역동을 설명해야 한다.

연습문제 6-3 내담자 평가

- 내담자와 온라인으로 상담할 때 당신의 특정 업무 영역에서 평가 과정을 진행하고자 한다면 어떤 기능이 필요할까요?
- 다른 상담자 세팅과는 어떤 뚜렷한 차이가 있나요? 당신의 실무 영역에서 특정 요구사항이 적용되는 이유를 살펴보세요.
- 어떤 경우에 내담자에게 지속적인 평가가 이루어질 수 있고, 연계가 필요하다면 이후에 어떻게 접근할 수 있을까요?

계약

온라인 상담에서 '계약(contracting)'이라는 용어는 내담자와 온라인 관계를 형성하는 초기 단계에서 명료한 설명과 정보를 제공하는 동시에 서비스 제공에 대한 각 당사자의 책임과 준수사항을 정하는 상담 동의 과정으로 쓰인다. 상담자는 내담자와 함께하는 모든 영역에서, 후속 대화에 대한 계약의 기반을 형성하는 경계를 반드시 설정해야 하며, 여기에는 사전 동의 이슈도 포함된다(Anthony & Goss, 2003). 이러한 경계 설정에는 이메일 대화의 빈도, 이메일 대화 내용에서 단어 수의 제한, 개인 정보 보호 및 비밀보장 문제

등이 포함될 수 있다. 온라인 상담 동의서의 예시는 이 책과 연계된 웹 사이트에서 찾을 수 있다. 상담자는 경계 설정 외에도 서비스를 제공하는 전문가의 책임을 나타내는 정보를 내담자에게 제공해야 한다. 어떤 사람에게는 '계약'이라는 단어가 형식적이고 불쾌하게 느껴질 수 있으므로 이를 내담자와의 상담 작업에 대한 '온라인 동의서(online agreement)'로 명명하는 것이 더 바람직할 수 있다. 온라인 동의서는 웹사이트와 같은 온라인 공간에 게시될 수 있으며, 내담자는 양측이 준수해야 할 요건을 읽고 동의하도록 안내된다.

상담 동의서를 작성하는 것은 상담자와 내담자 모두에게 명백한 이점이 있는데, 동의서를 통해 내담자의 기대가 분명해지고 상담 시작 시점에서 상담의 성격, 상담자의 역할, 전문적 경험이 명료화 되기 때문이다.

내담자와 상담 동의 절차를 가지는 것의 장점

온라인 상담 동의 절차를 갖는 것은 온라인 대화 과정에서 발생할 수 있는 오해와 갈등을 줄이는 데 도움이 될 수 있으며, 경계 설정 문제와 관련된 갈등이 발생했을 때 참조할 수 있는 유용한 자료가 될 수 있다.

내담자와 상담 동의 절차를 진행하기로 결정함으로써 얻을 수 있는 잠재적 이익은 다음과 같다.

• 제공되는 서비스의 한계에 대한 명확한 경계를 설정한다.

- 양측의 온라인 대화 내용의 배포를 제한하고, 규정 위반 시의 영향을 개략적으로 설명한다.
- 온라인 상담 중 기술 문제나 개인적인 상황으로 중단된 경우 활용 가능한 대체 의사소통 채널을 합의한다. 갈등이나 오해가 해소되지 못해 외부 중재를 원하거나 불만이 해결되길 바라는 경우 절차에 대한 가이드라인을 제공한다.
- 온라인 상담 내용에서 불편 또는 불만 사항이 발생할 때 일정한 권한으로 처리하거나 제한하는 사항에 대해 규정한다.
- 예약 및 상담료 지불 방식에 대해 명료화한다(해당하는 경우).

연습문제 6-4 내담자와 상담 동의서 작성하기

- 온라인 상담 진행 전, 내담자에게 온라인 계약에 협의하고 동의하도록 요청할 때 당신에게 처음으로 느껴지는 감정과 반응을 생각해 보세요.
- 전문적인 온라인 실무에서 내담자와 상담 동의 절차를 활용한다면 잠재적인 장점과 단점은 무엇이라고 생각하시나요?
- 전문적인 실무에서 내담자와의 상담 동의서에 반드시 있어야 하는 내용이 무엇일지 생각해 보세요.

온라인 위기 평가

내담자와 전문적인 온라인 상담을 지원하는 기관이나 상담자 간에는 물리적으로 거리가 있기 때문에, 자해나 타해 위험을 시사하는 내담자의 사례를 관리할 기회는 상대적으로 적어진다. 따라서 상담자와 기관은 위기 상황이 발생했을 때 어떻게 효과적으로 대응하고 관리할 수 있을지에 대해 생각하고 대처 방법을 마련해 두어야 한다.

대면 상담에서는 내담자가 불안정한 상태가 될 때를 알아차릴 수 있는 시각적·청각적 지표들을 얻을 수 있다는 명백한 이점이 있다. 온라인 상담을 진행할 때 상담자는 내담자가 온라인 대화에서 보여 주는 지표들에 의존하며, 그와 더불어 내담자에게 조율하고 위기 평가 과정이 필요한 지점을 결정하기 위해 온라인 상담 기술에 관한 전문 지식을 활용한다. 치료 장면에서, 많은 상담 서비스는 서비스를 시작할 때 위기 평가 모델을 사용하고, 그 결과를 활용하여 치료 관계의 여러 지점에서 나타날 수 있는 위험 수준을 평가한다. 이와 같은 도구 중 하나로, 영국에는 상담, 심리치료 서비스에서 널리 사용되는 CORE(Clinical Outcomes for Routine Evaluation) 시스템이 있다.

CORE는 내담자와 상담자가 치료 전 단계와 계약 과정 전반에 걸쳐 위계 수준을 확인할 수 있는 기회를 제공하는 동시에 임상 효과성을 측정하기 위한 도구로 활용된다. 서비스 기관이 평가 자원을 활용하지 않기로 결정한 경우, 상담자는 임상 슈퍼바이저의 지원이나 다른 사용 가능한 자원을 구하는 노력과 함께 내담자를 논의 과정에 참여시키는 방법에 대해 전문적인 결정을 내려야 할 책임이 있을 수 있다.

제4장에서는 온라인 상담에서 온라인 탈억제 과정이 발생할 수

있음이 언급되었는데, 온라인 탈억제로 인해 내담자가 자신이나 타인의 위기 상황에 노출될 가능성이 높아질 수 있다. 상담자는 온라인 서비스를 제공할 때 내담자의 자기 공개 또는 내담자나 다른 사람들이 위험에 처할 가능성이 시사될 경우 어디까지 다루고 관리할지를 고려해 두는 것이 좋다.

가능성은 더 낮지만, 온라인 상담의 성격이 치료적 실무와 관련이 없는 경우에도 이러한 사례가 발생할 수 있다. 이는 또한 내담자가 정서적으로 도움을 받을 수 있는 전문가나 다른 개인 네트워크가 없는 상황에서도 나타날 수 있다. 따라서 모든 영역의 온라인 상담자는 적절한 지원을 위해 치료 의무에 대한 책임 수준과 연계 지원에 기반하여, 그러한 공개에 어떻게 대응할 것인지 고려하는 것이 적절할 것이다. 이 모의 사례는 Box 6.2에 있다.

Box 6.2 위기 평가 및 치료 의무

데이브는 성공적인 온라인 실무를 개발하고 있는, 검증되고 경험 많은 라이프 코치이다. 그는 매튜와 온라인 상담을 하고 있는데, 매튜는 고객 서비스 매니저로서 업무상 중요한 대인관계 기술 문제로 상담을 요청했다. 매튜는 4번째 온라인 상담에서 최근 4년 동안 사귀었던 파트너와 헤어졌고 이에 대한 감정 반응으로 어려움을 겪고 있다고 털어놓았다. 그는 첫 장기 연애가 깨지는 동안 자살 충동을 경험했다고 고백하면서 지금 상황에서도 같은 충동을 느낄까 봐 두렵다고 말했다. 또한 매튜는 첫 번째 사건에서는 상담을 신청하지 않았고 현재의 온라인 의사소통을 통해 주제를 꺼내는 게 더 편했다고 밝히면서, 데이브와의 관계가 발전된 것이 느껴진다고 말했다.

데이브는 심리상담사 자격이 없으며 자해 위험이 있는 내담자를 상담한 경험이 없다. 그는 처음에 매튜의 정서적 고백에 대해 어떻게 반응해야 할지 잘 모르겠다고 느꼈지만, 자해 위험을 암시하는 내담자에게 자신의 경험과 지식이 부족함을 설명하고 공감적이고 지지적으로 답변했다. 동시에 매튜에게 의료 지원을 받기 위해 그의 주치의(GP)에게 도움을 구하는 것을 추천했다. 데이브는 매튜가 온라인에서 자신의 감정을 드러내는 첫 걸음을 내딛었으므로 그가 대면 상담을 고려해 보는 것이 더 편안할 수 있다고 제안하였다. 데이브는 매튜가 정서적으로 더 악화되기 전에 그를 정서적으로 지지해 줄 수 있는 대면 상담자와 함께 이 문제를 논의하는 것이 그에게 더 도움이 될 것이라고 보았다.

매튜는 데이브의 제안에 동의하며, 데이브가 추천한 연계 지원을 확보하기 전까지 연락을 유지하기로 하였다. 연계 지원이 확보되면, 그들은 매튜의 정서 상태가 안정될 때까지 라이프 코칭 회기를 일시적으로 중단하고, 함께 초기 목표에 집중하여 작업할 수 있는 시점에 회기를 재개한다는 상호 합의를 하였다.

연습문제 6-5 **자해 시도의 위기 관리하기**

만약 당신이 개입해야 하는 의무가 없는 영역에서 자해 위험이 있는 내담자를 지원하기 위해 온라인 상담 기술을 사용하고자 한다면, Box 6.2와 같은 상황에서 어떻게 대응할 수 있는지 생각해 보세요. 이러한 사례가 발생할 경우 내담자와 상담자 스스로를 지원하기 위해 어떤 시스템이 갖추어져 있어야 할까요?

비밀보장

온라인에서 내담자와 사용할 상담 기술을 적용하고 의사소통하는 일반적인 상황에서, 비밀보장에는 다양한 측면이 고려되며 전문가의 실무 영역에 영향을 받는다. 치료적 장면에서 내담자의 비밀보장을 준수하는 것은 윤리 규정에서 가장 중요한 부분으로, 상담자가 적절성에 위배되는 행동을 한다면 징계 조치와 회원 자격 정지로 이어질 수 있다. 진로 지원 또는 진로 지도 분야에서 업무를 수행하는 상담자라면, 내담자와의 상담에 적절한 비밀보장 수준을 나타내는 지침을 가지고 있을 것이다. 상담자는 온라인 실무에 필요한 수준의 비밀보장 과정을 어떻게 준수할 수 있을지를 항상 고려해야 하며, 동시에 비밀보장의 한계에 대해 내담자에게 명료하게 설명하는 것이 중요하다. 상담자가 새로운 사업으로 내담자와 온라인 의사소통을 하게 된다면 내담자의 비밀보장, 개인 자료의 보안, 회기 및 온라인 만남에 대한 요건을 충족하는 시스템을 개발하고 유지·보수를 지원하기 위해 전문가의 지원을 구하는 것이 도움이 될 수 있다.

온라인 실무에서 비밀보장과 관련된 주제는 일반적으로 다음 영역에 포함되어 있으며, 다음에서 자세히 논의될 것이다.

- 내담자 자료의 비밀보장
- 온라인 상담 자료의 비밀보장

- 내담자의 정보와 온라인 상담 내용을 다른 전문가 동료와 공유: 사례 회의, 연계 지원, 사례 슈퍼비전

내담자 자료의 비밀보장

내담자 기록의 사용과 보관에 관련된 법적 문제는 제1장(pp. 57-59)에서 자세히 논의되었다.

온라인 상담 자료의 비밀보장

온라인 상담의 사례에서는 상담자와 내담자 모두 대화 내용에 대한 완전한 기록을 가질 수 있다는 분명한 장점이 있다. 이는 특히 상담자나 내담자가 다음 중 하나 이상의 다양한 목적으로 내용을 검토하고자 할 때 유용할 수 있다.

- 논의된 주제를 다시 참고하고자 하는 경우
- 오해를 해소하고자 하는 경우
- 임상적 목적 또는 슈퍼비전 활동을 위해 자료를 보는 경우
- 치료적 맥락에서, 내담자는 치료 과정 전체의 사본을 가지게 된다는 이점이 있음
- 어느 한쪽 당사자에 의해 문제가 제기되는 상황에서, 불만사항을 입증하는 전체 과정이 제시될 수 있음

상담자는 전체 온라인 상담 기록이 보관됨으로써 얻게 되는 잠재적 편익과 함께, 그러한 포괄적인 자료와 개인의 세부 정보를 어떻게 보호하여 비밀보장을 유지할지를 생각해야 한다. 내담자가 이용하는 온라인 서비스의 여러 양상에 따라 접근 방식에 차이가 있을 것이다. 이러한 자료의 보관 및 저장과 관련된 법적 요건을 준수하는 것은 중요하며, 서비스 관리에 관련된 모든 직원에게 해당 내용을 간단히 설명하는 것이 우선적으로 고려되어야 한다.

내담자의 정보와 온라인 대화 내용을 다른 전문가 동료에게 공개하는 것: 사례 회의, 연계 지원, 사례 슈퍼비전

내담자 자료 및 상담 내용을 공개하는 수준에서의 편차는 상담자의 전문적 업무 환경에 따라 좌우된다. 이러한 편차는 온라인 상담 자료가 온라인 관계 밖에 있는 타인에게 공개될 수 있는 방식에 영향을 미칠 것이다. 내담자와 합의된 전문적인 지침과 상담 동의서에 온라인 상담의 정보 및 자료의 공개가 포함되어 있다면, 그러한 자료가 어떻게 전해질지를 마땅히 고려해야 한다. 여기에는 서면 형식으로 자료를 인쇄하여 전달하거나 수신자에게 전자 우편으로 보내는 것이 포함될 수 있다. 어느 경우든, 전통적인 대면 상담보다 온라인 상담에서 명백히 더 많은 개인적인 정보가 담긴 기록이 존재할 가능성이 높다는 점을 염두에 두어야 한다. 내담자와 동시적 의사소통을 사용하고 상담자의 연락처 목록에서 내담자의 실제 이름으로 내담자를 확인하는 경우에 이러한 일이 발생할 수 있다. 전자 메일을 상담에 사용하는 환경에서는 메시지의 상단에 내담자의 이름과 전자 메일 계정이 다른 개인 정보 자료와 함께 나열되어 있을 수 있다. 어떤 사람은 전통적인 의사소통 방식이 공개된 데이터를 보관하는 것과 유사하기 때문에, 온라인 상호작용에서 비밀보장이 침해될 위험이 증가하지 않을 것이라고 주장하기도 한다. 그러나 전자로 내담자 데이터를 발송할 때의 분명한 차이점은 전자 매체가 허가되지 않은 사람에게 가로채일 가능성이 높고, 수신자가 인터넷 활동에서 프라이버시를 유지하기 위해 주의를 기울이지 않으면 타인이 볼 수 있다는 것이다. 따라서 상담자는 다른 전문가 동료에게 자료를 전할 때 전송될 자료의 모든 내용을 확인하고, 내담자와 합의된 비밀보장의 경계를 손상시킬 수 있는 데이터를 제거하는 것이 좋다. 이 과정은 출력물이나 전자 복사본으로 내담자 자료를 저장할 때도 적용된다. 실제 내담자 자료가 임상적인 슈퍼비전 목적으로 전해진 경우, 의도한 목적이 달성되면 출력물 및 전자 사본이 적절히 파기 또는 삭제되도록 요청하는 것이 적절하다. 상담자는 항상 내담자의 개인 자료나 온라인 상담의 정보가 다른 사람에게 전해지거나 공유될 수 있는 상황에 대해 내담자에게 상담 초기에 상세히 설명해야 한다.

일부 서비스는 온라인 상담의 기록을 보관하지 않는데, 기관의 절차에서 이를 의도적인 정책으로 채택했다는 점에서 주목할 만하다.

종결

상담자가 내담자와 온라인으로 상담할 때 마주할 수 있는 여러 가지 다양한 형태의 종결이 있을 수 있다. 이는 온라인 관계가 지속되어 온 기간과 성격에 영향을 받으며, 서비스 제공 구조에 따라 다르다. 또한 종결은 내담자와의 상호작용을 위해 선택된 컴퓨터 매개 의사소통의 기기에 따라서도 영향을 받는다. 종결 시점이 있는 계약된 회기에서는 비동시적 및 동시적 의사소통의 요인에 따라, 경험의 차이를 발생시킬 수 있을 것이다. 비동시적 대화에서는 종결이 '실시간'으로 경험되지 않는 대신, 상담자와 내담자가 최종적인 대화를 주고받는 기간 동안 종결이 계획되고 다루어지게 된다. 동시적 대화에서는, 종결은 사전에 논의되는 것이 바람직하며 실시간 의사소통에서 양 당사자가 함께하며 종결하게 된다. 이는 상담자와 내담자 모두에게 종결으로 인한 영향을 미칠 수 있는데, 비동시적 상담에서 양 당사자는 상호작용과 관계가 종결된 후에는 '온라인 친구(online company)'로 남아 있지 않을 것이다. 내담자가 상담자에게 답을 받을 수 없는 마지막 이메일에서 새로운 내용을 이야기하지 않도록, 온라인 상담의 종결 과정이나 종결 시점에 상담자가 마지막 이메일을 보내는 것이 여러 가지로 좋을 수 있다. 동시적 상담에서 양 당사자는 종결을 함께 만들어 나갈 수 있다.

이 절은 내담자와 가장 일반적으로 겪는 종결에 초점을 맞추고, 온라인 상담 기술과 함께 상담자의 전문적인 실무에 포함될 수 있는 온라인 종결에 대한 다양한 관점을 다루고자 하였다. 온라인 상담의 종결은 대면 상담의 종결과 유사하지만, 과정 내 물리적 현존감이 없기 때문에 보다 명시적인 논의가 필요하다.

단회기 온라인 상담

내담자에게 단회기 온라인 상담을 제공하는 경우, 상담자는 심리치료, 정신 건강, 교육, 사회복지 환경 등의 배경을 가지고 있을 수 있다. 상담자가 적절하게 종결하는 방식에 영향을 준 기관이나 전문적인 특정 요건들이 있을 것이다. 나아가, 일회성 또는 단회기 상담의 적절한 온라인 종결을 위해 전제되는 요소들이 있다. 이러한 영역은 다음과 같다.

1. 내담자는 상담이 시작될 때 회기 내에 종결 작업 시간이 있을 것이라는 안내를 받는다.
2. 회기 시간에 알맞은 비율을 할당하여 적절한 종결 작업을 제공한다(1회기가 1시간인 경우, 상호작용의 특성에 따라 5~10분).
3. 종결 작업 시간은 양 당사자 모두 참여할 수 있도록 적절하게

나누어져야 하며, 내담자와 상담자 모두의 분명한 욕구와 관련 있어야 한다. 상담자는 내담자가 상담에 오게 된 호소문제나 상호작용 과정에서 더 이야기할 것이 있는지 물어봐야 한다.

4. 특히 회기에서 논의된 사항에 대해 당사자 중 어느 한쪽의 조치가 필요한 경우, 상담자는 모든 미결사항에 대한 상호작용과 설명을 요약해 두어야 한다.

5. 상담자는 대면 상담과 같이 적절한 '끝맺음'을 제공해야 한다.

지속적인 치료 관계

내담자와 상담자가 지속적인 온라인 치료 관계를 맺어 왔을 경우, 양 당사자는 온라인 상담의 종결에서 표현할 것들이 많을 것이다. 상담자는 종결이 온라인 관계의 긍정적인 요소가 될 수 있도록 그 중요성을 충분히 고려해야 한다. 대면 상담과 마찬가지로, 온라인 치료 관계의 종결은 큰 의미를 가진다. 양 당사자가 종결에 대해 서로 합의했다고 가정할 경우, 긍정적인 마무리에 영향을 미치는 주요 사항들은 다음과 같다.

1. 내담자와 회기 수가 합의된 경우, 상담자는 종결 날짜를 염두에 두고 적절한 간격으로 내담자와 온라인 관계의 종결과 날짜에 대해 내담자와 논의한다.

2. 초기에 합의했던 회기 수가 너무 많았거나 내담자가 처음에 합의했던 회기 수만큼 필요하지 않다고 말한 경우, 치료 개입

의 결과를 논의할 명시적인 종결 과정이 동의되어야 한다. 또한 추가적인 상담이 필요하다고 판단되는 경우, 상담자는 내담자가 나중에 돌아올 수 있는 선택지를 주어야 한다고 느낄 수 있다. 매체 자체가 내담자의 종결 선택에 영향을 미친 경우, 상담자는 내담자에게 더 적절한 형식의 추가 지원이 확보되도록 지원해야 한다. 내담자와 상담자 모두 기존 서비스에서 제공하는 범위와 다른 전문성을 가진 상담자에게 연계되는 것이 적절하다고 느끼는 경우가 있을 수 있다.

3. 대면 치료 장면에서 종결하는 것과 같이 내담자는 자신에게 도움이 되는 방향으로 마무리를 하고자 최종 회기에 다룰 특정 내용을 구체적으로 요청할 수 있다. 상담자와 내담자 모두 물리적 · 언어적 표현이 없는 온라인 상황에서 이를 다룰 수 있는지 알아보기 위해 종결 회기 전에 이에 대한 논의가 필요할 수 있다.

4. 온라인 종결은 이메일에서 '보내기'를 하거나 온라인 동시적 대화창을 닫음으로써 표현되기 때문에 대면 상담에서 마주하는 것과는 다른 방식으로 경험될 수 있다. 이는 내담자가 일어서서 자신의 개인 물품을 챙기고 "안녕히 계세요."라고 말하며 상담실 문을 나서는 것과는 매우 다르다. 동시적 상담의 종결 작업에서, 종결은 사이버 공간 어딘가에서 '열렸다가' 닫히는 텍스트 작별 인사를 전하는 잠깐의 감각으로 경험될 수 있다. 비동시적 상담에서는 마지막 이메일의 '보내기' 버튼을 누르면 종결이 이루어지며, 상담자의 입장에서는 내담자

가 어떻게 수신했는지 알 수 없다.[4] 온라인 관계의 각 당사자는 종결에 대한 자신의 몫을 물리적으로 혼자인 상태에서 경험한다. 비동시적 회기를 통해 최종적으로 대화가 마무리되는 상황에서는 내담자가 의사소통을 수신했는지 확인하기 위해 수신확인 기능을 제공하는 이메일 서비스를 사용하는 것이 좋다.

지속적인 지지 관계

지속적인 지지 관계에서 종결의 형태는 지지를 제공하는 기관의 환경과, 온라인 상담자 또는 제공되는 서비스의 관리 범위에 따라 달라질 것이다. 온라인 지지가 제공되는 광범위한 전문적 환경이 있을 수 있지만, 이 지침의 목적은 상담 분야에서 일하는 상담자가 고려해야 할 종결의 일반적인 측면들을 제공하는 것이다.

지속적인 온라인 상담 관계에서 내담자와 상담자 사이에는 전문적인 정서적 유대감이 형성될 수 있으며, 이는 각자가 어떻게 종결에 이르고 종결을 경험하는지에 영향을 미칠 것이다. 치료 관계에서 종결할 때는 이전 논의에서 강조되었던 모든 요점이 다루어지지만, 이 책을 읽는 상담자는 각자의 전문적 상담 영역의 요구사항와 전문적 행동지침에 따라 다르게 종결을 마주하게 될 것이다.

---

4) 역자 주: 현재 대다수의 이메일 서비스에서는 수신 확인 기능을 제공하고 있으나, 일부에서는 수신 확인 기능이 제공되지 않기도 한다.

정보, 조언 및 다른 기관에 대한 연계를 담당하는 실무자가 있는 지지 관계에서, 관계가 종결되기 전에 모든 필요한 조치와 정보가 내담자에게 명확하게 전달되었는지 확인하는 작업이 이루어질 것이다. 만약 상담자가 온라인 상담 관계에서 확인된 정보나 지원을 이후에도 내담자가 계속 따르길 바란다면, 상담자는 명시된 지침을 직접 전달하고 이에 대해 내담자가 이해했는지를 확인해야 한다. 온라인에서는 물리적·청각적 지표의 부재로 내담자가 이해했는지 확신하기 어려울 수 있다.

온라인 상담과 종결의 중요한 장점은 대부분의 온라인 서비스에서 내담자는 회기 내용을 보관하여 나중에도 읽을 수 있다는 것이다. 종결 후, 내담자는 원한다면 마지막 회기의 내용으로 돌아가 읽을 수 있고, 이는 긍정적인 종결감을 주는 데 도움이 될 수 있다(Murphy & Mitchell, 1998).

기술적 문제로 인한 회기 종료

상담자가 의사소통과 협력 관계 구축을 위한 도구로 컴퓨터 매개 기술을 사용하는 경우, 다음과 같은 상황이 있을 수 있다.

- 기술 및 장비 고장으로 인해 내담자와의 연결이 방해받거나 차단되는 경우
- 내담자와의 온라인 회기가 어느 한쪽이 겪는 어려움으로 불가능해지거나, 때때로 상담 과정에서 발생하는 기술적 결함이나

어려움으로 인해 갑작스럽게 종료되는 경우

    이는 상담자와 내담자 모두에게 매우 큰 당혹감과 좌절감을 줄수 있으며, 특히 중요한 논의 과정에서 회기가 종료된다면 더욱 그러하다. 신속하게 해결할 수 없는 기술 문제가 발생한 경우, 상담자는 내담자와 의사소통할 수 있는 대체 수단을 확보하는 것이 중요하다. 이러한 상황에서 사용할 수 있는 전화번호를 교환하는 것도 한 방법이 될 수 있다. 만약 양 당사자가 실질적으로 가능하다면, 내담자는 문제가 해결될 때까지 대면 회기를 지속하고자 할 수도 있다. 온라인 상담의 초기 인사 또는 온라인 계약 단계에서 이러한 일이 발생할 경우, 심각한 스트레스를 피하기 위해 기술 문제가 있는 동안 연결을 유지할 수 있는 방법을 명확히 하는 것이 바람직하다. Box 6.3에서는 사전에 예약된 온라인 회기를 기술 문제로 방해받는 상황에 대한 예시를 보여 준다.

Box 6.3* 샘이 경험한 기술 문제

    줄리는 샘과의 두 번째 동시적 온라인 회기를 마련했는데, 이는 동시적 회기로 비동시적 회기를 보완하는 것이 참여의 수준과 전반적인 온라인 관계 향상에 도움이 된다는 데 양 당사자 모두 동의한 결과였다. 약속된 회기 직전, 줄리는 동네에서 정전이 발생해 지속적인 온라인 연결에 어려움을 겪고 있다는 샘의 이메일을 받게 된다.

    줄리는 이메일 답장을 통해 샘에게 세 가지 대안을 제시하였다. 첫 번째 선택지는 동시적 회기를 연기하고 두 사람이 편한 시간에 일정을 다시 잡

는 것이다. 두 번째 선택지는 약속된 회기를 계속 이어 나가고 연결이 잘 되지 않는다면 전화로 계속하는 것이다. 세 번째 선택지는 다음 회기를 이메일 대화로 준비하는 것이다. 다행히 줄리가 내담자에게 이메일을 보냈을 때 샘은 정전되지 않은 상태였다.

샘은 줄리에게 전화로 회신했는데, 이는 상담 동의서를 작성할 때 전화번호를 교환했고, 온라인 접속이 막히는 기술 문제가 발생한 경우 이를 대체 의사소통 경로로 합의했기 때문이다. 샘은 그녀가 현재 정전을 계속 겪고 있으며 다음날 회기를 잡고 싶다고 설명하였다. 샘은 회기 내에서 해결하고자 했던 긴급한 문제가 없음을 상담자에게 확인해 주었으며, 정전 문제가 지속될 경우 전화 회기를 진행하고 싶다고 선택하고, 동시적으로 만날 시간을 정했다.

연습문제 6-7 기술 문제

당신이 Box 6.3과 같은 상황에 처한다면 어떻게 접근할 수 있을지 생각해 보세요. 정전 상황에 대한 초기 대응으로 줄리가 샘에게 전화하지 않고 이메일을 통해 연락하고자 한 행동이 어떤 영향을 미칠 수 있을까요?
온라인 내담자에게 적절한 지원을 보장하기 위해, 전문적이고 윤리적인 지침을 준수하는 후속 전화 통화에서 줄리가 샘에게 제안할 수 있었던 다른 선택지에는 무엇이 있었을까요?

●

이 장의 요약

온라인 상담에서의 평가, 계약 및 비밀보장의 주제는 상담 분야의 여러 서비스에 걸쳐 많은 고려사항을 필요로 한다. 이는 상담자가 내담자에게 온라인 상담 기술을 활용하는 구체적인 상황으로까지 확장된다. 이 장의 내용은 이러한 과정을 개별상담자와 기관의 전문적 활동에 포함시킬 때 고려해야 할 내용을 상세히 다루고 있다. 개별 실무에서 다뤄지는 모든 주제의 적절성은 상담 서비스의 성격에 영향을 받을 것이다. 따라서 평가 및 계약 과정을 적용하는 것에 분명한 장점이 있다는 것을 수용하는 것이 적절하다. 이때, 서비스 제공의 한계는 상담자와 내담자 모두에게 명료하게 설명되어야 하며, 온라인 관계 과정에서 발생할 수 있는 기술 문제와 그로 인한 오해, 갈등, 법적 요건 위반을 해결하기 위해 협의된 채널이 있어야 한다.

● 더 생각해 보기

- 당신은 평가와 계약이 내담자와의 온라인 상담의 효과성을 향상시키거나 저해하는 것에 대해 어떻게 예상하는가?
- 평가와 계약 과정이 온라인 관계에서 긍정적인 요소가 되려면 내담자에게 어떻게 제시되어야 하겠는가?
- 전문적인 구조에서 평가와 계약이 적합한지를 고려할 때, 적절한 온라인 실무를 따르기 위해 현재의 평가와 계약 과정을 사용하거나 개선한다면 자신, 내담자 그리고 기관에게 전반적으로 어떤 이점이 있다고 생각하는가?

참고문헌

Anthony, K., & Goss, S. (2003). *Technology in Counselling and Psychotherapy: A Practitioner's Guide*. Sage.

Anthony, K., & Jamieson, A. (2005). *Guidelines for Online Counselling and Psychotherapy*(2nd ed.). British Association for Psychotherapy, p. 4.

Kraus, R., Zack, J., & Stricker, G. (2004). *Online Counselling: A Handbook For Mental Health Professionals*. Elsevier/Academic Press, pp. 80, 231.

Madahar, L. (2004). *Managing e-Guidance Interventions within HE Careers Services: A New Approach to Providing Guidance at a Distance*. Manchester: HESCU.

Murphy, L., & Mitchell, D. (1998). When writing helps to heal: email as therapy. *British Journal of Guidance & Counselling, 26*(1), 21-32.

Pergament, D. (1998). Internet psychology: current status and future regulation. *Health Matrix: Journal of Law Medicine, 8*(2), 233-279.

Suler, J., & Fenichel, M. (2000). *Assessing a Person's Suitability for Online Therapy: Clinical Case Study Group Findings*. International Society for Mental Health Online. http://www.ismho.org/builder//?p=page&id=222

제7장
온라인 상담 실무에서의 전문적 고려사항

이 장에서 설명하는 온라인 상담 기술

- 온라인 상담 실무에서 내담자와의 적절한 경계 유지
- 온라인 상담 실무를 위한 예약 일정 및 적절한 작업 환경 구성
- 온라인 상담자의 전문적 책임
- 전문적 창의성을 발휘하고 서로 다른 이론적 관점 통합하기

이 장에는 연습문제와 짧은 예시가 포함되어 있습니다. 상담 실제에서 상담기술을 어떻게 활용하는지 이해하고, 논의된 주제에 대해 생각해 보시길 바랍니다.

이 장의 목적은 상담자가 윤리적 · 법적 지침을 준수하는 온라인 상담 실무를 위한 적절한 권고안을 개략적으로 설명하는 것이다. 지침은 상담자가 온라인 상담과 안내 기술에 적용하기에 적합하게 구성되었으며, 이는 상담자와 내담자 모두에게 도움을 주고 전문적이고 윤리적인 온라인 실무의 구조를 제공할 것이다.

온라인에서 상담 스케줄을 예약하고 관리하는 것은 대면 상담과 분명히 차이가 있기 때문에 특정 사항들을 고려해야 한다. 이 장에서는 이러한 요소들을 제시하며, 독자가 앞으로 할 예정에 있거나 현재의 온라인 상담 실무에 적용할 수 있는 방법들을 생각해 보도록 독려한다.

이 책에서 고려하는 상담 스케줄과 서비스 제공의 형태는 크게 다음 두 가지로 나누어져 있다.

- 내담자와의 의사소통을 위해 컴퓨터 매개 기술을 활용하여 재택 또는 사무실에서 일하는 상담자
- 컴퓨터 매개 시스템을 활용한 서비스를 제공하기 위해 온라인 상담자를 둔 기관

이 장에서는 이 두 가지 형태와 관련된 내용을 포함한다.

● 온라인 상담에서 내담자와의 적절한 경계 유지

온라인 상담 실무에서 적절한 경계에 대한 주제는 이 책의 전반에 걸쳐 상호 연결되는 주제로 다루어져 왔다. 이 절에서는 온라인 정체성과 현존감이 온라인 경계 문제에 미칠 수 있는 잠재적인 영향에 주목하여, 온라인에서 타인을 처음 만날 때 도움이 될 수 있는 사항에 초점을 맞추고자 한다. 이는 개별 내담자 및 온라인 커뮤니티 집단과의 계약 모두에 적용된다.

경계 설정은 전문적인 실무의 모든 영역에서 필수적인 요소이

며, 내담자와 온라인 상담을 할 때도 마찬가지다. 윤리적 · 법적 규정은 치료적 실무에서 대면 상담자가 내담자와 적절한 경계를 유지하게 하는 지침을 제공한다. 이러한 지침의 대부분은 자연스럽게 온라인 상담의 맥락으로 전환될 수 있지만, 내담자에게 서비스를 제공하는 데 사용되는 다양한 기술적 자원에 대한 추가적인 고려가 필요하다.

상담 동의서에 안내된 회기 시간 범위 외에 오는 내담자의 연락 또는 갑작스러운 내방

대면 상담과 온라인 상담은 물리적인 위치가 있는 커뮤니티와 온라인 커뮤니티의 차이로 구분되어 설명될 수 있다. 개인은 '현존감'을 가지고 있거나 온라인 만남 장소에 있을 수 있으며, 이메일 계정, 인터넷 채팅, 인스턴트 메시지 앱, 스카이프(Skype) 연락처, 휴대폰 또는 인터넷 문자 메시지 앱 등에 많은 연락처가 있는 목록을 가지고 있을 것이다. 개인의 PC가 인터넷에 연결되면 개인은 대개 자신이 설치한 기능에 자동으로 연결되어 컴퓨터에서 활성화된 상태를 유지한다. 이는 개인이 초대했거나 초대하지 않은 방문자에게 문에 노크하고 출입을 요청하는 '오픈하우스(open house)'를 개시하는 것과 같을 수 있다. 이는 타인이 개인의 온라인 활동 상태를 알아차릴 수 있게 하기 때문에, 특별히 상담자가 내담자와의 상담 기간 동안 이메일 계정이나 다른 온라인 의사소통 연락 수단을 공유한 경우 내담자와 회기 중이거나 예약된 회기 시간 외에도 연락을 받을 수 있음을 나타낼 수 있다. 이러한 고려사항은 온라인 슈퍼비전 규정과도 관련되어 있으며, 슈퍼바이저와의 적절한 연락 일정에 대한 명확한 경계 설정이 합의되어야 한다(Anthony & Jamiesson, 2005).

상담자와 내담자 모두 온라인 채팅방이나 커뮤니티를 이용하는 경우, 서로 공개하지 않았던 공통 관심사를 통해 우연히 마주칠 가능성이 있다. 이러한 상황은 상담자가 자신의 전문적 온라인 상담 계정과 개인적인 의사소통 계정을 확실히 구분하고, 내담자의 경계를 침해할 수 있는 경계 문제가 분명해지면 상담자가 철수하는 적절한 조치를 취함으로써 문제를 피할 수 있다.

인터넷을 사용하는 많은 개인이 즐겨 이용하는 기능 중 하나는 타인에게 실제 정체성을 위장할 수 있는 아바타를 사용하는 것이다. 상담자와 내담자 모두 온라인에서 아바타를 사용하며 우연히 서로 '만나게' 될 수 있으며, 의사소통 방식이나 이야기의 내용으로 서로를 인식하지 않는 한 어느 당사자도 알아보기 어려울 수 있다. 이와 같은 상황은 내담자와의 대면 상담에서는 발생하지 않으며, 문제가 발생했을 때 신속한 대처가 있어야 한다. 이러한 부분은 특히 전문적인 책임을 수행하는 데 있어 경계 설정이 가장 중요한 것으로 간주되는 온라인 상담 실무와 관련이 있다. 따라서 이러한 상황을 발생시킬 가능성을 높이는 상담자 측의 과실을 줄이기 위해 어떤 조치가 필요한지가 검토되어야 한다. 또한 상담자와 내담자가 온라인에서 갑자기 마주칠 수 있는 상황과 그러한 상황이 미칠 수 있는 잠재적인 영향도 고려되어야 한다.

합의된 서비스의 한계를 넘은 내담자의 연락

전문적인 대면 상담 관계에서는 일반적으로 합의된 회기나 만남 이외의 의사소통은 제한되며 긴급 상황이나 회기 취소 시에만 연락할 수 있다. 회기 시간 외에 내담자가 연락을 원하는 상황에서는 상담자가 대화의 양을 제한하고 내담자에게 동시적으로 응답할 수 있다. 온라인 상담에서 내담자는 상담자의 업무 시간 외에 이메일 또는 다른 자원을 통해 상담자에게 연락할 수 있다. 이러한 상황에서 상담자는 대면과 같이 내담자에게서 받은 의사소통과 내용을 관리하거나 동시적으로 응답할 수 없다. 따라서 그러한 상황을 적절하게 관리하고 대응하기 위해 어떤 개인적 경계와 한계가 있어야 하는지를 고려하는 것이 적절하다.

상담자가 이메일 시스템을 통해 약속을 잡는 경우, 상담 계약 시 내담자로부터 예정된 연락과 예정되지 않은 연락 모두에 응답할 수 있는 시간적 경계에 대한 명확한 정보를 포함하는 것이 적절하다. 이는 양 당사자 모두를 명료하게 하고 모호한 경계를 예방하며, 구조화된 회기 예약 일정을 유지하게 한다. 웹 사이트를 통해 온라인 상담 실무를 관리하는 것에는 뚜렷한 이점이 있는데, 웹 사이트는 상담자가 내담자로부터 직접 연락을 받는 것에서 한 걸음 물러나는 '스크린' 역할을 할 수 있기 때문이다. 온라인 상담자는 개인 계정이 아닌 웹 사이트에 포함되어 있는 일반 전자 메일 주소, 동시적 채팅 기능 등을 사용하므로 이와 같은 문제 상황을 피하는 데 도움이 된다.

이러한 시스템이 적용되면, 상담자는 내담자가 연락하고자 할 때 응답할 수 있는 예상 시간대에 대한 정보를 제공해야 한다. 여기에는 내담자가 상담을 시작하기 전이나 합의된 온라인 상담 과정 중 연락을 시도하는 경우도 해당된다(NBCC, 2007).

Box 7.1* **경계 문제에 맞닥뜨린 샘**

상담자 줄리는 그녀의 내담자인 샘에게서 예상치 못한 이메일을 받는다. 그들은 처음에 주 1회의 상담에 합의했는데, 이는 동시적 · 비동시적 회기를 병행하기 위해 온라인 관계를 지속하며 발전시켜 온 것이다. 줄리는 샘의 이메일을 받은 후 24시간 이내에 회신하기로 합의되었다.

샘은 예정에 없던 이메일에 줄리에게서 급히 답장을 받길 바란다는 긴박감을 전했는데, 이때 샘은 딸과 말다툼을 벌이다가 딸이 집에서 나가 저녁 통금시간까지 돌아오지 않았던 일을 경험한 것으로 보인다. 샘은 그녀의 딸이 이튿날 집에 돌아와서 전날 밤을 어디서 보냈는지에 대해 이야기하길 거부했다고 설명한다. 샘은 이메일을 쓸 때 상당한 혼란감을 느낀 것이 분명하며, 줄리 외에는 전날 밤의 일에 대해 논의할 수 있는 다른 정서적인 지지 지원이 없음이 시사된다.

상담의 전 과정에서 샘은 줄리와 합의했던 경계를 염두에 두고 있었고, 예정된 회기 외에는 상담을 요청하지 않았다. Box 7.1에 나타나 있듯이, 예기치 못했던 연락이 왔을 때, 줄리는 치료 의무에 따라 자신이 이메일을 받았고 샘이 지난 저녁의 사건으로 얼마나 화가 났는지 알 수 있었다는 첫 답장을 간단하게 보내는 것이 적절하다고 판단했다. 줄리는 샘에게 자신이 그날 오후까지 다른 일

정이 있다고 설명하면서 초저녁까지 온전한 회신을 보낼 것을 분명히 하는 한편, 저녁까지 답장을 기다리는 것이 샘의 안녕에 부정적인 영향을 미친다면 회신해 달라고 요청한다. 또한 줄리는 내담자가 원하는 경우 전화 상담을 선택할 수 있음을 알린다. 샘은 그날 늦게까지 줄리의 연락을 기다리는 것에 동의하며, 이메일 연락을 선호한다고 대답한다. 줄리가 취한 추가 조치는 Box 7.2에 설명되어 있다.

Box 7.2* 줄리의 대처 방법

줄리는 이후에는 이렇게 내담자에게 빠르게 회신하기 어려울 수도 있기 때문에, 의식적으로 자신이 이메일에 답할 수 있는 스케줄의 유동성에 대해 반복하여 강조한다. 또한 온라인 계약 과정에서 유사한 상황이 발생했을 때, 샘이 선택할 수 있는 추가적인 지역 사회 기반 지원에 대해서도 논의한다(NBCC, 2007).

줄리는 계약 시작 시 내담자에게 상담 가능 여부를 알리기 위해, 현재 시스템을 검토하여 현 시스템이 윤리 지침 및 내담자의 기대를 따르는지, 만약의 비상 상황에 대비할 수 있는지를 확인하기로 결정했다.

연습문제 7-1 온라인 경계 문제

당신의 온라인 상담 실무 영역에서 나타날 수 있는 잠재적인 경계 문제들을 생각해 보세요. 서비스 제공을 위한 윤리적 구조를 개발하는 과정에서 이러한 문제에 어떻게 접근할 수 있을까요?

온라인 상담 실무를 위한 예약 일정 및 적절한 작업 환경 구성

컴퓨터 매개 기술을 사용하여 전문적 업무를 관리할 때, 온라인 상담의 회기 예약 일정을 구성하고 관리하며, 건강한 균형을 유지하기 위해 어느 정도의 시간이 도움이 되는지에 대해 현실적 관점과 기술을 갖는 것이 필요하다. 회기 일정을 계획하기 위해, 온라인 상담이 시행되는 환경과 실제 장소를 고려하는 것이 적절할 것이다. 온라인 상담이 대면 상담과 뚜렷하게 다른 점은 온라인에서는 효과적인 상담을 실시하기 위해 인터넷 시스템, 기술과 장비에 의존한다는 점이다. 대면에서 내담자를 대할 때는 상담이 이루어지는 물리적인 장소가 안정적이기 때문에 일정 수준의 보안과 믿음을 제공하며, 건물의 구조적 결함으로 인해 상담자가 내담자와의 회기 약속이 중단되는 경험을 할 가능성이 낮다. 이와 다르게, 컴퓨터 매개 기술에 의존하는 경우에는 내담자와의 회기를 진행할 수 없는 상황이 발생할 수 있다. 어느 시점에서든 내담자와의 상담을 진행하는 데 영향을 미치는 문제가 발생할 가능성이 있으므로, 이런 문제가 회기 일정에 어떤 영향을 미칠 수 있는지 고려하고, 잠재적인 영향을 최소화하기 위해 예방 조치를 취하는 것이 적절하다. 내담자는 이러한 상황이 발생한 시점에서 절차를 안내받을 수 있어야 한다.

다음 내용은 온라인과 대면 상담 일정의 차이를 다루며, 온라인 상담을 위한 회기 약속에 도움을 줄 수 있는 적절한 기능을 개발할 것을 제안한다.

- 온라인 상담 서비스는 내담자와 약속된 기간 동안 PC상에 존재해야 한다. 따라서 온라인 상담을 운영하는 기간 동안 합리적인 한계를 고려하는 것이 바람직하며, 그에 따라 건강한 업무 일상을 갖고 상담 일정을 계획하는 것이 바람직하다.
- 온라인 상담자가 내담자에게 사전 예약된 회기가 아닌, 즉 예약이 필요 없는 '드롭 인(drop in) 서비스'를 제공하는 경우 동시적 회기 예약을 위해 상담자의 '온라인 상담실 문' 밖에서 '대기'하고 있는 잠재적인 내담자에게 어떤 영향을 미칠지 고려하는 것이 중요하다. 이메일 등 비동시적 회기를 가질 경우, 상담자는 내담자의 의사소통을 수신했음을 알리고, 언제 전체 답장을 구성하고 보낼 것인지를 나타내는 정보를 함께 회신해야 한다.
- 내담자와 사전 예약을 하는 온라인 상담에서 기술적 문제로 인해 회기 시간을 다 채우지 못한 경우, 시스템에서 회기 스케줄을 재조정할 수 있는 충분한 시간을 가질 수 있어야 한다. 또한 중단되었던 회기를 지속할 방법으로 대체 의사소통 방식에 관해 내담자와 논의하고 합의하는 것이 바람직하다.
- 상담자가 상담에서 대면 상담 및 온라인 상담 예약에 모두 참여하는 등 복합적인 활동을 하는 경우, 두 가지 방법이 서로 부정적인 영향을 미치지 않고 조화를 이룰 방법을 고려할 것을 권한

다. 구체적으로 두 활동에 필요한 실질적인 자원이 무엇이고 이러한 자원을 상담 범위 내에서 어떻게 수용할 수 있을지 생각해 보자.

Box 7.3은 내담자와의 온라인 상담에서 적절한 경계에 관한 예시를 제공한다.

Box 7.3 **온라인 상담 시 외부 접속 관리하기**[1]

매리언은 자신의 컴퓨터와 인터넷 연결을 이용하여 재택근무를 하는 온라인 상담자로 고용되어 있다. 그녀는 서비스 공급자의 웹 사이트를 통해 내담자의 상담 일정과 회기에 접속한다. 그녀는 온라인 상담 매체로 카카오톡을 자주 이용하는데, 카카오톡을 이용하면 문자 요금 없이 동료, 가족, 친구들과 대화할 수 있기 때문이다.

그녀의 카카오톡 연락처 목록에는 많은 사람이 등록되어 있고, 근무 시간 동안 다른 사람들에게서 자주 전화를 받는다. 매리언은 항상 내담자와 회기를 진행할 때 카카오톡과 그녀의 PC에 설치된 다른 모든 온라인 의사소통 자원을 일시적으로 사용하지 않도록 하여, 내담자와 상담을 하는 동안 연락처에 있는 사람들과의 대화가 시작되는 것을 막는다. 매리언은 이를 상담실 문 안내판에 '상담 중'을 걸어 두는 것과 같은 행동으로 여기며, 내담자와의 회기 중에 불필요한 주의분산이나 방해 행동을 예방한다.

---

1) 역자 주: 원서에서는 대표적인 메신저로 스카이프(skype)를 제시하였다. 번역 과정에서 역자들은 현재 국내에서 사용되는 메신저 중 가장 유사한 특징을 지닌 '카카오톡'으로 번역하였다.

다음을 사용하여 온라인 상담을 제공할 때 개인적 · 전문적 입장에서 장점과 단점을 모두 생각해 보세요.

- 예약 기반 시스템
- 대면에서 잠깐 들르는 것과 같은 '드롭 인' 예약 시스템

온라인 상담자의 전문적 책임

이 절에서는 온라인 실무와 관련된 사항을 논의하여, 온라인 실무에서의 전문적 책임을 정의하고, 서비스가 표준을 준수하고 적절한 접근성을 가지며 긍정적인 결과를 이끌어 낼 수 있도록 한다. 이러한 사항 중 많은 부분은 대면 상담자가 고려하는 것과 유사하지만, 온라인 상담 시에는 추가적인 고려사항들이 필요하다.

온라인 상담과 온라인 관계에 영향을 미칠 수 있는 다양성과 관련 요소

이 절에서 다양성과 포괄성을 정의하는 것을 의도하지는 않았다. 그러한 설명은 이 책의 범위 내에서 다루기 어려울 것이다. 이 주제에 관한 구체적인 참고문헌은 이 책과 연계된 웹 사이트에서 찾을 수 있다. 나는 이 주제가 내담자에게 온라인 상담을 제공하는

것과 관련될 수 있다는 것을 제시하고 전문적으로 고려하도록 독려하고 싶다.

온라인 실무를 제공하는 것은 상담자가 글로벌 캔버스를 통해 작업할 수 있는 기회를 제공하고, 하나의 물리적 장소에서 서비스를 제공하는 것보다 더 광범위한 내담자를 만날 수 있는 가능성을 크게 높인다. 의심할 여지없이, 이는 내담자가 제시하는 문제를 더 다양하게 하며, 그러한 문제들이 전달되고 표현되는 방법도 다양해진다. 내담자의 입장에서는 내담자가 익숙하지 않은 의사소통 방식을 강조하는 상담자를 만날 수 있는 가능성이 있음을 의미한다.

인터넷이 세계를 연결하는 도구로 등장하기 전에 이미 분명해지고 있던 다양성에 관한 주제는 월드 와이드 웹(World Wide Web)을 통한 글로벌 시장으로 인해 더욱 중요해졌다. 글로벌 다양성의 주제 및 관련성은 널리 인식되고 있으며, 사회의 모든 측면에서 논의된다. 이러한 맥락에서, 내담자와 온라인으로 상담할 때는 문화가 의사소통, 개인적 가치, 인식, 가치, 행동 등에 영향을 미친다는 점을 고려하는 것이 중요하다. 내담자는 어떠한 형태의 신분 확인이나 개인적 소개를 받지 않고 온라인 상담을 받기 위해 올 수 있다. 이러한 경우, 양측은 온라인 관계를 구축하는 과정에서 명백한 문화적·개인적 차이를 경험하기 시작할 것이다. 이는 결과적으로 온라인 서비스를 제공하는 개인과 기관이 광범위한 다양성을 수용할 방법을 고려하게 하는 한편, 내담자와의 긍정적인 결과를 방해하는 명백한 의사소통 문제를 극복해야 할 책임을 지게 한다.

전 세계 플랫폼 전반에 걸쳐 의사소통을 향상시키고 다양성 문제를 이해하는 과정에서의 주요 특징은 다음과 같다.

- 다양한 내담자와 상호작용할 때 개인 의사소통 방식이 미치는 영향을 고려하고 평가한다.
- 내담자와의 온라인 상담에서 잠재적 의사소통과 실제적 의사소통의 차이를 확인하고 이를 긍정적으로 해결하기 위해 의식적으로 노력한다. 그리고 상담자−내담자 관계에서 인식의 차이가 있을 때 이를 명료화하는 논의에 내담자를 초대한다 (Nelson Jones, 2003).
- 내담자가 자신이 의도한 이야기를 쓰고 대화를 전달하는 데 어려움을 겪고 있다는 것이 분명한 경우, 내담자를 도울 방법을 모색한다.
- 언어와 문화의 차이가 있을 때 효과적인 의사소통 과정을 도울 수 있는 기술을 향상시키기 위해 적극적으로 노력한다.
- 내담자와의 상담에서 문화적 또는 다양성에 대한 문제가 분명하게 나타나는 경우 외에도 개인의 신념/고정관념이 긍정적이고 일치성 있는 상호작용에 장애물이 되는지 자신을 돌아보는 태도를 유지한다.
- 다양한 문화적 맥락에서 가치와 신념의 영향에 대해 이해하고 공감을 발전시키기 위해 의식적으로 노력한다.

전 세계에서 문화적 다양성과 차이로 의사소통에 어려움을 겪는 예시는 Box 7.4에 나타나 있다.

> **Box 7.4** 문화적 차이로 인한 의사소통의 어려움

존은 영국을 근거지로 하여 온라인 내담자들에게 대인관계 상담을 제공하는 웹사이트를 운영하고 있다. 그는 온라인 상담자 자격과 기술을 갖추고 있지만, 최근에서야 전 세계적 환경에서 내담자와 상담을 하기 시작했다. 그는 현재 일본에 거주하고 있는 미국인 여성 리즈에게 온라인 상담을 지원하고 있다. 세 번째 이메일을 주고받는 동안, 그녀는 최근의 '깨달음(epiphany)'에 대해 긴 이야기를 나누었고, 그 경험을 통해 미래의 대인관계에 접근하는 새로운 조망과 성공적인 파트너십에 기여할 잠재력을 얻을 수 있었다고 말한다. 존은 '깨달음'이라는 용어에 익숙하지 않지만, 그것이 일종의 신학적인 표현과 관련이 있다고 생각한다. 리즈는 존이 그 용어에 익숙할 것이라고 생각해서 그 의미에 대해 자세히 설명하지 않았다.

존은 리즈에게 답장할 때, 자신의 생각대로 용어를 해석하여 답을 썼는데, 자신에 대한 신뢰가 떨어질 것을 걱정하여 구체적인 의미를 확인하는 것을 주저했기 때문이다. 리즈는 존의 반응에 혼란스러워하면서, 존이 그녀가 강한 신앙심을 가지고 있다고 오해하고 있고 그녀에 대한 공감이 부족해 보여 그가 그녀를 돕지 못할 수 있겠다고 느끼기 시작한다. 다행히 리즈는 존의 답장에서 그의 뜻이 해명되었다고 느껴 오해를 풀었지만, 이후 오해가 더 발생한다면 리즈는 존이 그녀를 도와 온라인 상담에서 긍정적인 결과를 낼 수 없다고 불신하게 될 것이다.

> **연습문제 7-3** 문화적 다양성 다루기

문화와 다양성의 차이를 마주했을 때, 대면에서는 내담자와 효과적인 의사소통을 구축하기 위해 어떻게 접근하고 모색하는지를 생각해 보세요. 물리적 현존감과 표현이 부재한 온라인 상담 매체에서 나타날 수 있는 여러 상황을 고려하고, 효과적인 의사소통 성과를 얻기 위한 방법을 어떻게 찾을지를 생각해 보세요.

보험

이 절에서는 전문인 배상책임보험에 대한 내용을 포함시켰는데, 온라인 상담자가 자신의 현재 보험사가 내담자와의 온라인 상담까지 보장하는지, 문제가 생겨 지원을 받아야 할 때 보험사가 명기한 보험 정책에 몇 가지 필요조건이 있는지를 확인하는 것을 돕기 위함이다.[2] 비록 온라인 상담이 전 세계적 플랫폼 전반에 걸쳐 내담자들과 만날 수 있는 가능성을 열어 주지만, 보험이나 미국 같은 국가의 면허/등록을 비롯한 기타 사항은 상담자가 적절한 자격 없이 상담 실무에 개방적으로 접근하는 것을 제한한다. 대면 상담자에게 서비스를 제공하는 보험사들이 모두 온라인 상담을 보장하거나, 또는 온라인 상담의 물리적 장소 안에서 명백한 법률적 요소를 적용하는 것까지 보험의 범위를 확장하진 않는다. 따라서 온라인 서비스를 구축하기 전에 보험사와 이 점을 명확히 하고, 적절한 대안적 보험이 필요한 경우 상담에 필요한 측면을 보장받기 위한 방법 모색이 권고된다. 상담자의 작업 범위에 내담자와의 온라인 상담 동의서를 포함하는 보험사는 내담자와 동시적 회기를 진행할 때 안전하고 암호화된 채팅방을 사용하도록 규정할 것이다.

---

2) 역자 주: 전문인 배상책임보험은 전문 직업인으로서의 의무 이행에 있어서 피보험자 측 과실의 직접적인 결과로 피보험자에게 최초로 제기된 손해배상청구로 인하여 피보험자가 부담하여야 하는 법률상의 배상책임을 보상한다. 최근에는 전통적인 전문 분야인 의사, 변호사, 회계사 외에도 여러 분야에 적용되고 있으나, 국내 상담센터 및 관련 기업이 보험에 가입하는 경우는 드물다.

상담자와 온라인 서비스의 자격 및 증명서 확인

내담자가 대면 상담을 받을 때, 내담자는 다음과 같은 요인을 기반으로 서비스 제공의 신뢰성과 타당성을 평가할 수 있다는 이점이 있다.

- 인사와 대화, 서비스의 물리적 속성이 자원화되는 방식, 안내판의 게시물, 상담자의 전문적 소속과 인증 등
- 내담자가 상담자의 사무실에 들어갔을 때, 사무실에는 내담자가 교육훈련이나 전문적 소속, 경력을 통해 충분한 능력을 갖춘 전문가를 만나게 되었음을 보여 주는 자격증이나 검증 지표가 있을 수 있다. 이러한 정보가 나타나 있지 않은 경우, 내담자는 상담자의 신뢰성을 확인하기 위해 원본을 볼 것을 요청할 수 있다.

이러한 요소들은 내담자로 하여금 필요한 수준의 서비스를 받을 수 있다는 믿음을 주는 데 도움이 되며, 이러한 요소들이 분명하지 않은 경우 내담자는 더 적절한 대안을 찾고자 할 수 있다. 온라인 상담 기관과 상담자는 잘 알려져 있고 자격을 갖춘 서비스를 이용하고 있고 내담자를 안심시킬 수 있는 방법을 반드시 찾아야 한다. 내담자의 첫 접촉은 종종 웹 사이트와 같은 웹 기반 '쇼핑창(shop window)'을 통해 이루어질 것이다. 내담자는 서비스 기관과 전문가가 그들이 홍보하는 서비스를 제공할 수 있을 만큼 충분한 유능하

고 자격을 갖추고 있다는 근거를 찾을 것이므로, 상담자는 내담자가 원하는 경우 게시된 정보를 확인할 수 있는 방법을 제공해야 한다. 온라인 상담자는 다음과 같은 다양한 방법을 활용할 수 있다.

- 웹 사이트상에서 세부 정보를 인증하고 게시하는 온라인 안내서에 자격 증명서의 인쇄본을 제공한다. 전 세계 사람이 이 정보에 접근할 수 있으며, 내담자는 상담자의 자격이 신뢰할 수 있는 것임을 확인할 수 있다. 상담자는 내담자에게 자격 관련 목록이 있는 정보나 하이퍼링크를 내담자에게 제공한다.
- 상담자의 업무 분야에서 전문성이 있는 기관에 가입하여 상담자 자신과 상담자의 서비스를 전문 기관에 소속되게 한다. 이때 전문 기관은 내담자가 회원들의 인증된 정보가 있는 안내서나 명단에 접근할 수 있는 온라인 인터페이스를 제공한다.
- 상담자 개인이나 상담자가 속한 기관이 전문 기관으로 인가되어 있거나 등록되어 있는 경우, 이에 대한 자세한 내용을 웹사이트 등에 제공한다. 이때 내담자가 그 기관에 직접 접속하여 자격 증명의 신뢰성을 확인하도록 도울 수 있는 하이퍼링크를 포함시키는 게 적절할 것이다. 인증된 온라인 상담 교육 과정을 수료했다면 교육기관에서 제공하는 로고를 표시하는 것도 내담자를 안심시키는 데 유용할 수 있다.
- 온라인에서 볼 수 있는 기사나 기타 자료를 작성한 경우, 웹 사이트에서 하이퍼링크를 제공한다.
- 일부 내담자는 상담자의 물리적 현존감 없이 상담을 받는 것

보다, 웹사이트에 있는 온라인 상담자의 사진을 보는 것을 선호한다. 사진 이미지는 내담자의 신뢰를 향상시키는 데 도움이 될 수 있다.

- 웹사이트에 게시하는 방식은 다른 곳과 비교하여 상담자나 온라인 상담 서비스를 선택하는 내담자의 선호도에 영향을 미친다. 당연하게도 이것만으로는 서비스를 인증하는 데 충분하지 않다.

내담자가 온라인 자원과 매체를 사용하여 상담을 제공하는 전문가를 더 많이 신뢰하게 되는 방법은 많다. 타당하고 확실한 근거가 있다면, 온라인 상담 전반에 대한 신뢰를 제공하는 동시에 온라인 전문가와 서비스에 대한 긍정적인 이미지와 평판을 높일 수 있을 것이다. 이는 특히 국적을 막론하고 온라인 자원과 잠재적인 신뢰도에 대해 부정적인 태도를 지닌 일부 사회 구성원들과 관련된다.

Anthony와 Jamiesson(2005)은 온라인 상담과 심리치료에 대한 가이드라인을 발표하여 온라인 상담 영역에서 서비스를 제공하는 이들을 위한 상세한 절차를 제공하였다. 상담자가 제공하는 온라인 서비스의 다양성과 수가 증가함에 따라, 전문적 활동의 특성에 따라 적용되는 전문 행위는 더 강조되고 공개되어야 한다. 이를 통해 더욱 신뢰할 수 있고 표준화된 온라인 자원을 확보할 수 있다. 일반적인 대면 상담에서는 규정을 만들어 서비스를 표준화하고, 모든 상담자가 목록에 포함되도록 한다. 이는 서비스 사용자와 잠재적 내담자를 안심시키는 데 도움을 준다.

그러한 사항이 도입되지 않은 온라인 상담에서는, 내담자가 온라인 상담자의 적합성, 자격과 경험을 더 많이 신뢰하는 것이 어려울 수 있다.

전문적 창의성을 발휘하고 서로 다른 이론적 관점 통합하기

인터넷의 출현은 서비스가 구조화되고 제공되는 방법에 있어 창의력을 발휘할 수 있는 기회와 함께 광범위한 전문적 활동을 제공하는 새로운 채널을 열었다. 여기서는 서로 다른 이론적 접근이 온라인 상담에 어떻게 적용될 수 있는지 규정하거나 다른 전문적인 실무 분야에 어떻게 적용될 수 있는지에 대해서는 설명하지 않는다. 나는 상담자가 기존의 대면 매체에서 활용되던 자원을 어떻게 온라인 매체에 적용하거나 전환시킬 수 있을지 고려하도록 독려하고자 한다. 적용 가능한 자원의 예시로는 지노그램[3]이 있다 (McGoldrick et al., 1999). 상담자는 지노그램을 통해 내담자의 배경을 보다 명확하게 파악할 수 있으며, 온라인 대화에서 설명해야 했던 시간을 절약할 수 있다. 서로 다른 이론적인 배경을 가진 전문가들은 이론적 원리를 온라인 상담이 적용하는 방법을 연구하고 있다(Adams, 1998; Pelling & Renard, 2000; Kasket, 2003).

일부에서 제기하는 잠재적 · 정치적인 의제를 무시할 수는 없지만, 영국 NHS[4]가 컴퓨터 기반 인지행동치료(cCBT) 자원을 개발하고 적용하는 근거로 사용되는 패키지 중 하나인 'Beating the Blues'는 대면 CBT 개입과 비견될 만한 결과냈다. 연구에 따르면, cCBT가 환자 대기자 명단을 줄이는 데 더 효과적일 수 있다(NICE, 2004). 영국 국립보건임상연구소(National Institute for Clinical Excellence: NICE)는 현재 공포증, 불안 및 공황 발작을 경험하는 일부 내담자를 지원하기 위해 cCBT를 추천하고 있다.[5] 이러한 자원은 컴퓨터 기반으로 제공되며, 내담자의 상태를 확인하는 보건 의료진에 의해 지원된다. 이러한 자원들은 대면 상담의 낙인효과를 감소시키며, 내담자에게 보다 편의를 제공하는 방식을 갖추고 있다.

---

3) 역자 주: 심리학적 가계도
4) 역자 주: National Health Service, 국가의료보장제도
5) 역자 주: 원문에는 NICE가 공포증, 불안 및 공황 발작을 경험하는 내담자를 위해 cCBT와 함께 'Fear Fighter' 프로그램을 추천한다고 하였으나, 2023년 현재 NICE 지침에서 확인되지 않아 나타나 본문에서 제외하였다. NICE는 경도 수준의 우울 또는 경도/중등도 수준의 불안을 가진 아동 · 청소년에게 게임, 비디오, 퀴즈 프로그램이 포함된 CBT 기반 디지털 프로그램들을 추천하고 있다(NICE, 2022).

미국 공중보건국장의 보고서(1999)는 정신 건강 관리가 필요한 미국 시민의 약 3분의 2가 관련 지원에 접근하거나 도움을 받지 못했다고 지적했으며, 그 주된 이유로 낙인효과를 들었다. 이와 같은 낙인효과와 명백한 개인적·일반적 장애물로 인해 개인이 정신 건강 문제에 대해 도움 받기를 꺼리는 기타 지표를 검토하는 것이 필요하며, 서비스에 온라인 자원을 포함시킬 수 있는 포괄적인 방법을 장려해야 한다. 온라인 서비스를 긍정적으로 인정하는 것은 이론적 배경을 막론하고 상담자가 온라인 서비스를 제공하도록 촉진할 수 있으며, 이러한 진전은 결과적으로 내담자가 선택할 수 있는 자원과 사용 가능한 치료의 다양성을 증가시킬 것이다.

Samaritans의 『2006/2007년 연간 보고서』에서는 전 세계 내담자로부터 184,000개의 이메일 신청이 수신되었다고 하며, 이는 전년 대비 12%가 약간 넘게 증가(대면 신청의 증가율보다 4배 이상 증가)한 것으로, 편지를 제외하면 2006년도에 가장 높은 증가율을 보였다. 또한 Samaritans는 2006년에 SMS 문자 메시지 서비스를 시범적으로 도입했으며, 2007년에는 e웰빙어워드(eWell-being Awards)에서 정보통신 기술의 사회적·경제적·환경적 편익에 '차이를 만든' 공로로 특별한 인정을 받았다. 이러한 벤처의 성공을 통해 다른 분야와 전문가들은 온라인 내담자를 위한 효과적인 자원을 부가적으로 제공하는 동시에, 온라인 서비스를 적극적으로 홍보하고 지원하기 위해 기존의 상담 실무와 전문성이 어떻게 온라인으로 전환될 수 있는지를 고려한다.

이 점은 특히 사회의 특정 집단이 대면에 접근할 가능성이 낮은 실제 분야와 관련된다. 잠재적으로, 서비스의 접근성을 막는 장애물들은 효과적인 온라인 자원으로 극복될 수 있을 것이다. 이러한 혁신적인 벤처기업은 미국에서 내담자를 위한 컴퓨터 매개 자원 개발을 지원하는 e-테라피(e-therapy) 보조금을 받고 있다(Allen, 2007).

연습문제 7-5 온라인 상담 실무에서의 전통적 기술

당신의 대면 상담의 특성이나 부가적인 측면에서 온라인 서비스에 제공될 수 있는 부분이 있는지 생각해 보세요.
대면 상담에서 창의적인 '도구'를 사용한다면, 온라인을 통해 내담자와 상담할 때는 이러한 도구를 어떻게 전환시킬 수 있을지 생각해 보세요.

이 장의 요약

명백한 윤리적·법적 요건 외에도, 내담자를 위한 온라인 서비스 제공의 효과와 결과에 대한 전문적인 숙고가 필요하다. 이 장에서는 상담자와 기관 내 상담 구조에서 이러한 기능이 어떻게 적용될 수 있을지를 집중적으로 살펴보았다. 개인이 독립적으로 일하거나 내담자에게 온라인 서비스를 제공하는 기관에 고용된 경우, 상담자는 자신의 전문적인 역량과 신뢰도를 손상시키지 않는 방식으로 개인적·전문적 온라인 현존감이 어떻게 구조화되고 다루어지는지 고려해야 할 것이다. 이는 대면 상담에서는 이미 확립된 관행으로 온라인 상담을 제공할 때에도 적용되어야 한다. 이 장을 통해 온라인 상담에서의 부가적인 측면들이 경계를 설정하고 적절한 전문적 행동과 실무를 준수하는 과정에서 지속적으로 고려되어야 한다는 인식이 만들어졌기를 바란다. 온라인 현존감과 서비스 제공은 모니터 화면으로 이루어지기 때문에 서비스 제공자의 타당성과 의도에 대한 불안감이 높아질 수 있다. 그러므로 상담자와 온라인 서비스 기관 모두 내담자의 요청에 따라 검증될 수 있는, 신뢰할 수 있는 전문적인 정보를 제공하는 것이 중요하다.

대면 상담 관계와 마찬가지로, 온라인 상담자는 상담에서 활용할 수 있는 이론적이며 개인화되어 개발된 '도구 가방'을 손에 쥐게 될 것이다. 컴퓨터 매개 기술을 통해 내담자와 만나는 것은 이러한 도구와 함께 창의력을 발휘할 수 있는 가능성을 열어 준다. 매체는 대면 상호작용과 같이 모든 범위의 시각적·언어적·청각적 지표에 접근할 수 없기 때문에 상담자가 반응하거나 결과적 영향에 대응할 잠재력이 제한적이므로, 이를 온라인에서 사용하기 전에 신중히 검토해야 한다.

온라인 상담의 발전을 위해 참여하는 사람은 모범 사례를 공유함으로써 개인과 기관을 위한 플랫폼을 제공하고, 상담의 지속적인 개발과 창의성을 독려할 수 있다.

●

더 생각해 보기

- 상담자의 전문 분야에서 온라인 상담의 모범 사례를 공유하기 위해 상담자와 기관이 활용할 수 있는 기존의 플랫폼에는 무엇이 있는가? 이러한 플랫폼이 다른 사람들에게 알려지고 지속적으로 개발되는 과정에서 어떻게 더 확장되거나 개선될 수 있겠는가?
- 현재 내담자와 대면 회기에서 활용되는 자원 중 온라인 상담에 적용할 수 있는 것이 있다면 무엇인가?
- 온라인 내담자와 회기를 가지기 전에, 상담자의 고유 업무 영역에서 고려해야 할 전문적인 책임에는 무엇이 있는가?

●

참고문헌

Adams, M. (1998). On the experience and representation of space. *Journal of the Society for Existential Analysis, 9*(1), 2-16.

Allen, J. (2007). *SAMHSA Awards 4E Therapy Grants.* Federal Law News, Archive for the Federal Law Category. http://etherapylaw.com/?cat=6.

Anthony, K., & Jamieson, A. (2005) *Guidelines for Online Counselling and Psychotherapy*(2nd ed.). BACP, pp. 4-5.

Kasket, E. (2003). Online counselling. *Journal of the Society for Existential Analysis, 14*(1), 60-74.

McGoldrick, M., Gerson, R., & Shellenberger, S. (1999) *Genograms: Assessment and Intervention*. Norton.

NBCC (2007). *The Practice of Internet Counseling: Internet Counseling Relationship* (3 and 6). National Board for Certified Counsellors & Center for Credentialising and Education: http://www.nbcc.org/webethics2

Nelson-Jones, R. (2003). *Basic Counselling Skills: A Helper's Manual*. Sage, p. 101.

NICE (2004). *Computerised Cognitive Behaviour Therapy for Depression and Anxiety Update: A Systematic Review and Economic Evaluation*. Technology assessment report commissioned by the HTA Programme on behalf of NICE (The National Institute for Clinical Excellence). Computerised cognitive behaviour therapy for depression and anxiety update: a systematic review and economic evaluation. http://www.nice.org.uk/nicemedia/pdf/CCBT_assessment_report_review.pdf

NICE (2006). *Computerised Cognitive Behaviour Therapy for Depression and Anxiety (Review): Quick Reference Guide*. National Institute for Health and Clinical Excellence. http://www.nice.org.uk/nicemedia/pdf/TA097quickrefguide.pdf

Pelling, N., & Renard, D. (2000). Counselling via the Internet: can it be done well?. *Psychotherapy Review, 2*(2), 68-71.

Samaritans (2006/2007). *Support through Innovation: Annual Report & Accounts*. http://www.samaritans.org/PDF/Samaritans Annual Report2007.pdf

US Surgeon General (1999). *Mental Health: A Report of the Surgeon General*. http://www.surgeongeneral.gov/library/reports.htm

제8장

온라인 상담 실무를 위한
전문적인 지침

이 장에서 설명하는 온라인 상담 기술

• 온라인 상담 실무에서의 윤리적 실천과 지침
• 전문가 단체에의 가입과 동료의 지원
• 온라인 상담자를 위한 슈퍼비전 방식

이 장에는 연습문제와 짧은 예시가 포함되어 있습니다. 상담 실제에서 상담기술을 어떻게 활용하는지 이해하고, 논의된 주제에 대해 생각해 보시길 바랍니다.

이 장의 첫 번째 절은 효과적이고 윤리적인 실천에 관련된 핵심 사항을 종합하여 독자에게 온라인 상담 서비스의 개발 및 적용 시 참고할 만한 내용을 다룬다.

이 장의 두 번째 절에서는 온라인 상담자가 전문적인 지원과 자원을 제공하는 전문가 단체에 가입하는 것이 지닌 장점을 개략적으로 설명한다. 이는 특히 온라인 상담 전통적인 대면 상담에 비해 아직 초기 단계에 있기 때문에 더욱 도움이 될 수 있다. 상담자는 온라인 전문가 동료들과 경험을 공유하는 동시에 이 분야의 지침과 자원을 제공하는 전문가 단체에 가입하는 것의 장점을 고려해야 한다.

슈퍼비전은 이 책을 읽는 모든 사람을 위한 것이 아닐 수 있으며, 온라인 실무의 맥락에 따라 달라질 수 있다. 온라인 상담에서의 경험과 자신감을 가진 상담자나 슈퍼바이저에게 지도와 자원을 구하는 것이 도움이 된다. 그러므로 이 책을 읽는 독자는 온라인 상담에 대해 슈퍼비전을 받는 것의 장점을 고려하길 바란다.

● 온라인 상담 실무에서의 윤리적 실천과 지침

이 절은 온라인 매체를 통해 내담자와 의사소통을 수행하는 전문가를 위한 윤리 지침 형식으로 제시된다. 지침은 Evans(2007)가 『AUCC Journal』에 최초로 게재한 온라인 상담 미니 가이드에서 개발되었다. 이는 『온라인 상담 및 심리치료를 위한 BACP 지침』(Anthony & Jamiesson, 2005), ISMHO(Ainsworth et al., 2000), '정신건강서비스 온라인 제공을 위한 원칙(principle), 버전 3.11', ACA 윤리 강령(2007), 그리고 온라인 상담자의 전문적인 활동에 관련되는 기타 전문적 지침을 대체하거나 대신하려는 의도는 아니다.

이 절의 지침은 온라인 상담 실무에서 일하는 전문가를 위해 기존의 지침을 보완하는 동시에 현재 적절한 고려사항이 정의되지 않은 윤리적 실천의 기본 구조를 제공하는 것을 목표로 한다. 이 장에 포함된 지침은 내담자와의 비동시적 · 동시적 온라인 의사소통과 관련된 것으로서, 커뮤니티, 튜토리얼, 자유게시판, 원격 학습 프로그램, 일대일 온라인 코칭, 온라인 상담, 온라인 슈퍼비전, 정보 및 안내 지원, 그리고 부가적인 성장을 위한 전문적 활동과 같은 서비스 제공을 포함한다. 잠재적인 전 세계 내담자 시장에 대해 상담자는 자신이 있는 지역과 정부 관할 지역 그리고 내담자와 관련된 지침 모두를 고려하는 것이 적절할 것이다(NBCC, 2007b).

온라인 상담 기술을 사용하는 상담자의 역량

텍스트 기반 온라인 상담을 통해 전문적이고 성공적으로 내담자와 작업하기 위해서는 전문가적 역량을 갖추고 향상된 기술을 개발하여 온라인 상담 기술을 적용해야 한다. 다음 권고안은 치료 의무 및 적절한 전문적 행동에 관한 특정 내용을 다루고 있으며, 상담자는 해당 능력을 갖추고 있는지 스스로 점검해야 한다.

• IT 기술, 인터넷 기술 문제에 능숙하고, 윤리적·법적 요구사항을 준수하는 서비스를 제공하기 위해 전자 정보와 데이터의 관리 및 보관에 대한 충분한 지식을 보유하고 있다.
• 온라인 상담 환경을 신중하고 적절하게 검토하여 데이터의 비밀보장 또는 보안을 침해할 가능성을 피하고, 전자 기록과 내담자 정보를 지속적으로 보호하기 위한 충분한 역량을 가지고 있다.
• 다양한 내담자가 제시하는 문제를 평가하고 상담 동의를 이끌

어 내는 과정에 경험이 있고 유능하다.

- 내담자와 협력하기 위해 상담 기술을 온라인으로 전환시킬 때 적절한 평가 절차의 영향을 고려할 수 있을 만큼 충분히 유능하다.
- 내담자에게 '담아내는' 느낌을 주는 동시에 긍정적인 결과를 촉진하고자 특정 역동을 숙련된 방식으로 다룰 수 있으며, 잠재적인 온라인 의사소통과 표현에 대해 마음챙김한다.

온라인 상담자 기술 훈련

이 분야에 진입할 것을 고려하고 있는 상담자는 필수 상담 기술에 대한 지침과 함께 온라인 서비스의 윤리적 · 실제적 관리를 위한 요구사항에 대해 방향성을 제공하는 교육 훈련 과정을 찾아야 한다. 교육 훈련 제공자는 수련생이 온라인 상담 맥락에 익숙해지고 잠재적 상담자로서 향후 내담자를 만나게 될 때의 장단점을 숙지하도록 안내할 책임이 있다(Guterman & Kirk, 1999; Trepal et al., 2007).

온라인 상담 실무 확립하기 위한 면허법(licensing laws)은 전 세계적으로 편차가 크다.[1] 따라서 상담자는 전문가의 온라인 상담을

---

1) 역자 주: 2023년 현재 미국, 독일을 포함한 여러 국가에서는 상담자의 자격을 법으로 규정하고 있으나, 국내에는 상담 관련 면허법이 없으며, 상담사의 자격 제한에 대한 제도가 미비하다. 정신 건강 전문요원이나 청소년상담사 자격이 관련 국가자격증으로 인정되고 있으나 정신 건강 실제의 일부 영역만을 다루고 있다. 영국의 경우, 일정한 기준을 충족한 심리치료자와 상담사만이 국가에 등록 및 관리될 수 있는 제도가 있으나, 상담사 자격 자체가 법으로 제한되어 있지는 않다.

관할하는 법률의 요구사항을 구체적으로 안내하고, 적절한 지침을 제공하는 교육 훈련 제공자와 교육 훈련 과정을 찾는 것이 바람직하다.

초기 평가와 지속적인 위기 평가는 온라인 상담 실무 영역의 핵심적인 특징으로 전문 교육을 통한 역량이 요구된다. 적절한 기술 개발과 교육훈련, 임상 및 전문적 책임에 대한 지식을 거치지 않고 온라인 상담을 적용하는 것은 부적절할 수 있다(ACA, 2007).

온라인 상담 기술을 활용하여 전문적인 상담하기

내담자와 효과적으로 의사소통하고 협력 과정에서 나타나는 역동을 지속적으로 인지하는 것은 상담 성과의 핵심이다. 물리적 현존감의 부재로 인해, 온라인 상담에서 상담자가 내담자의 신체적 · 정서적 행복에 대한 지표를 감지하거나 관찰할 수 있는 가능성이 줄어든다. 따라서 상담자는 내담자가 온라인으로 표현하는 내용과 변화 그리고 치료 의무와 관련된 잠재적 함의에 대해 세심한 주의가 필요하다.

온라인 상담 실무의 특성상 다음과 같은 상황의 잠재적 영향을 최소화하기 위해 상담자는 내담자에게 명료한 설명을 제공하고 지원하는 것이 중요하다.

- 온라인 상담 신청, 평가, 계약, 상담 진행, 종결 전반에 걸쳐 발생하는 오해 또는 갈등. 잠재적 오해와 갈등을 해결하기 위한

지침의 개요는 내담자와의 첫 계약 단계에서부터 제시되어야 함(BACP, 2005)

- 내담자의 자기개방에 영향을 미칠 수 있는 온라인 탈억제에 주의를 기울이고 내담자의 정서적 안정성, 온라인 상호작용의 긍정적인 성과, 내담자의 안녕에 영향을 미칠 수 있는 잠재 요인을 형성해야 함
- 기기의 고장이나 온라인 의사소통 자원에 접근할 수 없어 상담자와 연락하지 못한 채 예정된 회기나 약속이 진행 또는 완료되지 못하는 경우
- 필요한 경우 적절한 연계 지원을 안내하고, 인터넷이나 대면 서비스와 관련하여 신뢰할 수 있는 부가 자원에 대한 정보를 내담자에게 전달해야 함. 온라인 안내나 지원이 내담자에게 충분치 않거나 온라인 상담자가 지원하기 어려운 비상 상황이 발생할 경우, 상담자는 그 한계를 인정하고 후속 연계를 통해 내담자에게 협력하는 것이 적절함. 지원 가능한 지역사회 기반의 자원들이 안내되어야 함(NBBC, 2007)
- 명시된 핵심 작업이 완료되면 적절하고 경계가 있는 종결로 내담자를 지원함. 추가적인 후속 조치가 필요한 경우, 상담자는 사후 지원 시스템에서 내담자에게 안전하고 적절하게 진행되는 지원을 제공해야 함

이 절에서 확인된 것과 같이, 상담자는 명백한 부정적 영향을 최소화하는 서비스 시스템이 제공되도록 신중하게 고려하고 계획해

야 한다. 서비스 제공의 모든 측면에서 상담자가 거주하는 국가의
법적·행정적 실제 법규를 준수해야 하며, 가능하다면 내담자가
거주하는 국가와 관련된 법규도 준수해야 한다.

Box 8.1은 온라인 상담 실무에서 치료 의무와 연계에 대한 사례
를 보여 준다.

Box 8.1* **치료 의무와 연계**

줄리는 8회기에 걸쳐 샘에게 온라인 상담을 제공하고 있다. 내담자는 본
래 샘의 주치의(GP)를 통해 줄리에게 연계되었다.

서비스 지원 초기에 샘은 줄리에게 자신의 사춘기 딸 그리고 전 파트너
와의 관계가 끝난 것에 대해 걱정하는 마음을 표현했다.

동시적 대화 동안 샘의 글로 쓴 이야기와 대화의 '표현' 방식 간에는 확
연한 차이가 있었으며, 줄리가 이전의 실시간 회기에서 본 것과는 달랐다.
줄리는 내담자에게서 엄청난 무력감을 느낀다. 또한 샘은 자신이 우울증을
앓고 있을 수 있다는 걱정을 나타내며, 우울증이 자녀들에게 마땅히 주어
야 할 돌봄 능력에 영향을 미칠지도 모른다고 불안해하고 있다.

온라인 상담자는 샘을 대면 회기에 초대할 수 있는 시설을 갖추고 있지
않았기 때문에, 샘이 그녀의 주치의를 방문하여 정서적 건강에 대해 의논
할 것을 강력하게 추천하면서 그 결과를 자신에게 알려 줄 것을 요청한다.
나아가 줄리는 샘의 자기돌봄과 자녀 양육 모두에 도움을 주기 위해 샘의
가족과 친구 집단 내에서 그녀가 활용할 수 있는 지원 네트워크에 대한 논
의를 독려한다.

상담 동의 단계에서 샘은 필요하다면 전화로 연락을 받는 것에 동의했
었다. 줄리는 온라인 상담이 앞으로 진행되는 동안 특별히 다루어야 할 문
제가 남아 있을 경우 내담자와 함께할 수 있는 선택사항으로 전화 회기를
염두에 두고 있다.

효과적인 온라인 서비스 제공을 위한 요구사항

온라인 상담 실무의 계획, 제공 및 관리　　세계적으로 이용 가능한 온라인 서비스의 구조와 제공 방식은 다면적으로 변화하며, 이 장에서 효과적인 서비스 제공과 관리 시스템에 적용할 세부사항을 정의하지는 않는다. 개별적인 상황과 자원이 각 서비스의 형식과 서비스의 구조화 방식에 영향을 미치겠지만, 전반적인 맥락에서 여러 형태의 면허법 및 법률 기저에 있는 중요한 핵심 요소들이 분명히 있다.

다음 내용은 온라인 서비스 제공에 대한 몇 가지 핵심적인 고려사항으로, 서비스 제공이 시작될 때 내담자에게 전달되어야 한다.

- 오해가 발생할 수 있는 가능성과 그러한 일이 일어날 때 해결하기 위해 사용할 수 있는 시스템에 대한 지침 및 정보를 알린다.
- 온라인 서비스의 접근과 이용에 관련된 지침을 명료화한다. 지침은 상담 자료의 보안 유지에 관한 주제를 포함하여 온라인 서비스에서 내담자가 기대하는 것을 특별히 다루어야 한다. 이는 내담자와 온라인 상호작용이 시작되기 전에 전자 책자의 형태로 만들어지거나 서비스 제공 업체의 웹페이지 내에서 제공될 수 있다.
- 상담 예약 시스템의 구조와 예약 변경에 대한 규칙을 알린다. 내담자는 회기 예약의 연기나 취소, 그리고 회기에 오지 못할 상황에 대비해 안내를 받아야 한다.

- 비밀보장의 한계에 대한 지침을 명확히 한다.
- 물리적으로 떨어져 있는 관계이기 때문에, 신뢰할 수 있는 전문적인 서비스임을 보장할 수 있고, 눈에 보이는 정보를 제공하는 것이 적절하다. 잠재적 내담자는 서비스 제공 업체의 웹사이트와 같은 웹 기반 의사소통을 통해 이러한 정보에 접근할 수 있어야 한다.
- 기술 문제 또는 기타 연락 두절 시 상담자와의 연락 유지에 관한 세부사항을 제공한다. 이는 특히 상담자가 그러한 상황에서 전화나 대체 수단을 통해 내담자와 연락을 시도하겠다고 설명한 경우와 관련되어 있다(Halpern, 2007).
- 상담료 지불 방법에 대한 명확한 정보를 안내한다(해당하는 경우).

기술 문제나 건강 문제 등으로 상담자가 미리 약속된 회기를 취소해야 하는 경우, 다음의 기능을 포함한 시스템을 갖출 것을 강하게 권고한다.

- 내담자에게 약속 시간을 미리 알린다.
- 내담자가 예정된 회기를 기다리면서 회기가 진행되지 않을 것이라는 불안감을 경험할 때, 이를 완화시키는 시스템을 채택하도록 적절히 숙고한다.
- 온라인 회기를 계속 진행할 수 없는 상황이 발생할 경우, 내담자에게 적절한 대안이 제공되어야 한다. 대안에는 부가적인

대면 상담 연계나 지정된 상담자 부재 시 다른 온라인 상담자에 대한 연계가 포함될 수 있다.

Box 8.2에서는 배정된 온라인 상담자가 장기간 건강이 좋지 않은 상황에서 내담자를 연계하는 사례를 보여 준다. 이 예시에서는 상담자의 부재 기간 동안 효과적이고 일관된 의사소통의 중요성을 강조한다.

Box 8.2 **내담자 연계 지원**

얀은 대학에서 공인된 원격 학습 과정의 공동 튜터다. 그는 보안이 적용된 채팅방을 활용하여 스카이프, 이메일 그리고 동시적 회기를 포함한 다양한 매체를 통해 학생들과 소통한다. 처음에 그는 기관지염에 걸려서 2주 동안 일을 다 할 수 없었다. 그는 온라인 상담자로서 그가 일을 할 수 없는 동안 해야 할 작업들을 정하고, 학습 과정의 관리자가 그의 학생들에게 이메일로 그 사실을 알리도록 즉시 요청한다. 관리자는 학생들에게 얀이 건강을 회복하면 다시 연락할 것이라고 알린다. 이 기간 동안 학생들은 임시적인 지원이 필요한 경우에 대비하여 공동 튜터에 대한 연락처를 제공받는다.

얀은 처음에 예상했던 2주간 기관지염에서 완전히 회복하지 못했고, 그의 주치의는 4주 더 쉴 것을 권고했다. 이 시점에서, 얀과 관리자, 그리고 공동 튜터는 이메일로 현재 얀이 학생들을 계속 지원할 수 없다는 것을 설명하고, 학생들의 남은 과정에 대한 지속적인 학업 지원과 지도를 위해 공동 튜터에게 연계될 수 있도록 학생들에게 협조를 구하는 것에 합의했다.

학생들은 아쉬워했지만, 원격 학습의 특성상 튜터가 없을 경우 물리적 장소가 없는 대학의 취약성이 더 커질 수 있기 때문에 안내된 사항을 수용했다.

온라인 상담 실무의 관리

상담자는 온라인 상담을 시작하기 전에 윤리적인 지침을 준수하는 행정 시스템을 개발하는 데 적절한 시간과 관심을 기울여야 한다. 시스템의 보안은 실제로 적용되기 전에 철저히 조사되어야 한다. 상담자는 이메일 계정 및 주고받은 문서에 대한 암호화와 함께, 상담에서 사용된 내담자의 개인 정보와 자료들을 보호하기 위해 적절하게 암호화된 매체를 제공해야 한다.

상담자는 또한 자료의 저장 및 보안을 위한 절차와 관련된, 치료적 내용을 사전에 충분히 고려해야 한다. 영국에서 데이터의 보관은 「1988년 데이터 보호법」의 적용을 받으며, 자세한 내용은 www.ico.gov.uk에서 참조할 수 있다. 영국의 상담자는 온라인 실무에서 데이터 관리자가 별도로 필요한지, 또는 자신의 상담 실제가 영국 이외의 지역에 기반을 둔 경우 달라지는 것은 없는지 여부를 반드시 확인할 것이 권고된다.

온라인 상담은 내담자와의 상호작용 전체가 인쇄 가능한 형식으로 이루어지기 때문에 매우 투명하다. 따라서 온라인 내담자 자료의 비밀보장을 유지해야 할 상담자의 책임이 더욱 크다. 이를 위해 상담 과정, 슈퍼비전 등 제3자와의 정보 공유, 내담자 정보의 보관에 있어 내담자의 파일에 있는 모든 개인 식별 자료를 삭제하는 시스템을 적용할 수 있다.

내담자의 자료에 대한 무단접근 방지 지침   내담자와 온라인으로 상담할 때 생성되는 자료의 민감한 특성과 양 때문에, 상담자는 내담자의 상담 자료를 보관하는 방법에 특히 주의를 기울여야 한다. 여기에는 내담자 작업이나 온라인 회기에 참여하는 동안 다른 사용자가 컴퓨터에 접근하거나 컴퓨터를 볼 수 없게 주의하는 것이 포함된다.

100% 신뢰할 수 있거나 비밀보장을 증명하기 어려운 전자 의사소통의 한계를 설명하는 면책 조항을 포함하는 것이 바람직할 것이다. 면책 조항에는 기술 문제로 인해 회기가 중단되거나 취소될 수 있는 온라인 상호작용에 관한 내용이 포함되어야 한다.

온라인 상담자 자원에 대한 내담자의 접근성

온라인 상담은 내담자가 상담자에게 접근할 수 있는 잠재적인 유연성을 높이지만, 모든 내담자가 온라인 상담에 접근할 수 있는 것은 아니며, 온라인 매체가 적절한 선택지가 아닐 수도 있다. 온라인 상담자는 내담자가 제시하는 분명한 다양성 문제들을 다룰 수 있는 능력을 갖추어야 할 뿐만 아니라 선택된 매체가 잠재적 내담자에게 적절한지에 대해 현실적으로 판단할 책임을 지녀야 한다.

기기의 구조나 현실 적합성, 개인의 재정적 문제로 인해 특정 내담자 집단이 온라인 서비스 제공에 제한을 받는다는 것이 분명한 경우, 보다 포괄적인 접근을 위해 서비스 제공 방법을 바꿀 수 있는 방법을 검토하는 것이 적절할 것이다.

Box 8.3은 서비스 제공에 대한 효과적인 검토를 통해, 기존 서비스에 접근이 제한되었던 내담자의 접근성이 얼마나 높아졌는지를 보여 준다.

Box 8.3 **온라인 서비스에 대한 내담자의 제한된 접근성 다루기**

닐랑은 지방 정부의 보조금을 받아 지역사회 청소년들에게 온라인 정신 건강 지원을 제공하는 단체에서 일하고 있다. 이 서비스에는 16세 이상의 많은 청소년이 접근하지만, 11~16세의 내담자의 수는 적다. 기관에서는 서비스 이용자의 통계를 볼 때 더 어린 내담자 집단은 가족으로부터 독립된 사적인 장소를 확보할 수 없기 때문에 온라인 상담을 신청하는 데 불리할 것이라는 결론을 내렸다.

닐랑이 일하는 기관은 현재 학생들에게 상담을 지원하기 위해 지역 고등학교와 협력하여 프로젝트를 진행하고 있다. 그들은 온라인 상담을 받고자 하는 잠재적인 내담자 집단을 방해하는 몇 가지 장애물을 확인하기 위해 학생들에게 설문조사를 실시하기로 하였다.

설문조사 결과, 그들이 처음에 예상한 장애물들이 시사되었다. 그들은 지역 학교의 지원을 받아, 학생들이 닐랑 및 온라인 동료들과 안전하게 연락할 수 있는 회기 예약을 기반으로 하여, 개인의 컴퓨터 방에 개별적으로 접근할 수 있는 방법을 연구하기로 결정한다. 이러한 조치 결과, 더 어린 내담자들이 온라인 상담에 접근할 수 있는 기회가 증가하여, 이후의 통계 데이터에서는 이 연령대의 내담자 수가 크게 증가된 것이 확인되었다.

연습문제 8-1 내담자의 제한적인 접근성 다루기

현재 온라인 상담에서 서비스를 제공하고 있다면, 시스템과 서비스 제공 과정을 검토하고, 접근이 제한된 잠재적 내담자의 접근성을 높이기 위해 어떤 조치를 취하고 있는지, 혹은 앞으로 어떻게 할 수 있을지 생각해 보세요.

온라인 상담의 과정을 구성하고 있다면, 잠재적 내담자 집단을 포함시킬 수 있는 광범위한 서비스를 개발하기 위해 어떤 시스템을 도입할 수 있는지 생각해 보세요.

온라인 내담자 평가

내담자 개인에 대한 매체 적합성 평가　온라인 상담 과정에서는, 평가 결과 온라인 상담이 내담자 개인의 호소문제에 적합하지 않은 것으로 나타날 수 있다. 공식적인 평가 과정이 없고 내담자가 상담자의 자원에 개방적으로 접근하는 경우, 그러한 부적절함이 온라인 접촉 과정에서 밝혀지게 된다. 상담자가 치료 및 정신 건강 서비스 범위 밖에서 내담자와 협력하는 경우에는 내담자가 자해 또는 타해의 위기를 호소할 가능성은 보다 낮을 것이다. 그러나 이와 같은 경우에도 어떻게 대응할 수 있을지를 고려하는 것이 바람직하다.

정신 건강, 정신 의학 및 치료적 실제와 관련하여, 일반적인 평가 절차와 적절한 위기 평가 시스템을 구축하는 것이 필요하다. 이는 내담자에게 자해나 타해의 위험이 있거나 온라인 상담 중 내담자가 위기에 처하게 되었을 때 안전망을 제공한다. 대면 상담에서, 상담자는 물리적 현존감과 내담자와의 근접성이라는 강점을 가지고 있으며, 필요한 경우 지역사회 자원에 연계할 수 있는 접근성이 높다. 온라인 내담자와의 관계는 이보다 더 얕기 때문에 필요한 경우 내담자를 적극적으로 지원하거나 연계하여 사전에 예방할 수 있는 영역이 더 적다. 따라서 상담자의 고려사항에는 위기 평가가 포함되어야 하며, 위기 상황이 발생할 경우 그 경위가 명확히 확인되어야 한다. 이러한 절차에 협업이 필요하다면, 위기 평가와 대처 지침에 대해 온라인 서비스 제공과 관련된 모든 당사자와 소통하는 게 바람직하다.

치료 의무와 관련하여, 위기 지원 기관에 대한 긴급 연락처에 대한 정보를 제공하는 것이 권장된다. 이러한 정보를 온라인 상담자나 기관의 웹 사이트에 게시하여, 추가 지원 또는 긴급 지원이 필요한 내담자의 문의가 있을 때 안내할 수 있다.

서비스 제공사항에 평가가 있는 경우, 시스템 적용 시 다음과 같은 사항이 반드시 포함되어야 한다.

- 모든 평가는 윤리적 지침에 따라 실시된다(Suler & Fenichel, 2000).
- 내담자에게 평가 결과와 관련된 명확한 정보를 제공하고, 적절하고 대안적인 자원에 연계될 수 있도록 지원해야 한다.
- 심리치료의 실제에서는 내담자와의 회기 기간 내내 포괄적으로 평가과정을 진행하는 것이 적절하다. 내담자가 정신 건강상의 어려움으로 인해 관련 서비스를 받은 이력이 있거나, 자해 또는 타해의 위험이 있는 상황에서는 치료 의무를 다하기에 온라인 상담이 충분하지 않을 수 있다. 특히 현재의 서비스에서 대면 상담이라는 대안을 제공할 수 없는 상황이라면, 온라인 내담자와 물리적으로 거리를 두는 관계의 성격이 이를

더욱 악화시킬 수 있다. 평가에서 성공적인 결과를 얻지 못할 가능성이 시사되는 경우, 상담자는 대안적 자원을 민감하게 제공하고, 내담자의 어려움과 관련되어 있으면서도 신뢰할 수 있는 연계 자원을 제공하는 것이 중요하다.

- 평가에는 보고서에 적힌 단어 및 어휘의 범위, 일반적·정서적 표현에 대한 내담자의 수준과 자신감을 고려해야 한다. 그렇지 않을 경우 상담자와 내담자 모두 오해할 가능성이 높아질 수 있다. 또한 온라인 의사소통에 필요한 잠재적 내담자의 컴퓨터 사용 능력과 기술 능력의 수준이 제한되어 있을 수 있다. 이는 상담자와 내담자의 의사소통에 부정적인 영향을 미칠 수 있으므로 상담을 진행하기 전에 고려되어야 한다.

- 내담자에게 온라인 상담이 지속적으로 제공되거나, 대면 상담에 대한 보조 자원으로 제공되는 경우, 내담자가 온라인 상담을 받는 데 필요한 언어적 표현력 및 정보통신 기술 역량을 갖추고 있는지 확인하는 것이 중요하다.

온라인 상담에서 불만과 고충에 관한 처리 절차

상담자와 기관은 온라인 내담자의 불만사항이나 고충을 어떻게 대응하고 관리할 것인지를 고려해야 한다. 내담자는 온라인 상담자와 원격으로 만나기 때문에 이로 인한 불만이나 고충 사항이 적절하게 처리되기를 바랄 것이다. 이를 다루는 방식은 대면 상담의 방식과 다를 수 있으며, 필요한 경우 절차와 관련된 세부사항이 내담자에게 제공되어야 한다. 상담자가 이 분야의 전문가 단체에 소속되어 있다면 이러한 상황에 대처할 수 있는 전문적인 지침과 지원을 제공받을 수 있을 것이다.

●
전문가 단체에의 가입과 동료의 지원

온라인 상담을 구조화하고 제공하는 방법에는 여러 가지가 있기 때문에, 온라인 서비스 제공 영역에 특화되어 있는 단체와 개별 전문가로부터 지원과 지침을 구하는 것이 도움이 된다(Evans, 2006; Hanley, 2006).

전문가 단체에 소속되어 있으면 다음과 같은 이점을 가질 수 있다.

- 적절한 전문적 실무에 적용하기 위한 명시적인 윤리적 지침을 따른다.
- 교육 훈련을 받고 전문성을 개발할 기회가 주어진다.
- 내담자가 상담자에 대해 공식적인 조정을 원하거나 고충 처리 과정을 진행하길 원하는 상황에서 지원을 받을 수 있다.
- 상담자에게 전문적인 실무 및 개발 주제를 공유하고 논의할 수 있는 온라인 커뮤니티의 기회를 제공한다. 특히 상담자가 온라인 상담에 익숙하지 않거나 상담 활동을 개발하기 위해 아이디어와 의견을 공유하고자 할 때, 온라인 커뮤니티는 매우 귀중한 지원과 정보 자원이 될 수 있다. 이러한 커뮤니티를

통해, 동료 전문가의 경험과 전문성을 바탕으로 다양한 활동 범위에 걸친 실무를 개발할 수 있으며, 내담자가 문제를 제시할 때 창의적인 해결책을 제공할 수 있다.

- 전문가 단체에 소속되어 있는 경우, 온라인 상담자가 신뢰할 수 있고 전문성을 갖추었다는 사실이 확인되어 내담자를 안심시킬 수 있다.
- 더 많은 대중에게 상담자와 서비스를 홍보할 수 있는 부가적인 장소를 얻는다.
- 온라인 상담은 전문적인 분야로, 그 자체의 도전과 보상이 있다. 온라인 상담을 전문으로 하는 단체에 가입되어 있다는 것은 그 전문 영역에 대해 보다 눈에 띄는 목소리를 낼 수 있고, 전문적인 실무 장면에서 느낄 수 있는 고립감을 해소할 수 있는 기회가 된다.

전문가 단체의 지원 자원들

전 세계적으로 온라인 상담자는 다음과 같은 전문가 단체의 지원을 받을 수 있다.

- www.acto-uk.org: ACTO(Association of Counselors and Therapists Online)는 비영리 단체로서 온라인 상담자를 위한 자원과 자유게시판을 가지고 있는 영국의 온라인 단체이다. 온라인 상담자를 위한 영국 내 산하 기관에 대한 수요가 있어,

2006년 10월 온라인 치료자 집단인 ACTO이 결성되었다.

- onlinecounselling@yahoo.co.uk: 2006년에 설립된 온라인 동료 실무자 지원 커뮤니티로 Jane Evance가 창설하였다.
- www.ismho.org/about.htm: ISMHO(International Society for Mental Health Online)는 비영리 단체로서 온라인 의사소통, 정보 및 기술의 이해, 사용 및 개발을 촉진하기 위해 1997년에 설립된 국제 정신 건강 커뮤니티다.

온라인 상담자를 위한 슈퍼비전 방식

일부 전문가에게는 슈퍼비전이 상담에 대한 필수사항이 아닌 반면, 다른 전문가에게는 직업적 구조에서 지속적으로 받아야 하는 것일 수 있다. 슈퍼비전에 대한 정의는 다양할 수 있으며, 업무 수행의 맥락에 따라 영향을 받을 것이다. 상담에 관한 지도와 지원을 받는 전통적인 매체는 슈퍼바이저와 동료와의 대면 회의에 기반을 두고 있으며, 이는 상담을 모니터링하고, 윤리적·전문적 지침을 준수하며, 기술과 지식을 개발하는 과정이다. 온라인 상담 방식과 잠재적 편익에 대해 거의 또는 전혀 알지 못하는 상담자에게는 온라인 매체를 통해 슈퍼비전에 참여하는 것이 낯설게 느껴질 수 있다. 온라인 슈퍼비전 접근의 뚜렷한 강점 중 하나는 양 당사자가 슈퍼비전 자료 전체의 텍스트 기록을 가지고 있다는 것이다(Stokes, 2006).

현재까지 온라인 슈퍼비전의 성격, 슈퍼비전의 구성 및 촉진 방법, 전문적 실제의 이점에 관해서는 제한적으로 밝혀져 있다. 이 절의 결어는 상담자가 활용할 수 있는 지원 영역에 대한 인식과 관심을 높이는 데 도움이 될 것이다.

슈퍼비전

온라인 상담자가 슈퍼비전을 받는 경우, 슈퍼바이저는 온라인 상담 영역에 특화되어 적절한 지원과 지침을 줄 수 있을 만큼 유능하고 경험이 있어야 하며, 특히 상담자가 내담자를 온라인으로 만나며 기술을 개발할 때 이러한 역량이 더욱 요구된다.

치료적 맥락

온라인 상담자는 매체에 충분히 익숙하며 상담에 대한 잠재적인 영향을 잘 알고 있는 전문가에게 임상 슈퍼비전이나 지원을 받아야 한다. 내담자에게 윤리적이고 전문적인 상담을 제공하기 위해 상담자는 다양하고 부가적인 기술들을 활용할 수 있어야 하며, 온라인 상담의 특성에 대해 임상적 경험이나 이해가 없거나 부족한 슈퍼바이저는 이를 충분히 도울 수 없다.

일반적인 지원 및 지침

이 책에서 기술하고 있듯이, 상담자가 자신의 전문적인 실무 과정에서 온라인 상담 기술을 새롭게 도입한다면, 서비스 제공 과정 및 윤리적·법적 요건에 대해 도움을 받기 위해 전문적인 지원이나 동료 슈퍼비전을 구할 것을 강력하게 추천한다.

Box 8.4와 Box 8.5는 다양한 상황에서 온라인 슈퍼비전을 찾게 된 상황과 이유를 제시한 모의 사례이다.

Box 8.4 **온라인 상담 경험이 있는 슈퍼바이저의 이점**

페트라는 대면 개인 상담의 연장선상에서 내담자와 온라인으로 상담한다. 그녀는 매달 임상 슈퍼비전을 받기 위해 슈퍼바이저를 방문한다. 페트라의 슈퍼바이저는 내담자와 온라인으로 상담한 경험이나 교육훈련을 받은 적이 없으며, 치료적인 작업 측면에서 어느 정도 그녀를 도울 수 있지만, 페트라의 작업에서 관계적이고 더 깊이 있는 측면에 공감할 수 없다고 느낀다.

페트라는 온라인 슈퍼바이저의 지원을 받기로 결정했다. 그녀는 이메일과 동시적 대화를 혼합한 형식을 통해 한 달에 두 번 온라인 슈퍼바이저와 만나고, 필요할 경우 전화 연락을 통해 지원받을 수 있다. 페트라에게는 이러한 슈퍼비전 매체를 중요하게 여기게 된 사례가 있었는데, 그 사례의 내담자는 이따금씩 그녀를 찾으면서 정기적인 회기를 진행하는 것은 꺼리는 듯했다. 내담자는 예고 없이 회기를 종결했지만, 몇 달 뒤에 추가적인 상담을 요청하고자 다시 돌아왔다. 페트라는 대면 상담에서 대부분의 내담자가 지속적으로 내방하고 매주 회기 시간에 맞추어 도착하는 상황에 익숙해져 있었다. 만약 대면 상담의 내담자가 치료를 끝내고자 한다면, 대개는 내담

자가 참여하게 되는 계획된 과정이 있었다. 페트라는 회기에 자주 '찾아오거나' 갑작스럽게 취소하는 온라인 내담자에 대한 짜증이 내담자에 대한 무조건적인 긍정적인 존중에 영향을 미치고 있다는 것을 알게 되었다. 그녀는 이러한 방식으로 자신을 표현하는 내담자에게 반응하는 데 도움이 되도록 경계를 확인하고, 내담자와의 관계 역동을 개선하고자, 이 문제에 대한 슈퍼비전을 받기로 결정하였다. 슈퍼바이저는 자신의 온라인 상담에서 그러한 일들을 경험했고, 내담자와 온라인 경계에 대처하는 방법을 페트라와 공유할 수 있었다.

슈퍼바이저의 질문을 간략히 요약하면 다음과 같다.

- 페트라는 온라인 내담자가 그녀의 대면 내담자와 유사한 루틴, 즉 정기적인 주간 회기 약속에 적응해야 한다고 기대했는가? 그리고 페트라는 매주 회기에 전념할 수 없는 내담자를 위해 유연한 회기 시스템을 도입하고 싶은가?
- 내담자가 이러한 행동을 할 때 페트라가 할 수 있는 경계 설정 방법은 무엇인가?
- 내담자가 짧은 기간 동안 일시적으로 연락을 끊었을 때에도, 페트라는 내담자에게 종결의 적절성과 이점을 전달했는가?
- 정기적인 회기에 참여하여 적절하게 종결하는 것에 저항하는 특정 내담자의 사례에서는 어떠한 역동이 나타날 수 있는가?

페트라가 이 문제에 대해 슈퍼비전 받으면서, 이러한 문제가 상담 및 페트라에게 어떤 영향을 미치고 있는지 잘 알고 있는 슈퍼바이저에게서 지도와 감독을 받을 수 있다. 슈퍼바이저는 페트라가 현재 내담자의 문제에 효과적으로 대응할 수 있는 방법을 찾는 데 도움을 주었다.

Box 8.4의 사례를 보고 회기 일정에 유연성을 요구하고 합의된 종결에 전념하는 것을 주저하는 내담자에게 어떻게 접근할 것인지, 또는 어떻게 접근하고 있는지 생각해 보세요.

탄력적인 근무 조정을 위해 현재의 절차를 확인하거나 검토한 후, 양 당사자가 실행 가능하고 전문적으로 구조화된 온라인 관계를 구축할 수 있도록 내담자와 효과적으로 소통하고 합의할 수 있는 방법을 고려해 보세요.

Box 8.5 전문가의 지원에 대한 필요성

시몬은 내담자가 여러 주제에 비동시적으로 참여하는 온라인 커뮤니티와 함께, 관계와 결혼 문제에 도움 받기를 원하는 개인과 커플에게 자원을 제공하는 온라인 기관의 자원 봉사자이다. 시몬의 업무에는 온라인 커뮤니티의 참여를 조절하고 개별 회원들이 '전문가'의 안내를 구할 때 그에 회신하는 것이 포함되어 있다. 논의가 필요한 문제에 직면했을 경우, 그는 답변을 게시하기 전에 동료의 도움을 받을 수 있으며, 때때로 서비스 관리자와 그의 작업에 대해 논의할 수 있다.

시몬은 온라인 커뮤니티와 자유게시판을 관리한 경험이 있으면서도 기관에 고용되지 않은 전문가의 슈퍼비전이 자신의 업무와 전문적 발전 모두에 도움이 될 것이라고 생각한다. 현재 시몬이 활용할 수 있는 지원은 그가 필요할 때 전문적인 자문을 받을 수 없는 방식으로 구성되어 있다. 동료와 서비스 관리자는 시몬과 내담자의 문제에 대해 대화하기 위해 종종 자신의 업무 시간을 쪼개야 한다. 현재 지원되는 방식도 대면 기반 방식으로 그가 내담자들과 만나는 매체를 반영하지 않는다.

Box 8.5의 예제에 비추어 볼 때, 시몬이 온라인 상담 경험이 있으며 기관과 독립적인 슈퍼바이저에게 개별적인 전문적 지원을 받는다면 그 잠재적 장점과 단점은 무엇이라고 생각하시나요?
시몬이 온라인 상담에 대한 슈퍼비전 예산 지원을 받기 위해 서비스 관리자에게 어떻게 사례를 제시할 수 있을까요?

Box 8.4와 Box 8.5의 두 가지 사례로 온라인 상담에 통찰을 가진 전문가가 제공하는 슈퍼비전에 잠재적 장점이 있음을 간략히 이해할 수 있다. 온라인 자원을 통한 슈퍼비전은 상담자 자신의 기술과 전문성에 대한 알아차림 및 능력을 향상시킬 수 있는 기회와 함께 온라인 내담자에 대한 공감 수준을 높일 수 있기 때문에 분명한 장점이 있다.

이 장의 요약

온라인 상담 서비스의 질에 변화를 주거나 영향을 미칠 수 있는 많은 요인이 있다. 상담자는 윤리적·법적 틀 안에서 내담자에 대한 서비스를 적절하게 계획하고 제공해야 할 책임이 있으며, 이는 상담자 자신 또는 상담자와 상호작용하는 내담자 중 누구와도 타협되어서는 안 된다. 이 장의 주제와 모범 사례는 연습문제 및 더 생각해 보기와 함께 내담자에게 필요한 수준의 서비스를 제공할 수 있는 견고한 플랫폼을 제공한다. 이러한 지침과 활동들은 상담자가 컴퓨터 매개 기술을 통해 내담자와 만나는 전문 분야 전반에 걸쳐 있다.

온라인 상담자를 지원하는 전문가 단체에 가입하는 것은 많은 장점이 있는데, 이는 특히 새로 시작하고 발전하는 상황에서 서비스 사용자와 소통하는 데 중요하다. 규정이나 선별 과정을 도입하는 것은 내담자에게 자신이 만나는 상담자가 효과적일 것이라는 믿음을 줄 수 있으므로, 규정을 관리하는 단체의 주의가 요구된다(Pergment, 1998).

슈퍼비전은 이 책의 모든 독자에게 익숙한 자원은 아닐 수 있으며, 이 장에서 소개한 방법이 온라인 상담자들이 도움받을 수 있는 기회가 되길 바란다.

● 더 생각해 보기

- 상담자가 건강이 악화되거나 장기 결근으로 인해 내담자와 약속된 회기 의무를 이행할 수 없는 상황에서, 당신의 전문 분야에 적합한 시스템은 무엇인가?
- 평가 및 위기 관리를 고려할 때, 당신의 전문적인 실무에서 서비스 사용자에게 제공하는 '치료 의무'는 무엇이며, 당신을 온라인 상담자로 고용한 특정 기관에서 요구되는 것은 무엇인가? 이는 내담자에게 서비스를 제공하는 구조, 그리고 온라인

내담자와의 관계나 잠재적 관계에 어떤 영향을 주게 되는가?

• 내담자와의 작업 방식을 평가하고 위기를 관리하기 위해 현재 어떤 시스템을 갖추고 있으며, 이를 어떻게 온라인 상담으로 전환시킬 수 있겠는가?

• 전문적인 연계 지원의 맥락에서, 당신의 업무 분야와 관련된 전문가 단체에 가입하거나, 다른 동료들과 협력적으로 일할 수 있는 온라인 커뮤니티를 구축하는 것이 전문성을 강화하는 데 어떤 장점이 있다고 생각하는가?

• 당신의 전문적인 온라인 상담 영역에서 불만사항이나 고충이 접수되었다면, 당신은 그러한 과정에 대처하고 관리하기 위해 어떠한 지원 시스템을 가지고 있는가? 또한 그러한 사고에 대응하기 위한 적절한 보험이 있는가? 그리고 당신의 보험사는 어떠한 절차를 필요로 하는가?

참고문헌

ACA(American Counselling Association) (2007). *Code of Ethics: As Approved by the ACA Governing Council 2005.* http://www.counselling.org/Resources/CodeOfEthics/TP/Home/CT2.aspx

Ainsworth, M., et al. (2000). Suggested Principles for the Online Provision of Mental Health Services, version 3.11. http://www.ismho.org/builder/?p=page &id=214.BACP/

Anthony, K., & Jamieson, A. (2005). *Guidelines for Counseling and*

Psychotherapy (2nd ed.). BACP, p. 9.

Guterman, J.T., & Kirk, M. A. (1999). Mental health counselors and the Internet. *Journal of Mental Health Counseling, 21*(4), 309-325.

Evans, J. (2006). Student support-new directions; online counselling service. *AUCC Journal*, winter edition. http://www.aucc.uk.com/journal_pdf/winter06_5.pdf

Evans, J. (2007). A pullout guide to online counseling and psychotherapy in universities and colleges. *AUCC Journal*, December.

Halpern, L. (2007). *Online Services for Students.* Association for University and College Counselling Publications. http://www.aucc.uk.com/pubs.html.

Hanley, T. (2006). Student support-new directions; online student support. *AUCC Journal*, December. http://www.aucc.uk.com/journal_pdf/winter06_4.pdf

NBCC (2007a). *The Practice of Internet Counseling: Standards for The Ethics of Internet Counseling.* National Board for Certified Counselors and Center for Credentialising and Education. http://www.nbcc.org/webethics2.

NBCC (2007b). *Legal Considerations, Licensure, and Certification: The Practice of Internet Counselling.* National Board for Certified Counselors and Center for Credentialising and Education. http://www.nbcc.org/webethics2

Pergament, D. (1998). Health matrix. *Journal of Law Medicine, 8*(2), 233-279.

Stokes, A. (2006). *Supervision in Cyberspace.* http://www.counsellingatwork.org.uk/journal_pdf/acw_winter06_b.pdf

Suler, J., & Fenichel, M. (2000). *Assessing a Person's Suitability for*

Online Therapy: Clinical Case Study Group Findings. International Society for Mental Health Online. http://www.ismho.org/builder// ?p=page&id=222

Trepal, H., Haberstroh, S., Duffey, T., & Evans, M. (2007). Considerations and stratgies for teaching online counseling skills: establishing a relationship in cyberspace. *Counselor Education & Supervision, 46* (June).

나는 본래 결어를 통하여 독자 여러분이 온라인 상담의 기술이라는 주제에 대한 생각을 발전시키는 데 도움이 될 만한 여러 쟁점을 추가로 논의할 생각이었다. 하지만 이러한 열정을 가라앉히고, 온라인 실제 분야가 발전하는 것에 독자가 어떻게 참여할 수 있는지에 대한 통찰을 제공하는 것에 집중하고자 한다. 또한 당면한 문제를 넓은 시야로 이해할 수 있도록 하기 위해 '더 생각해 보기'를 포함시켰으며, 컴퓨터를 매개로 내담자와 협력하는 것이 중요한 의미를 갖는다는 점을 강조할 것이다.

내담자 지원 자원으로서 컴퓨터 매개 기술의 성장 가능성

세계 최초의 온라인 조언 칼럼 '에즈라 아저씨에게 물어보세요(Ask uncle Ezra)'가 시작된 것은 1986년이다. 이는 코넬 대학교가

추진한 학생 지원 사업으로, 컴퓨터 매개 내담자 자원이 기록된 최초의 사례에 해당한다. 비밀보장 문제로 인해 이 시점을 전후하여 다른 활동 사례가 있었는지 찾아내기는 어렵다. 비밀보장은 내담자가 어떻게 상담에 참여했는지에 대해 공개하는 것을 제한하기 때문에, 상담자와 내담자 사이에서 컴퓨터 매개 기술을 사용하여 상담이 이루어진 사례의 유형과 결과를 연구 자료로 추적하기는 쉽지 않다. 그러나 과거를 돌이켜 보면, 상담자가 내담자에게 대면 상담을 제공하는 모든 전문적 활동 영역에서, 상담자는 잠재적 내담자 또는 실제 내담자와 연락을 주고받기 위하여 여러 단계에서 컴퓨터 매개 자원을 활용하였을 가능성이 높다. 예를 들면, 상담자와 내담자가 대면 회기 사이에서 약속을 잡거나 정보를 제공하기 위하여 비공식적이거나 임시로 이메일을 주고받았을 수 있다. 상담자와 내담자가 컴퓨터를 매개로 공식적·비공식적으로 연락을 주고받은 것을 통해, 오늘날 내담자에게 온라인 상담이 제공되는 수준까지 발전하게 되었다. Mark와 동료들(2007)은 연구를 마무리할 무렵 전 세계에서 100개 정도의 컴퓨터 매개 치료 패키지가 사용되고 있음을 확인하였고, 이러한 자원의 개발과 활용이 계속하여 증가할 것으로 예측했다. 치료 패키지에 포함된 상담자를 위한 지원 및 안내, 내담자를 위한 셀프 가이드북은 상담 성과를 내는 데 중요한 역할을 한다.

나는 이 장을 작성하면서 '온라인 상담, 안내, 지원'이라는 키워드로 인터넷 검색을 하였으며, 1,950,000개의 검색 결과가 나왔다. 내담자들이 상담자에게 접촉할 때 공식적·비공식적으로 컴퓨터 매개 의사소통을 활용하려 한다는 점을 고려하면, 현재 혹은 미래에 온라인상담은 중요한 자리를 차지할 만한 자격과 잠재력을 갖추고 있다. Smith(2005)에 따르면, 캐나다 청년층 대상으로 온라인상담을 제공하는 '상담사에게 물어보세요(Ask a Counselor)'의 게시물은 2004년 2월부터 2005년 3월까지 12개월 동안 월 74건에서 월 2,267건으로 증가하였다. 여성이 올린 게시물은 남성이 올린 게시물보다 4:1의 비율로 더 많았다.

　비교적 최근에 등장하여 발전하고 있는 온라인 상담에 대해, 전문가 또는 '관찰자' 중에서는 실제로 내담자에게 효과적인 방법은 전통적인 대면 상담이라고 주장하는 사람이 있을 수 있다. 내담자가 온라인 상담 서비스를 적극적으로 사용하려 하는 경우에도 말이다. 나는 온라인 상담의 실행 가능성이나 전문성을 염려하는 사람들을 무시할 생각은 없다. 다만, 이 책을 통하여 온라인 상담이 어떻게 내담자에게 전문적이고 윤리적인 서비스를 제공할 수 있을지에 대해 우려가 해소되도록, 고려할 사항과 지침을 제시하였다고 생각한다. 독자 여러분이 각 장의 모의 사례와 연습문제를 통해 온라인 상담의 가치를 이해하고 필요한 기술에 대한 통찰을 얻었기를 바란다. 나는 온라인 상담이 대면 상담의 장점이나 적절성을 대체하거나 대면 상담보다 더 높이 평가될 것이라고 생각하지 않는다는 점을 강조하고 싶다. 단지, 온라인 상담이 내담자와 사용자를 위한 가치 있는 자원으로 인정받고 그에 합당한 지위를 얻을 수 있길 바란다.

　인터넷이 등장하고 컴퓨터 매개 기술 및 자원이 발전함에 따라,

개인은 전 세계 단위로 상호 지원 관계를 맺을 수 있게 되었다. 전문가는 이러한 발전에 어떤 방법으로 어느 수준까지 참여할지 선택할 수 있게 되었다. 상담자 또는 기관이 내담자에게 온라인 상담을 제공하기로 하는 경우, 그 서비스 제공이 유지되고 개선되도록 주의를 기울여야 하고, 그 과정에서 전문적 · 법적 · 윤리적 지침을 준수할 책임이 있다.

관련 연구

온라인 상다에 대한 무선 통제 연구를 통해, 온라인 상담이 법적 · 윤리적 · 전문적 요구사항을 준수하며 적절한 서비스와 성과로 내담자의 필요를 충족시킨다는 것이 입증되었다. 특히, 컴퓨터 매개 치료 프로그램이 특화된 분야에서 연구 근거가 쌓여 가고 있으며, 내담자에게 도움이 될 만한 통찰력 있는 연구 결과가 제시되고 있다(Marks et al., 2007). 이와 같은 연구에서 온라인 치료 방법 자체가 전통적인 치료 방법보다 효과적이라고 밝혀지는 것은 아니다. 일반화된 연구가 아니라, 개별적인 내담자의 특성, 문제, 상황에 따라 어떤 치료 방법이 효과적인지에 대한 연구가 이루어지기 때문이다. 이러한 딜레마는 대면 상담 중에서 어느 것이 가장 효과적인지 연구할 때에도 마찬가지이다. 모든 내담자에게는 개별적인 욕구와 개인차가 있으므로, 상담자는 이론적 접근 방법을 내담자에 맞게 응용하게 되며 이에 따라 상담 성과도 다르게 나타나게 된다. 대면으로 협력하든 비대면으로 협력하든, 내담자가 상담자에게 얼마나 효과적인 방법으로 협력하고 있는지 추가적으로 고려해야 한다. 내담자에게 온라인 상담의 성과가 있기 위해서는 내담자가 상담자에게 협력할 의지와 능력이 있는지, 서비스 제공에 구체적 목적이 있는지가 중요하다.

내담자에게 특정한 이슈나 정신 건강 특성이 있는 경우에는 내담자의 치료에 온라인 상담이 적합하지 않다는 연구 결과가 있다 (Anthony and Jamieson, 2005; ISMHO, 2000; Suler, 2000). 그렇다면, 내담자의 정신 건강이나 상호 간의 소통이 특징적인 분야 중에서 온라인 상담이 적합한 분야가 무엇인지 판단할 기준을 규명할 필요가 있다. 온라인 상담 영역이 성장함에 따라 이에 대한 지속적인 검토와 연구가 필요하다.

현재 온라인 상담 서비스 제공 업체가 다양한 범위에서 극적으로 증가하고 있다. 대면 상담과 마찬가지로, 개인과 기관은 장단기 구조와 계획에 온라인 상담에 관한 지속적인 연구와 평가를 포함시켜야 한다. 이는 다음과 같은 내용을 포함할 것이다.

- 다양한 온라인 상담을 비교하고 관리할 플랫폼을 확보하도록 지원한다.
- 서비스 지원 과정에서 컴퓨터 매개 수준을 다르게 하여, 상담의 효과성을 확인하도록 지원한다.
- 향후 이 분야를 개발하는 활동에 영향을 미치는 신뢰할 수 있고 일관된 연구 결과를 제공한다.

- 온라인 상담의 서비스 제공 수준을 전반적으로 개선시킨다.
- 서비스 구조, 내담자 성과 등을 명확히 규정함으로써, 온라인 상담과 관련된 불안감과 회의감을 완화시킨다.
- 내담자로 하여금 온라인 상담의 효과성과 전문성에 대해 의견을 제시하도록 요청하고, 향후 개발 과정에서 내담자에게 발언권을 제공한다. 특히, 어떤 내담자 집단은 그동안 전통적인 대면 상담에서 과소 대표되었으나 온라인 상담을 통해 목소리를 낼 수 있을 것이다.
- 내담자가 호소하는 문제의 취지가 컴퓨터로 매개된 소프트웨어 및 기술을 사용하여 적절히 해결되는지 지속적으로 모니터링하고 검토할 기회를 제공한다.

온라인 상담 관계의 장단점에 대한 통찰력 있는 연구 사례

온라인 상담 관계에서 발생하는 잠재적 역동에 대해 참고할 만한 연구 자료가 다수 발표되었다. 온라인 상담 관계 역동의 영향에 대한 통찰력 있는 연구는 다음에 제시된다.

Suler(2004)에 따르면, 텍스트로만 이루어지는 상담에 대하여 비판하는 사람들은 텍스트 기반 상담에서 시각적인 신호가 없기 때문에 내담자와 상담자 간 모호하고 소모적인 관계를 맺을 수밖에 없게 된다고 지적한다. 하지만 이 연구결과는 시각적 · 물리적 특성이 없기 때문에, 대면 상담에서 분명하게 나타날 수 있는 전이 역동 없이 내담자와 상담자가 만날 수 있으므로, 이는 오히려 뚜렷한 장점이 될 수 있다고 제안한다. 이는 성별, 인종, 문화, 일반적인 외모 등과 관련된 선입견에서 벗어날 수 있는 기회를 제공할 수 있다. 개인이 연구에 참여할 때, 치료 지원을 구할 때, 사업 관계를 맺거나 친분 관계를 맺을 때 등의 상황에서 부정적으로 작용해 오던 특성이나 억압으로부터 해방되는 특별한 환경이 제공되는 것이다.

비판자들은 이와 같은 장점이 분명하지 않으며, 텍스트 기반의 상담에서는 내담자의 물리적 현존감이 없기 때문에 상담자는 내담자가 원하는 수준으로 내담자에게 충분한 공감을 제공할 수 없다고 지적할 지도 모른다. 실제로 온라인 상담사 동료는 비동시적 온라인 상담 사례에서 상담자와 내담자의 부정적 전이가 공감 수준에 영향을 준 것을 경험하였으며, 이를 이 책에 싣는 것에 동의하였다. 이 사례의 내담자는 온라인 상담을 종결한 지 몇 달 후에 대면 상담을 받고자 하였으며, 내담자는 종전의 온라인 상담자 또는 새로운 상담자 중 한 명을 선택할 수 있었다. 내담자는 자신의 상담자로 전자를 선택했는데, 종전의 온라인 상담자가 자신의 현재 이슈를 잘 알고 있다고 느꼈기 때문이다. 이전에 온라인에서 있었던 두 사람 사이의 전이 반응은 대면 회기 동안 명백하게 나타나지 않았고, 상담자는 내담자의 호소문제에 대해 더욱 긍정적이고 확장된 공감을 경험하게 되었다.

내담자와 온라인 상담 관계를 맺는 전문가를 위한 교육 훈련과 모범 사례를 공유하는 기회

이 책을 집필할 무렵, 상담자들을 위한 온라인 상담 교육 훈련 기회는 많지 않았다. 교육훈련이 이루어지더라도, 그 교육 내용은 상담자가 내담자에게 협력하는 상황과 업무의 다양성, 각각의 구체성을 충분히 다루지 못했다. 교육 훈련에서 상담자가 실무에 적용할 만한 특정한 기술 형태에 구체적으로 초점을 맞추는 것은 광범위한 교육 기회를 제공하는 데 도움이 될 수 있다(Kraus et al., 2004). 대면 상담을 하는 상담자가 대면 상담 활동에 대해 교육 훈련을 받지 않고 내담자에게 대면 상담을 할 자격을 받는 것은 부적절하다고 평가될 것이다. 이와 마찬가지로, 원격 상담을 하는 상담자는 원격 상담 활동의 특성에 맞춘 교육 훈련을 받고 이를 활용하여야 한다(Anthony and Jamiesson, 2005).

내담자와 치료적으로 만나는 온라인 상담 실무에서 사례 회의 집단과 동료 지지 모임은 중요한 자원이다. 이러한 논의의 장을 통해, 모범 사례를 공유하고 새로운 개발 영역에 대해 도움을 받을 수 있다. 내담자와 협력하는 모든 정신 건강 실무자는 전문성이 많든 적든, 의미 있는 경험을 제공할 잠재력을 갖추고 있기 때문에, 상담자는 사례 회의 집단과 동료 지지 모임 활동을 개발하거나 이에 참여하여 도움을 받을 수 있다. 나는 온라인 상담자가 자신의 전문 분야를 지원하는 전문 단체에 소속되는 것이 도움이 될 수 있다는 점을 언급하였다. 이 글을 쓰는 시점에서는 온라인 상담자에게 서비스를 제공하는 여러 기관이 있지만, 이 밖에 활용할 수 있는 자원은 아직 부족한 형편이다. 이러한 문제가 해결된다면, 광범위한 영역에 걸쳐 상담자에 대한 지원과 지침이 개선될 수 있을 것이다.

온라인 상담 영역에서, 상담자의 전문성을 감독하는 사람들은 구체적인 고려사항이 논의될 수 있는 포럼 개최를 장려하고, 상담자가 일하는 실무 영역에 대한 명확한 지침을 제공해야 한다.

상담자 교육 훈련 프로그램에서 학생들에게 온라인 상담 및 슈퍼비전에 대해 배우고 연구하도록 독려하고 있으며, 교육훈련 프로그램의 중요성에 대한 인식도 발전되고 있는 것은 고무적이다. 지난 1년 동안 저자의 웹사이트를 통하여, 대면 상담을 전공하는 학생들로부터 정보를 문의하거나 간단한 인터뷰를 요청하는 이메일을 받는 일이 자주 있었고, 상담자로부터 온라인 상담 또는 슈퍼비전에 관한 통찰력 있는 이메일을 받는 일도 자주 있었다.

●
온라인 상담에 대한 사회의 태도

온라인 상담이 적절한 수준의 치료, 서비스, 성과를 제공할 잠재력이 있는지에 관하여 경고의 목소리를 내는 사람들을 인정할 필요가 있다. 실제로, 인터넷 공개 계정을 통하여 사기꾼이 온라인 상담에 자리를 잡고 개인, 단체, 기관에 피해를 주는 사례가 많다. 인터넷이 출현하기 전에도 대면 상담에서 사기꾼이 있었던 사례가 있었다. 그럼에도 대면 상담에서는 서비스 제공자가 물리적 장소에 있으므로, 사람들은 대면 관계를 더 신뢰하며 컴퓨터 기반 기술을 사용하는 것에 경계심이나 회의감을 갖곤 한다. 온라인 상호작용이 대면 관계와 동일한 수준의 확신을 제공할 수는 없다. 이에 이 책에서는 상담 서비스의 타당성과 전문성에 대해 내담자가 신뢰감을 가질 수 있도록 하는 방법으로, 계약과 서비스 내용을 분명히 밝히는 것, 통신 및 데이터 저장 시설 등을 암호화하여 보안을 갖출 것 등의 방식을 제시하였다.

온라인 상담에 대한 신뢰와 가치를 높이는 데에는 사회의 태도가 중요하다. 사회에서 온라인 상담에 대해 신뢰하기 위해서는 개별 상담자가 전문가로서 업무를 제대로 수행하는 것도 필요하지만, 온라인 상담과 관련된 전문가 단체와 기관이 다음과 같은 행동을 하는 것이 중요하다.

- 온라인 상담의 장단점에 대한 통찰과 이해를 얻는 데 도움이 되는 연구 프로젝트를 적극적으로 장려한다.
- 상담자가 전문 학회지에 논문을 투고하고, 내담자와의 온라인 상담에 관하여 통찰을 주는 사례를 발표하도록 적극적으로 권장한다.
- 온라인 상담자의 전문성과 구체적인 교육 훈련을 개발하도록 장려한다.
- 기존에 제공되는 교육 과정에 온라인 상담과 관련된 부분을 포함시킴으로써, 상담 실무에서 이러한 내용이 활용될 수 있

도록 한다.

• 초점 집단을 활용하여 온라인 상담의 자원 및 시설을 다양화
할 가능성을 모색한다.

●

온라인 상담이 대면 상담 서비스와 함께
평화롭게 자리 잡을 가능성

온라인 상담의 효과성과 지위에 관한 논의와 연구는 이 책이 출
판된 이후에도 계속될 것이다. 온라인 상담을 신뢰할 수 있을지, 온
라인 상담이 대면 상담을 완전히 대체할 수 있을지에 대한 논쟁이
현재도 계속되고 있다.

온라인 상담의 가능성을 뒷받침하는 연구 근거는 아직 부족한 실
정이며, 전문가와 전문 기관이 이 분야의 가치를 이해하고 관심을
가지는 것도 부족해 보인다. 또한 온라인 상담에 자신이 없는 상담
자는 온라인 상담 과정에서 개인의 고유한 특성을 잃어버린다고 주
장하며 이에 저항할 수 있다. 나는 현재 내담자와 협력하면서 대면
상담의 기술과 온라인 상담의 기술을 모두 사용하고 있다. 포럼, 교
육 훈련 프로그램, 사례 회의 집단, 이메일 교환 등을 통해 대화에
참여할 때에도 두 분야의 기술을 모두 사용한다. 나는 양측 모두 장
점, 역동성, 잠재력을 갖고 있다고 생각한다. 대면 상담과 온라인
상담의 상호작용의 초점이나 기대되는 성과와 관련하여 각각 다른
가치를 가진다. 나는 대면 상담 내에서 주 호소문제를 개방하는 데

거부감을 느껴 온라인 상담을 선택하거나, 대면 상담을 고려하기 전에 온라인 방식으로 '간보기'를 원하는 내담자들에게서 이메일을 받고는 한다. 이때 내담자들이 호소하는 이슈는 수치심과 죄책감 억압과 관련되는 경우가 많다. 이처럼, 온라인 상담에서는 대면 상담으로 드러나지 않는 감정과 경험이 다루어질 수 있다.

상담자가 개별 내담자와 협력하면서 대면 상담과 온라인 상담을 같이 활용할 때, 상담 내용과 결과에 상당한 영향이 있을 것이다. 이에 대해 흥미롭고 통찰력 있는 연구가 진행될 수 있을 것이다.

● 장애나 지리적 · 개인적 영향으로 상담이 제한되는 내담자의 접근성을 높이기 위한 도구로서의 온라인 상담

대면 상담을 받는 데 제한이 있었던 내담자의 입장에서, 온라인 상담이 도움이 된다는 점을 재언급하는 것으로 결어를 마무리하고자 한다. 개인이나 집단이 상담을 받지 못하도록 방해하는 많은 요인이 있다. 그러나 상당한 경우에는 온라인 상담을 포함한 대안적 방법을 제공하는 기관에 의해 개선될 수 있다. 대면 상담 서비스 이용을 방해하는 요인의 예시는 다음과 같다.

- 내담자의 지리적 위치 및 해당 지역 내에서 활용 가능한 서비스
- 건강 및 물리적 이동성에 제약이 있어 대면 상담에 접근할 수

없는 경우

- 고등 교육 기관 및 대안 교육 기관에서 학생들은 대면 서비스에 접근이 제한된 원격 학습이나 활동에 참여하고 있을 수 있음
- 개인은 직업적 이유로 적절한 대면 서비스를 이용할 수 없는 장소나 국가에 거주할 수 있음. 또한 그러한 상황에서 언어적 장벽은 중요한 억제 요인이 될 수 있음
- 개인의 개별적·업무적 스케줄로 인해 일상적인 업무 시간에 상담을 받을 수 없을 경우 참여 기회가 제한됨
- 불안이나 공포증에 기반한 장애로 고통받는 내담자는 일상적이고 치료적인 대면 상담에 접근하기 어려울 수 있음
- 상담을 받고 싶은 자가 연령이나 신체적·정신적 건강 문제로 인해 대면 상담을 받는 데 제한이 있을 수 있음. 이러한 문제들은 집 밖을 나설 기회를 막거나 제한할 수 있으며, 특히 미성년자나 청소년, 치매 환자 등과 관련될 수 있음
- 낙인에 대한 공포
- 문화적·성별·성적 이슈 등은 개인이 대면 상담에 접근하는 데 영향을 미칠 수 있음
- 내담자가 긴밀한 공동체의 구성원으로 있는 경우, 다른 사람들이 그가 상담을 받는다는 사실을 알게 되었을 때 부정적인 반응이 예상되어, 지역 기반 지원 네트워크에 접근하지 않았을 수 있음

앞의 목록이 완전하지는 않으나, 이 목록을 통하여 상담을 받고

싶지만 개인 상황이나 외부 영향으로 인해 이용하지 못하는 사람들이 있음을 알 수 있다. 따라서 기관은 현재 대면 상담을 통해 받는 도움이 불가능하거나 제한된 경우, 내담자를 위해 어떻게 더 광범위한 서비스를 도입할 수 있을지를 고려해야 한다.

이 책에서는 다양한 주제를 통해 독자로 하여금 온라인 또는 컴퓨터를 매개한 상담에 대해 성찰할 기회를 제공하고자 하였다. 또한 기존 대면 상담의 기술을 온라인에 활용하려는 상담자를 독려하고자 하였다. 제2부에서는 온라인 상담 실무에서 전문적 · 법적 · 윤리적 문제에 대해 상담자를 돕는 것에 집중하였다. 각 주제별로 제시된 내용이 온라인 상담의 계획 및 수행 과정에서 지속적으로 참고할 만한 자료가 될 수 있기를 기대한다.

저자 소개

Jane Evans

저자는 자원 봉사, 지역 정부, 사설 기관, 대학, 청소년 교육 사업 등의 분야에서 학생 교육 프로그램, 상담, 온라인 상담, 슈퍼비전, 상담 컨설팅 등의 많은 경험을 갖고 있다. 2003년부터 저자는 대학에서 온라인 상담과 관련한 강의를 하였으며, 자신의 웹사이트(www.ocst.co.uk)를 통해 온라인 상담과 관련한 다양한 교육을 진행하고, 다양한 유형의 고객들에게 서비스를 제공하고 있다. 또한 『AUCC 저널』을 통해 대학에서 온라인 상담을 제공하는 방법에 관한 연구를 발표하였으며, 컴퓨터를 매개로 한 기술을 통한 온라인 상담 과정에서 필요한 윤리적이고 법적인 사항에 관련한 다양한 서적을 출판하였다. 이 책의 내용은 1985년 이래로 저자의 모든 경험과 지식에 대한 것이다.

역자 소개

이슬아(Lee Seul-Ah)
서울대학교 심리학과 박사 졸업(임상 및 상담심리학 전공)
정신건강임상심리사 1급(보건복지부 공인)
임상심리전문가(한국임상심리학회 공인)
인지행동치료전문가(한국인지행동치료학회 공인)
현 차의과학대학교 미래융합대학 헬스케어융합학부 심리학전공 교수

김지원(Kim Jiwon)
서울대학교 심리학과 석사 졸업(임상 및 상담심리학 전공)
상담심리사 1급(한국상담심리학회 공인)
현 보통의 마음 심리상담센터 대표

온라인 상담의 기술
-텍스트 기반의 온라인 상담에 관한 실무 지침서-

Online Counselling and Guidance Skills
A Practical Resource for Trainees and Practitioners

2023년   5월 10일 1판 1쇄 인쇄
2023년   5월 15일 1판 1쇄 발행

지은이 • Jane Evans
옮긴이 • 이슬아 · 김지원
펴낸이 • 김진환
펴낸곳 • ㈜ 학지사

          04031 서울특별시 마포구 양화로 15길 20 마인드월드빌딩
대표전화 • 02-330-5114   팩스 • 02-324-2345
등록번호 • 제313-2006-000265호

홈페이지 • http://www.hakjisa.co.kr
페이스북 • https://www.facebook.com/hakjisabook

ISBN 978-89-997-2900-3 93180

정가 17,000원

출판미디어기업 학지사

간호보건의학출판 **학지사메디컬** www.hakjisamd.co.kr
심리검사연구소 **인싸이트** www.inpsyt.co.kr
학술논문서비스 **뉴논문** www.newnonmun.com
교육연수원 **카운피아** www.counpia.com